아산재단 연구총서 제462집

기업과 노동의 사회 책임

CSR에서 ISO26000을 넘어 기업 인권으로

기업과 노동의 사회 책임: CSR에서 ISO26000을 넘어 기업 인권으로

This Edition was published by Jipmoondang in 2020, Seoul, Korea.

아산재단 연구총서 제462집

기업과 노동의 사회 책임

CSR에서 ISO26000을 넘어 기업 인권으로

이승협

집문당

이승협(李承協) 고려대 사회학과 학사
서울대 사회학과 석사
독일 튀빙겐대학 사회학 박사
노사정위원회 전문위원 및 한국노동교육원 교수 등 역임
좋은기업센터 전문위원과 전태일노동대학 교수 등으로 활동
현재 대구대학교 사회학과 교수

아산재단 연구총서 제462집

기업과 노동의 사회 책임: CSR에서 ISO26000을 넘어 기업 인권으로

2020년 6월 20일 1판 1쇄

저자 | 이승협
발행인 | 임동규
발행처 | **(주)집문당**
등록 | 1971. 3. 23. 제2012-000069호
주소 | 03134 서울시 종로구 돈화문로 82, 5층
전화 | +82-1811-7567
이메일 | sale@jipmoon.com
홈페이지 | www.jipmoon.com

ISBN 978-89-303-1875-4 94330
978-89-303-1500-5(세트)

가격 15,000원

이 도서의 국립중앙도서관 출판시도서목록(CIP)은 e-CIP홈페이지(http://www.nl.go.kr/ecip)와 국가자료공동목록시스템(http://www.nl.go.kr/kolisnet)에서 이용하실 수 있습니다.
(CIP제어번호: CIP2020020191)

머리말

기업과 시장이 사회와 일상적 시민의 삶에 미치는 영향력이 급격히 확대되면서, 기업의 사회적 책임에 대한 논의가 활발해졌다. 기업의 사회적 책임에 대한 논의는 다양한 국제규범의 탄생으로 이어졌다. 이 책에서 논의하고 있는 글로벌 컴팩트, GRI, 지속가능경영, 윤리경영, ISO26000, 공유가치창출, 국제기준협약, 기업과 인권 프레임워크 등 시장 활동의 주체인 기업에게 사회적 윤리와 규범의 준수를 요구하는 사회적 목소리가 높아져 왔다. 더불어 기업들 역시 이러한 사회적 목소리에 부응하는 듯한 모습을 보여 왔다. 기업 조직 내부에 사회공헌부서가 만들어지고, 지속가능보고서 및 기업의 사회적 책임 보고서가 GRI 가이드라인에 따라 발간되기 시작했다.

그럼에도 불구하고 기업의 사회적 책임에 대한 논의가 우리의 일상적 삶에서 의미 있는 정도로 기업의 활동방식을 변화시켰는지에 대해서는 의문이다. 여전히 많은 기업들이 기업의 사회적 책임에 대한 사회적 요구를 적극적으로 수용하고 있는 것처럼 보이지만, 실제로는 사회공헌활동의 영역에서 벗어나지 못하고 있다. 아니 벗어날 생각 자체가 없는 것처럼 보인다. 심지어 일부 기업은 기업의 사회적 책임에 대한 사회적 관심을 악용하는 CSR 마케팅에 여념이 없다.

기업의 사회적 책임에 대한 기존 논의를 집대성한 ISO26000이 인증제도가 아닌 가이드라인의 수준으로 발표되자, 상당수 기업은 그나마 수행해오던 기업의 사회적 책임에 대한 활동을 조용히 접었다. 다른 기업들은 활동내용은 변한 것이 없음에도 불구하고, 본인들의 활동을 시류에 맞춰, 사회공헌에서 기업의 사회적 책임으로, 기업의 사회적 책임에서 공유가치창출로, 최근에는 공유가치창출에서 다시 사회적 가치 활동으로 재포장하는 행태를 보이고 있다.

2010년을 전후하여 유행처럼 기업의 사회적 책임을 강조하던 목소리는 사라지고, 지금은 기업의 사회적 책임에 대한 논의 자체가 실종된 상태이다. 이러한 상황은 우리나라뿐만 아니라 외국에서도 마찬가지이다. 다만 시민사회가 활성화된 나라에서는 노동조합과 시민단체를 중심으로 기업의 사회적 책임을 좀 더 강하게 압박하고, 이로 인해 실질적 효과를 만들어가고 있다. 대표적으로 스웨덴과 독일을 들 수 있다.

기업의 사회적 책임에 대한 논의가 현재와 같은 모습을 보이는 이유로는 기업의 사회적 책임에 대한 논의가 자율주의적 관점에서 기업의 선의에 기초해 있다는 비판이 높아지고 있다. 기업의 사회적 책임과 관련된 국제규범의 공통점은 기업이 사회적 책임을 자율적으로 수행하고, 사회에 자발적으로 보고하는 비제도적 규범이라는 점이다. 기업이 사회적 책임을 어떤 영역에서 어떤 방식으로 수행하고, 어떤 내용을 보고하는지에 대해서 강제하지 않으며, 제재하지 않는다. 이로 인해 많은 기업들이 이러한 자율주의적 접근을 악용하고 단순한 마케팅 수준으로 활용하는 행태에서 벗어나지 않고 있다.

ISO26000이 등장한 지 거의 10년이 되어 가지만, 환경, 지배구조, 인권, 노동권 등 주요한 영역에서 기업의 부적절한 행태는 줄어들지 않고 있다. 이로 인해 최근 들어, 기업의 사회적 책임을 제도화해야 한다는 목소리가 높아지고 있다. 기업의 사회적 책임의 제도화는 특히 기업인권론 또는 기업과 인권 프레임워크 논의를 주도해 온 법조계에서 강하게 주장하고 있다. 존 러기가 제시한 기업인권의 존중, 보호 및 구제 프레임워크에서 구제를 위한 국가의 역할을 강조하면서, 기업과 인권 협약(Business and Human Rights Treaty)의 필요성을 주장하는 목소리가 높아지고 있다.

현재와 같이 기업이 실질적이고 내용적인 측면에서 사회적 책임을 방기하고, 시장이윤을 극대화하는 경제적 동물로서 행동한다면, 향후 기업의 사회적 책임에 대한 자율주의적 접근은 규제주의적 접근으로 변화될 가능성이 크다. 기업의 사회적 책임에 대한 비판은 "CSR은 크리스마스 선물이 아니다"라는 문장으로 요약될 수 있다. 환경과 사회에 미치는 영향력을 기업의 본연적 생산활동에 녹여 내지 않고, 시혜적인 기부나 생색내기로 일관한다면, 기업에 대한 사회적 규제에 대한 목소리가 더욱 높아지게 될 것이다.

이 책의 목적은 기업의 사회적 책임과 관련된 논의를 정리하고, 더 나아가 향후 어떠한 방향으로 기업의 사회적 책임에 대한 논의가 변화해갈 것인지를 보여주는 데 있다. 특히 기업의 사회적 책임과 관련된 각각의 국제규범이 의도한 바가 무엇이며, 기업이 경제적 및 사회적, 환경적 책임을 수행하기 위해 수행해야 할 실질적 역할이 무엇인지를 보여주고자 했다.

또한 기업의 사회적 책임론을 단순하게 변형시킨 노동조합의 사회적 책임론을 비판하면서, 노동기본권의 수호자인 노동조합이 수행해야 할 진정한 사회적 책임을 제시하고자 했다. 현재와 같은 노동조합의 사회적 책임론은 기존의 기업의 사회적 책임론의 행위주체를 단순히 노동조합으로 대체한 형태의 불완전하고 완성되지 않은 논의라고 할 수 있다. 국가와 시민사회를 넘어서는 시장의 주체인 기업의 사회적 책임과 노동기본권을 보호하고 약자인 노동자들의 사회경제적 지위를 개선하는 주체로서의 노동조합이 담당해야 하는 사회적 책임은 그 영역과 활동방식에 있어서 완전히 다를 수밖에 없다. 이러한 내용이 반영되지 않은 노동조합의 사회적 책임론은 노사협조주의의 또 다른 모습일 수밖에 없다.

이 책은 아산사회복지재단의 학술연구비 지원을 받아 집필할 수 있었다. 이 자리를 빌려 출간까지의 오랜 시간을 기다려 준 아산사회복지재단과 관계자 분들에게 감사드린다. 또한 함께 하는 시민행동의 좋은기업센터에서 2007년부터 전문위원으로 활동하면서 기업의 사회적 책임과 관련된 수많은 전문가, 정책담당자, 기업의 CSR 담당자로부터 받은 이론적이고 실천적인 논의를 최대한 담아내고자 했다. 〈고장난 거대기업〉, 〈CSR 10대 이슈〉 등 적극적인 활동을 통해 기업의 사회적 책임과 관련된 사회적 역할을 충실하게 수행한 좋은기업센터 관계자분들께도 감사의 인사를 드린다.

2020년 6월

이승협

| 차 례 |

| 표/그림 차례 |

‖ 제 1 장 ‖

서 문

제1장 서 문

기술발전, 세계화, 국가의 역할 축소 등으로 20세기 말 이후 국가, 시장 및 시민사회의 3자 관계는 근본적인 변화를 겪고 있다. 특히 시장의 사회적 지배력 확대는 기업이 사회에서 차지하는 위치와 중요성 및 영향력을 급격하게 확장시켜 주었다. 기업의 사회적 영향력은 경제와 산업의 영역에 한정되지 않고, 환경, 노동, 인권 등 사회의 핵심 주제에까지 심대한 영향을 미쳤다. 기업이 단순히 사회적 생산 활동의 한 주체로서 뿐만 아니라 정치적 및 사회적 주체로서 공동체 질서의 형성과 유지에 막대한 영향력을 발휘하는 핵심적 권력으로 등장한 것이다. 이제 세계화 시대의 핵심 주체인 기업은 개별 국가의 공간적 경계를 넘나들면서 다양한 공동체에 거주하는 시민들의 삶을 총체적으로 지배하고 자신의 의사를 일방적으로 관철시키는 홉스적 의미에서의 괴물(Levianthan)로 변해가고 있다.

기업은 자신의 권력의 확대를 자각하지 못하고 여전히 단순한 생산 활동의 주체로서 스스로를 인식하고 있으며, 이로 인해 공동체의 규범과 가치, 사회적, 경제적 및 정치적 질서와의 갈등이 심화되고 있다. 예를 들어, 대부분의 기업은 기업의 존재가 생산 활동을 통한 이윤 획득에 있으며, 다른 정치적, 사회적, 문화적, 공동체적 질서는 별로 고려하지 않는다. 이와 같이 기업이 위치한 사회 조건의 변화를 인지하지 못함으로써, 환경과 인권 측면에서 공동체를 와해시키는 파괴자로서의 부정적 의미가 강조되고 있다.

기업의 사회적 책임(Corporate social responsibility, CSR)이란 이와 같이 사회 내에서 기업이 차지하는 지위의 변화를 기업 스스로 인지하고 새로운 상황에 맞게 의미와 역할을 조정하라는 사회적 요구와 기대의 표현이라고 할 수 있다. 기업의 사회적 책임론은 기본적으로 현대 사회에서 기업 권력의 확대, 국가 권력의 축소, 시민사회의 대응이라는 세 가지 움직임이 맞물리면서 기업의 단순히 경제적 주체가 아니라 이제는 핵심적이고 실질적인 공동체의 주체로서 자신의 역할을 새롭게 규정하고 보다 적극적으로 공동체적 규범을 내면화할 것을 요구하는 논의라고 할 수 있다.

유엔, 유럽연합, 경제협력개발기구, 국제노동기구 등 국제기구 및 시민사회가 기업의 사회적 책임에 관심을 갖기 시작한 이유에는 이러한 배경이 작용하고 있다. 특히 다양한 국제기구는 저마다 기업의 사회적 책임과 관련된 가이드라인을 제시하면서 기업의 영향력 확대에 대응하고 있다. ILO의 〈다국적기업과 사회정책에 관한 삼자선언〉, OECD의 〈다국적기업 가이드라인(OECD Guidelines for Multinational Enterprises)〉, 국제연합의 〈유엔지구협약(UN Global Compact, 2000)〉 등이 대표적이다.

기업의 사회적 책임과 관련된 다양한 논의와 가이드라인은 기업 입장에서는 한편으로는 지나치게 추상적으로 제시되어 온 측면이 있으며, 다른 한편으로는 정돈되지 않은 기준의 난립이라는 문제를 낳았다. 이로 인해 UN, OECD, ISO, GRI 등 국제기구들을 중심으로 기업의 사회적 책임에 관한 논의를 통합하여 구체적인 행동규범으로 제도화하려는 노력이 진행되었고, 그 결과가 ISO26000으로 제시되었다.

ISO26000(SR표준)은 국제표준화기구(ISO)의 주관하에 기업의 사회적 책임에 관한 기존 국제적 가이드라인을 집대성하여 2010년 11월에 정식으로 발표하였다. 이로써 기업의 사회적 책임은 표준화 단계에 이르렀다. ISO26000은 환경, 인권, 노동, 지배구조, 공정한 업무관행, 소비자 이슈, 지역사회 참여 등 7개 분야로 구성되어, 이해관계자 참여와 기업의 사회적 책임에 대한 정책 수립의 필요성을 강조하고 있다. ISO26000은 기업 스스로 지속가능경영 원칙의 하나로 사회적 책임을 인정하고 수행할 수 있도록 지속가능성을 높이는 주요 원칙으로 작용할 것으로 기대되고 있다.

이와 같이 ISO26000으로 귀결된 기업의 사회적 책임 논의가 갖는 특징은 기업의 자발성이라는 자원주의적 접근이라고 할 수 있다. 즉 기업의 사회적 책임 논의는 기업 경제활동의 과정 및 결과에서 나타나는 환경, 노동, 여성, 인권 등의 문제를 기업이 스스로 인지하고 교정해나가는 것을 전제로 한 상태에서 기업에게 참고할 수 있는 지침을 제시할 뿐이다. 기업이 가이드라인을 어떤 방식으로 활용할 것인가에 대해서는 전혀 개입하지 않는다.

이로 인해 최근 들어 기업의 사회적 책임 논의는 기업 인권에 대한 논의로 새롭게 확장되고 있다. 기업인권론은 기업의 인권에 대한 책임을 강조한다. 기업인권론의 등장은 국제연합(UN)과 관계가 깊다. 국제연합은 언제나 그랬듯이 인권 주제에 각별한 관심을 보여 왔으며 특히 2005년에는 존 러기(John Ruggy)를 기업과 인권에 관한 유엔사무총장 특별 대표로 임명하여 기업의 인권 문제에 대한 해법을 적극적으로 모색했다. 존 러기 교수의 기업과 인권 프레임워크 프로젝트는 프레임워크 및 이행 지침의 제시와 함께 2011년에 마감되었지만, 다양한 후속 작업이 국제조직 및 개별 국가별로 진행 중이다.

개별 국가의 국가인권위원회 국제조직인 ICC(International Co-ordinating Committee of National Institutions for the Promotion and Protection of Human Rights)는 2010년 영국의 에딘버그에서 열린 국가인권기구 국제컨퍼런스를 계기로 "에딘버그 선언"을 채택하였다. 국제컨퍼런스는 특별 주제로 기업에서의 인권 문제를 다루었으며, 채택된 선언을 통해 각국의 인권기구가 기업에서의 인권 증진을 위한 활동을 하며 그 내용을 보고할 것에 합의했다. 또한 OECD도 2011년 다국적기업 가이드라인을 개정하면서 인권에 관한 장을 추가했다. 이와 같이 기업과 인권을 연계시키는 전략은 기업의 사회적 책임을 집대성한 ISO26000에도 부분적으로 반영되어 있다. IOSO26000은 조직의 사회적 책임에 관한 표준을 제정하면서, 인권 항목에 특별히 많은 분량을 할애하여 상세히 서술하고 있다. 이처럼 최근 기업의 인권 책임에 관한 강조는 큰 흐름이라고 할 수 있다.

이러한 기업 인권에 대한 관심이 특별히 중요한 이유는 기업인권론이 기업의 사회적 책임론이 전제하고 있는 자율주의와는 달리 기업의 인권 책임에 관한 국가의 역할을 강조하기 때문이다. 기업 인권에 대한 국가 개입은 한편으로는 정책으로, 다른 한편으로는 의무적 규범의 제도화로 발전될 수밖에 없다. 실제로 기업인권에 대한 논의는 정부의 역할과 규제에 모아지고 있다. 아직까지는 강제적이고 의무적인 규제의 제도화로까지 나아가고 있지 않지만, 정보공개 및 기업의 지속가능보고서 의무화, 기업 인권 항목의 공시제도, 인권경영 인증제, 공적 조달시장에의 접근성 등 규제 내용과 효과에 대한 논의가 진행되고 있다.

기업의 사회적 책임 및 기업 인권에 대한 논의가 진행되면서, 기업 내 이해집단인 노동조합의 사회적 책임에 대한 관심 역시 높아지고 있다. 노동조합은 기본적으로 기업 내부에서 기업을 감시하고, 이를 통해 노동자의 노동기본권을 확보하는 역할을 수행하는 이해관계자 조직이다. 따라서 주체로서의 기업의 사회적 책임에 외부로부터 개입하는 국가와 시민사회가 갖는 한계를 보완해줄 수 있는 기업 내부적 이해관계자인 노동조합의 역할이 부각되는 것이다.

즉 기업의 사회적 책임이 강조되는 만큼 노조의 사회적 책임도 사회양극화 시대에 사회통합을 위한 중요한 영역으로 강조되고 있다. 노조는 기업의 가장 직접적인 이해관계자로 기업의 사회적 책임수행에 적극적으로 나설 필요가 있음이 점차 강조되고 있으며, 우리나라의 경우, 민주노총과 한국노총이 단체협약 지침에 일부 사회적 책무 조항을 명문화한 바 있다. 실제로 일자리 창출, 비정규직 문제, 협력 및 부품업체 등과 관련된 사회적 의제들은 노조의 협력 없이는 기업의 사회적 책임 수행이 어려운 과제들이고 향후 이런 문제들은 더욱 심각해질 것으로 예측할 수 있다.

그러므로 노동조합과 기업의 다른 이해관계자들의 CSR에 대한 인식과 이해관계의 차이를 확인하고 협의하는 과정을 통해 노조의 사회적 책임에 대한 기본적인 가이드라인이 만들어질 필요성이 있다. 노동조합의 사회적 책임 수행은 노동조합에 대한 시각의 변화로 노동조합에 대한 신뢰가 강화되고 그에 따라 공익에 기여하는 시민사회의 일원으로서 인식이 확립될 수 있다.

이러한 노동조합의 사회적 책임은 크게 세 가지로 구분해 볼 수 있다. 첫째는 노동기본권과 관련된 기업 내부적 책임이다. 사용자와 단체 교섭을 통해 조직 대상인 노동자들이 노동기본권을 누릴 수 있도록 하는 노동조합의 책임이다. 노동기본권의 확보는 노동조합의 전통적인 목표이며 기본적인 존재 이유라고 할 수 있다. 보다 중요한 것은 노동기본권의 확보와 관련한 노동조합의 활동이 투명하고 공정하게 그리고 민주적으로 이루어지는 조직적 지배구조로 이루어져야 한다는 점이다.

둘째는 노동조합이 조직 대상인 노동자에 대해서 뿐만 아니라 해당 기업이 사회적 책임을 제대로 수행하고 있는지를 기업 내부에서 지속적으로 감시하는 사회적 책임을 들 수 있다. 특히 기업의 다국적화로 인해 개별 국민국가의 경계를 넘어 생산이 이루어지는 발전도상국 생산현장의 인권 및 노동기본권에 대한 개입은 노동조합의 국제적 연대로 보다 효과적으로 이루어질 수 있다. 국제 산별 노조를 중심으로 이루어지고 있는 국제기준협약(International Framework Agreement, IAF)는 대표적인 노동조합의 사회적 책임 사례라고 할 수 있다.

셋째, 노동조합이 조직적 역량을 동원해 지역 및 환경에 공헌하는 지역사회적 책임 역시 중요한 노동조합의 사회적 책임 영역이라고 할 수 있다. 지역농산물 소비, 환경보호 등 노동조합이 노사의 영역을 넘어 지역사회에 공공성의 관점에서 다양한 조직적 사회공헌 활동을 함으로써 노동조합의 사회적 정당성을 확보하고 지역사회에 대한 기여도를 높일 수 있다.

이와 같이 기업과 노동조합의 사회적 책임은 기본적으로 기업의 사회적 권력 확대라는 배경하에 등장했지만, 각각이 책임지는 영역과 수준은 상이하다. 그러나 사회적 문제에 대한 경제적 주체의 개입이라는 측면에서 기업과 노동조합의 각각의 사회적 책임을 매개로 연계할 수 있고, 연계할 영역 또한 존재한다. ISO26000이 실질적으로 기업의 사회적 책임을 다루고 있지만, 조직의 사회적 책임이라는 용어를 사용함으로써 기업뿐만 아니라 노동조합, 공공기관, 시민사회단체 등 다양한 형태의 조직이 사회적 문제에 공동으로 대응해야 할 필요성 역시 제시하고 있다.

이러한 측면에서 기업의 사회적 책임과 노동조합의 사회적 책임은 상호연계되어 있다고 볼 수 있다. 기업의 사회적 책임 수행 영역과 노조의 사회적 책임 수행 영역은 공통 영역과 개별 영역으로 구분할 수 있으며, 공통 영역에 대한 노사 공동의 사회적 책임 수행이 필요하다. 예를 들어, 기업이 기업의 사회적 책임을 수행함에 있어서 노동조합과의 협력이 중요해지는 영역이 다수 존재한다. 특히 노동조합의 이해관계가 중요하게 작용하는 고용(신규채용)과 노동(비정규직)의 문제는 가장 핵심적인 사회적 책임 영역임에도 노조의 협력 없이는 제대로 된 책임 수행이 불가능하다.

또한 기업의 사회적 책임은 기업의 자율적 행동 규범의 형태를 띠고 있어 실효성 없는 사회적 선언 및 기업 홍보에 악용될 소지가 높아, 기업의 선언적 사회적 책임 수행(일회성, 수혜적인 기여)에 대한 견제와 감시, 동시에 조력자의 역할을 수행할 수 있는 노동조합의 사회적 책임 역할이 필요하다. 노사의 사회적 책임이 잘 수행되고 있는 유럽의 다임러-벤츠, 폭스바겐, 다농 등의 사례를 보면, 기업의 사회적 책임은 자율적 행위이지만, 이에 대한 노동조합의 감시, 견제 및 협력이 실효성 있는 기업의 사회적 책임 행위에 중요한 요소로 작용하고 있음을 알 수 있다.

기업의 사회적 책임을 강조하는 국제표준화기구의 ISO26000이 발효되면서, 기업의 사회적 책임에 대한 기존의 이론적 논의는 현실적 실천과제로 발전해가고 있다. ISO 26000과 더불어 기업의 사회적 책임은 국제적 표준화 단계에 이른 것으로 보아야 한다. 한국 사회에서도 지속가능성 보고서를 통해 기업 내외부의 이해관계자들에게 기업의 사회적 책임 보고를 하는 기업도 백여 개에 이르는 등 기업의 사회적 책임에 대한 관심이 높아지고 있다.

그러나 국제사회의 추세와 비교해보면, 우리나라는 기업의 사회적 책임에 대한 기업의 인식이 매우 낮은 수준에 머무르고 있을 뿐 아니라, 국가의 역할과 제도화의 수준 역시 매우 낮다. 더구나 우리나라 기업에게 사회적 책임이란 대부분 기부나 자선과 같은 사회 공헌과 동일시되고 있으며, 일부 기업은 심지어 사회적 책임을 단순한 홍보 내지 마케팅의 수단으로 간주하고 있다. 국가 역시 기업의 사회적 책임을 기업의 자율적 영역으로만 치부하며 적극적인 역할을 수행하려 하지 않았다. 발전 국가의 경로 의존성을 벗어나지 못하고, 기업의 사회적 책임을 경제 발전의 장애물로 치부해왔기 때문이다.

따라서 이 책은 기업 및 노조의 사회적 책임을 기존 이론적 논의를 중심으로 재검토하여 구체적인 내용으로 검토하고, 동시에 기업과 노조가 실제 현장에서 활용할 수 있는 실천 방안을 제시하고자 한다. 연구 내용은 크게 ① 기업의 사회적 책임과 관련된 국제규범의 분석, ② 기업의 사회적 책임에 대한 경영계의 새로운 해석으로서의 공유가치창출, ③ 노동조합의 사회적 책임론으로 구분해 볼 수 있다.

우선 ISO26000 가이드라인의 내용 검토와 하위 영역의 구분, 주체와 구조, 국가의 역할 등을 분석한다. 국제 기준으로 제시되는 ISO26000에 대한 체계적인 분석과 정리가 선행되어 사례 및 시사점 도출의 뼈대가 되며, 동시에 EU의 다국적기업에 대한 가이드라인, UN의 글로벌 임팩트와 GRI, 국제노동조합의 IFA 등 기업의 사회적 책임과 관련된 다양한 국제기준을 비교사회학적으로 분석할 것이다. 동시에 노사가 개별 주체로서 각 영역별로 다른 이해관계자와 어떻게 연계하여 구체적인 사회적 책임을 수행할 것인지 파트너십 거버넌스(Partnered Governance)의 관점에서 폭넓은 정책과 제도를 고찰한다.

이 연구는 총 10장으로 구성된다. 1장 서론에서는 이 연구의 목적과 연구의 구성이 제시된다. ISO26000은 조직의 사회적 책임에 관한 국제가이드라인으로서 기업의 사회적 책임뿐만 아니라 모든 형태의 조직에 사회적 책임을 실천하기 위한 지침을 제공하고 있다. 현대사회는 개인보다는 특정 목적을 지닌 집단, 즉 조직이 공동체의 핵심적 주체로 발전해 왔다. 조직의 사회적 영향력이 커져감에 따라 그에 따른 사회적 책임을 수행하는 것이 공동체의 존속, 유지 및 발전에 중요하게 된 것이다. 따라서 현대사회에서 가장 중요한 조직인 기업 조직, 행정 조직, 그리고 기업 내 대항 조직으로서의 노동조합이 공동체 일원으로서 사회적 책임을 수행해야 할 필요성을 제기한 것이다. 서론에서는 기업과 노동조합의 사회적 책임을 ISO26000을 중심으로 살펴보는 것이 어떤 의미를 갖는지를 서술하고 있다.

2장에서는 기업의 사회적 책임과 관련된 다양한 국제기준을 분석한다. 기업의 사회적 책임이 제기된 이후 다양한 국제기준이 사회적 책임 수행을 위한 가이드라인을 제시한 바 있다. 특히 이러한 국제기준들은 기업이 시장 활동을 전제로 하는 조직이기 때문에, 시장에서의 이윤추구 활동의 과정에서 발생하는 시장 외적 문제에 기업이 자율적으로 사회적 책임을 수행할 것을 전제로 하고 있다. 따라서 기업의 사회적 책임과 관련된 가장 기본적인 핵심 내용은 노동권의 문제이다. 국제노동기구의 노동 기준에 기초를 둔 국제노동기구 노사정 3자 선언은 기업이 이윤추구의 과정에서 노동자의 기본권을 침해해서는 안 된다는 내용을 국제 규범으로 제시했다는 의미를 갖는다.

두 번째로 OECD 초국적기업 가이드라인은 국제노동기구의 노사정 3자 선언을 기업의 세계화를 고려하여 기업의 사회적 책임의 주체와 대상을 좀 더 구체화한 국제규범이라고 할 수 있다. 선진국 내에서의 노동권 보장은 노동조합의 제도화로 인해 합리적인 수준에서 정착되었다. 그러나 세계화로 제3세계에 진출한 선진자본주의국가의 초국적 자본은 선진국에서와 달리 개발도상국 및 제3세계에 위치한 생산현장에서는 초기 자본주의에서의 착취와 수탈 모델을 현지생산국 노동자들에게 강요해 왔다. 동남아시아에서의 아동노동, 남아메리카 및 아프리카에서의 강제노동, 일반적인 저임금 및 장시간 노동, 반노조 행위 등 선진국에서는 상상할 수 없는 비인권적인 행위를 현지 국가의 제도적 결함 또는 발전국가의 틀을 쓴 국가자본주의의 발전 전략을 악용하여 노동자들의 노동권을 유린해왔다.

이러한 문제에 대해 OECD는 초국적자본의 사회적 책임을 특별히 강조하여 초국적자본 가이드라인을 제시하였다. 그 핵심 내용은 제3세계에서 초국적기업이 자율적으로 노동자들의 노동권을 보장할 수 있도록 노력해야 한다는 것이다. 이와 동시에 제3세계에서 다국적기업들이 생산을 위해 심각한 환경파괴를 자행한다는 문제도 동시에 지적되었다. 이와 같이 세계화 시대의 핵심 주체인 다국적기업이 생산가치사슬을 따라 노동권과 환경권을 기본적인 인권의 핵심으로 인식하고 보장해야 함을 강조하는 국제규범이 OECD 초국적기업 가이드라인이라고 할 수 있다.

이와 관련하여 중요한 2개의 국제규범이 GRI와 UN 글로벌 콤팩트이다. GRI와 UN 글로벌 콤팩트는 기업이 자율적으로 사회적 책임을 준수할 수 있는 실행도구를 제공하기 위한 국제규범이다. GRI는 기업이 자신의 사회적 책임 활동을 점검할 수 있는 다양한 점검목록을 제시해주고 있다. 또한 UN 글로벌 콤팩트 역시 기업이 자율적으로 준수해야 할 기본적인 10개 원칙을 제시함으로써 기업의 구체적인 사회적 책임의 시행을 촉진하고 있다.

3장에서는 기업의 사회적 책임에 대한 자율주의적 접근에서 좀 더 규제주의적 접근으로 변화하고 있는 과정에서 등장한 UN 기업과 인권 프레임워크를 살펴본다. 자율주의적 접근에 기초한 기업의 사회적 책임은 국제기구와 시민사회가 기대했던 것만큼의 성과를 거두지 못했다. 즉 기업의 사회적 책임에 대한 기업의 자율성을 전제함으로써 일부 기업을 제외한 많은 기업들이 기업의 사회적 책임을 기업의 홍보 수단으로 악용하고, 실제로는 사회적 책임을 다하지 않는 한계를 보여왔다.

우리나라에서도 대표적으로 삼성전자는 GRI 기준에 의거해 사회공헌보고서를 펴내고 있지만, 반노조정책이나 백혈병 사망자에 대한 산재인정, 노동자 감시 등 UN 글로벌 콤팩트나 OECD 초국적기업 가이드라인에 어긋나는 반인권적인 행위에 대해서는 사회공헌보고서에서 전혀 언급하지 않고 있다. 이와 같은 문제로, UN에서는 기업의 사회적 책임을 제도화하기 위한 방법으로 국가의 역할을 강조하게 되었다. 그 결과가 UN 사무총장이 지명한 존 러기 특별대표에 의해 제시된 UN 기업과 인권 프레임워크이다. UN 기업과 인권 프레임워크는 기업의 자율적인 사회적 책임의 준수와 더불어 국가의 보호 및 구제라는 역할을 강조하고 있다.

4장에서는 이러한 논의가 국제표준화기구(ISO)에 의해 집대성된 ISO26000으로 모아지는 과정, 내용 및 구조, 영향 등을 분석한다. ISO26000은 국제표준화기구의 일반적인 인증체계가 아니라 가이드라인의 형태로 제시되었지만, 그럼에도 불구하고, 국제사회에서 기업의 사회적 책임을 체계적이고 표준화된 형태로 검증할 수 있는 제도적 토대를 제공한다는 점에서 매우 중요한 국제규범이라고 할 수 있다. 따라서 4장에서는 ISO26000의 구조와 특징, 규범적 성격과 적용 방식, 조직 적용 사례 등을 살펴보고, 동시에 ISO26000에 대한 국내의 접근 현황을 분석한다.

5장에서는 최근 기업의 사회적 책임에 대한 논의가 기업의 자율성을 강조하는 데에서 국가의 역할을 강조하는 방향으로 변화하고 있기 때문에, 국가의 역할에 대한 논의를 정부와 지자체를 구분하여 살펴본다. 6장에서는 5장에서의 국가의 역할에 대한 이론적 논의를 토대로 기업의 사회적 책임에 대한 외국의 정책 사례를 검토한다. 즉 기업의 사회적 책임을 장려하고 촉진하기 위해 선진국의 정부는 어떠한 정책을 시행하고 있는지를 살펴본다. 이를 위해 선진국 국가를 유럽 사례와 앵글로색슨 사례로 구분하여, 이해관계자 자본주의와 주주자본주의 모형에서 기업의 사회적 책임이 어떻게 인식되고, 국가 정책이 어떠한 공공 정책으로 실천되고 있는가를 분석한다.

7장에서는 기업의 사회적 책임과 더불어 중요하게 부상하고 있는 노동조합의 사회적 책임(이하 노조의 사회적 책임)을 분석한다. 노조의 사회적 책임은 기업의 영향력 확대와 더불어 기업에 영향을 미치는 주요 집단인 노동조합의 사회적 영향력 역시 확대되어 간다는 사실에 기초해 있다. 즉 노동조합이 단체 교섭을 통해 기업정책에 어떤 영향을 미치는지가 가치사슬을 따라 해당 기업의 노동자뿐만 아니라 원하청기업 및 원하청기업의 노동자, 지역사회, 국가의 노동정책 및 사회정책, 더 나아가 제3세계 노동자에게까지 막대한 영향력을 미칠 수 있다. 더구나 ISO26000은 조직의 사회적 책임을 강조하고 있기 때문에, 현대사회의 핵심적 사회조직인 노동조합 역시 사회적 책임을 수행해야 한다는 점은 분명하다.

그러나 노조의 사회적 책임을 살펴보기 위해서는 노조의 사회적 책임의 주체와 대상, 사회적 책임의 수행 방식에 대한 면밀한 검토가 있어야 한다. 왜냐하면 노동조합 조직은 기본적으로 기업조직과 다른 성격의 조직이기 때문이다. ISO26000에서는 조직의 사회적 책임에 관한 일반적인 지침을 제시하고 있지만, 초국적기업, 중소기업, 원청 및 하청기업 등 기업의 형태에 따라 일괄적으로 동일하게 적용될 수 없음을 동시에 명확히 하고 있다. 따라서 공공행정조직의 사회적 책임 역시 기업조직의 사회적 책임과 다를 수밖에 없으며, 노동조합의 사회적 책임 역시 기업의 사회적 책임과 다른 형태로 전개될 수밖에 없다.

이를 위해 우리나라에서 현재 노조의 사회적 책임론으로 제시되고 있는 노조의 사회적 책임에 대한 논의를 비판적으로 검토한다. 일부 기업에서 실천되고 있는 사례를 일반화하여 노조의 사회적 책임론이 과연 ISO26000에서 제시하는 조직의 사회적 책임을 제대로 반영하고 있는 것인지를 분석한다.

7장에서는 선진국의 국제노동조합연맹을 중심으로 전개되고 있는 국제기준협약의 현황과 사례를 분석함으로써 노동조합의 사회적 책임을 분석한다.

8장에서는 노조의 사회적 책임론에 대한 비판에 기초하여, 노조의 사회적 책임을 수행하는 현실적인 대안적 방식으로 국제기준협약을 분석한다. 국제기준협약은 국제노동조합이 개별 기업을 상대로 기업의 사회적 책임을 감시하고 강제하기 위해 맺는 협약이다. 노동조합은 국제기준협약을 통해 기업이 이윤추구를 위해 노동권과 환경권을 침해하지 않도록 지속적으로 감시하고 견제하는 역할을 수행하고 있다.

9장에서는 최근 경영계를 중심으로 확산되고 있는 공유가치창출에 대한 논의를 그 등장 배경과 핵심 내용을 살펴본다. 포터와 크래머의 이론적 논의를 살펴보고, 공유가치창출과 기업의 사회적 책임 논의의 공통점과 차이점을 분석한다.

10장에서는 자율에서 책무로, 사회공헌에서 전략적 접근으로 변화하고 있는 노사의 사회적 책임이 갖는 의미를 전체적으로 살펴보고, 노사의 사회적 책임 실행방안을 제시한다.

‖ 제 2 장 ‖

기업의 사회적 책임과 주요 국제규범

제2장 기업의 사회적 책임과 주요 국제규범

본 장에서는 기업의 사회적 책임과 관련한 국제사회의 여러 기준과 이니셔티브를 검토하면서 국제사회가 이 주제에 대해서 어떻게 대응해 왔는지를 검토하고자 한다. 기업의 사회적 영향력이 확대되고, 신자유주의적 세계화로 기업에 대한 개별 국민국가의 영향력이 줄어들면서, 기업의 사회적 책임에 시민단체[1), 노동조합[2) 등 다양한 이해관계자들은 개별 기업을 넘어서는 포괄적 사회권(Social Rights)의 확립이라는 차원에서 문제를 제기해 왔다. 그 결과, 다국적기업에 관한 OECD 가이드라인, UN의 글로벌 콤팩트(UN Global Compact), GRI 가이드라인(Global Reporting Initiative), 국제기준협약(International Framework

1) 시민사회단체들은 주로 여성, 환경, 종교, 외국인노동자, 사회적 소수자, SCM 등과 같은 주제들을 다루고 있으며, 기업의 사회적 책임을 기업 내적 문제가 아니라 지역사회 또는 지역공동체로 대상 영역을 확장시켜 이해하고 있다.

2) 노동조합은 전통적으로 노동기본권의 측면에서 기업의 사회적 책임에 접근해 왔다. 그러나 2000년대 이후 노동조합은 기업 내부의 문제로 기업의 사회적 책임을 한정하기보다는 납품업체 및 협력업체까지 노동기본권의 적용범위를 확장시키려고 노력하고 있다. 이러한 측면에서 2000년부터 유럽종업원평의회 및 세계종업원평의회를 중심으로 전개되어 온 국제기준협약(International Framework Agreement)은 주목할 만하다(이승협, 2009).

Agreement, IFA), ISO26000 등 다양한 형태의 국제규범과 가이드라인이 초국적 단위에서 제시되었다.

그러나 여기에는 두 가지의 문제점이 존재한다. 첫 번째는 기업의 사회적 책임과 관련된 논의의 주체가 주로 시민사회단체 등 비정부기구(NGO), 노동조합 및 국제기구이며, 실질적 규제 권한을 갖고 있는 개별 국민국가는 기업의 사회적 책임에 대한 실질적 주체로 논의에 적극적으로 참여하고 있지 않다는 점이다. 둘째, 기업의 사회적 책임에 대한 기존의 논의와 가이드라인이 모두 기업의 자율적 실천에만 초점을 맞추고 있어, 논의 주체와 실천 주체가 분리되어 서로 갈등하는 형태로 기업의 사회적 책임 논의가 진행되어 왔다.

동시에 기업의 사회적 책임이 논의 초기에 개별 기업 또는 기업가의 선택과 행위에 초점을 맞추면서 기업의 자율적 행동규범의 형태로 행해지는 행태를 비판해 왔으며, 그 실효성을 의심해왔다. 또한 내용적으로 기업의 사회적 책임에 대한 기업의 인식이 기부와 봉사활동이라는 사회공헌에 집중되는 현상도 기업의 사회적 책임을 기업의 홍보수단으로 악용한다는 비판을 제기해왔다(조효제, 2008; Burckhardt, 2011).

이러한 문제점에 대한 인식이 높아지면서, 기업의 사회적 책임에 대한 정부의 역할이라는 의제가 2000년대 들어서 새롭게 형성되면서 강조되기 시작했다. 즉 정부는 기업의 사회적 책임을 성실히 수행하는 기업 생태계를 창출하는 데 주도적인 역할을 수행할 책임과 의무가 있다는 주장이 새롭게 제기되고 있다. 이러한 논의는 1990년대 신공공관리론에 기초한 탈규제 중심의 작은 정부로부터의 변화를 의미한다. 그렇다고 이러한 변화가 신공공관리론 이전의 정부로 돌아가자는 주장은 아니다. 오히려 지속가능한 발전을 위한 공공 정책의 핵심이 단순한 정부의 규제가 아니라 실질적 거버넌스의 구축에 있다는

사실이 강조되고 있다(Bell, 2002: 10-11).[3)]

기업의 사회적 책임에 있어서 국가 역할에 대한 강조는 최근 들어 국제연합에서 제시한 기업인권(Business and Human Rights)에 대한 논의[4)]에서 명확히 나타나고 있다. 존 러기가 제시한 세 가지 원칙 중 보호와 구제는 기업의 사회적 책임 중 인권존중과 관련된 정부의 역할에 대한 내용이다. 존 러기의 정책 프레임워크는 정부의 역할을 공식적으로 의미 있는 행위로 받아들인다는 점에서는 기업의 사회적 책임에 대한 자율주의적 접근에서 훨씬 더 진일보한 접근이라고 할 수 있다.

이와 같이 기업의 사회적 책임과 관련된 최근 논의는 자율주의적 접근으로부터 정부의 역할을 강조하는 방향으로 변화해가고 있다. 이 글은 기업의 사회적 책임에 대한 논의가 기존의 자율주의적 접근을 넘어서 정부의 역할이 강조되는 제도화의 방향으로 가고 있음에 주목한다. 여기에서 제시하는 제도화는 기업의 사회적 책임에 대한 정부의 직접적 규제를 의미하지는 않는다. 기업의 사회적 책임을 자율과 규제의 관점으로 접근하는 것은 상당히 소모적인 논쟁이 될 가능성이 높다.[5)] 따라서 제도화란 기업의 사회적 책임에 대한 기업의 자율적

---

3) 이러한 점에서 독일과 스페인이 기업의 사회적 책임 거버넌스를 노사민정을 중심으로 구축해가고 있다는 사실에 유념해야 한다. 사영화(privatization)와 같은 시장중심주의를 강조하는 민관파트너십(PPP)이 아니라 이해관계자의 협치(governance)는 지속가능한 발전의 핵심적 사항이라고 할 수 있다.

4) 유엔 사무총장 특별 대표인 존 러기 교수는 2008년 4월 7일 "개발에 관한 권리를 포함한 모든 인간의 권리 및 시민, 정치, 경제, 사회, 문화에 관한 권리의 보호와 증진"이라는 최종보고서를 통해 기업과 인권을 위한 프레임워크로 보호, 존중 및 구제라는 세 가지 원칙을 제시했다(UN, 2011).

5) 조효제는 인권경영을 위해 반드시 구속력 있는 법규범이 필요한 것은 아니며, 특히 우리나라 경영계의 기업경영 의식수준이 지나치게 낮아 강압 메커니즘에 기초한 접근은 현실성과 효과성 측면에서 의제화되기도 어렵고 실현되기도 어렵다고 주장

접근을 사회적 합의에 기초하여 방향을 제시하고, 합의된 사항을 의무화시키는 규범의 사회화 과정이라고 볼 수 있다.

기업의 사회적 책임과 관련된 국제 기준은 대부분 기업에게 자발적인 준수를 요구한다는 점에서 지나친 자율주의라는 비판에 직면해 있다. 최근 공표된 ISO26000 역시 기본적으로는 기업의 자율성에 기초해 있다. 그러나 최초로 합의된 국제표준이라는 의미에서 ISO 26000의 영향력은 향후 지속적으로 확대될 것으로 예상된다.

ISO26000은 기본적으로 기존의 다양한 기업의 사회적 책임과 관련된 국제사회의 가이드라인을 토대로 만들어진 표준이다. 따라서 ISO26000의 내용, 구조, 의미 및 한계 등을 분석하기 위해서는 기업의 사회적 책임과 관련된 주요 국제 기준을 살펴볼 필요가 있다.

제1절 ILO 노동기준과 기업의 사회적 책임

국제노동기구(ILO)는 1919년 체결된 베르사유조약을 토대로 설립된 노사정 국제기구이자 사회적 대화기구이다. 자본주의적 산업화의 과정에서 발생하는 노동문제에 당사자인 노사정이 공동의 해결책을 마련하기 위해 설립하였다. 따라서 국제노동기구는 노동자의 기본권 보장, 임금 및 노동조건 개선을 목표로 개별 국가에 대한 협약 및 권고안 제시, 다양한 조사 및 연구 수행, 노동자 인적자원개발 및 직업

한다(조효제, 2008: 148-149). 또한 최근 국가인권위원회에서 발간한 연구용역보고서에서도 법적 규제주의가 가장 강력하고 실효성 있는 방법이지만, 동시에 논란의 여지가 가장 많이 발생한다는 점을 지적하고 있다(국가인권위원회, 2009: 65-69).

교육, 노동통계의 작성 등 다양한 사업을 수행하고 있다. 국제노동기구는 노사정기구이기 때문에, 정부 대표 외에 사용자단체 및 노동조합이 별도로 참여하는 이해관계자 거버넌스를 갖고 있다. 총회 및 이사회에 노사정 대표가 모두 참여하도록 되어 있다. 우리나라도 고용노동부, 한국노총, 민주노총, 경총 등 노사정이 모두 참여하고 있다.

국제노동기구에서는 노동자들의 기본권인 노동권을 보장하기 위해 다국적기업과 사회정책에 관한 ILO 3자 선언(ILO Tripartite Declaration concerning Multinational Enterprises and Social Policy, 이하 '3자 선언')을 발표한 바 있다. 그 이후 노동기본권은 ILO 3자 선언이 노사정의 합의안으로서 중요한 의미를 갖게 되었다. 따라서 ILO 3자 선언을 중심으로 ILO가 제시한 8대 핵심 협약 및 ILO의 기업의 사회적 책임에 대한 입장 등을 분석하도록 하겠다.

1. 국제노동기구 기본협약

기업의 사회적 책임의 핵심 내용은 노동권과 환경권이다. 이 중에서 노동권은 국제노동기구가 제시하는 노동기본권의 내용과 밀접한 관련이 있다. 국제노동기구는 그간 노동자의 노동권을 보장하기 위해 다양한 사업을 전개해 왔다. 그중에서 가장 중요한 수단으로는 개별 국가와의 협약(conventions) 및 권고안(recommendations) 제시를 들 수 있다. 협약과 권고는 국제노동기구가 노동자의 노동기본권을 보장하고, 임금 및 노동조건을 개선함으로써 장기적으로 노동자의 사회경제적 지위 향상을 도모함에 있어서 가장 중요한 수단이라고 할 수 있다.

국제노동기구의 노동협약은 국제법상의 효력을 갖는다. 협약을 비준하는 것은 개별 국가의 결정에 따르지만, 일단 협약을 비준한 국가

〈표 2-1〉 국제노동기구 핵심노동기준

4개 영역	8개 협약
결사의 자유와 단체교섭권	결사의 자유 및 단결권 보호에 관한 협약(제87호, 1948년) 단결권 및 단체교섭권 원칙의 적용에 관한 협약(제98호, 1949년)
강제노동의 폐지	강제노동에 관한 협약(제29호, 1930년) 강제노동의 폐지에 관한 협약(제105호, 1957년)
아동노동의 철폐	취업의 최저연령에 관한 협약(제138호, 1973년) 가혹한 형태의 아동노동 철폐에 관한 협약(제182호, 1999년)
작업장 차별의 금지	동일가치 노동에 대한 남녀노동자의 동등보수에 관한 협약(제100호, 1951년) 고용 및 직업에 있어서 차별대우에 관한 협약(제111호, 1958년)

출처: ILO, 2011.

는 협약 내용을 해당국의 기존 법률과 관행에 맞게 반영해야 한다. 따라서 협약의 비준 후에는 국내법과 관행의 제정 및 개정이 뒤따른다. 또한 국제노동기구로부터 지속적인 감독을 받아야 한다. 우리나라에서도 OECD 가입과 더불어 국제노동기구의 주요 협약을 비준했으며, 이로 인해 약 10년간 국제노동기구의 감시 및 감독을 받아 왔다.6) 반면 국제노동기구의 권고는 국제노동기구가 개별 국가의 노동문제에 내리는 권고지침이다. 개별 국가가 반드시 따라야 할 의무사항은 아니지만 권고안이 제시된다는 것은 해당 노동문제에 있어 국제규범에 일치하지 않음을 의미하기 때문에, 일반적으로 정책적인 고려대상이 된다.7)

국제노동기구의 핵심노동기준은 모두 4개 영역의 8개 핵심 협약으로 구성되어 있다. 결사의 자유와 단체교섭권은 노동기본권의 핵심

6) 공무원 및 교원의 노동기본권 보장, 노동관계법 개정, 복수노조 허용 등에 관해 지속적인 감시 및 감독을 받아 왔다.

7) 우리나라에서는 공무원의 노동기본권을 제약한 것에 대해 최근 권고안을 받은 바 있다.

내용에 해당된다. 노동기본권은 단결권, 단체교섭권, 단체행동권으로 구성되는데, 국제노동기구는 이 중에서 단결권과 단체교섭권을 핵심적인 노동기본권으로 보고 있다. 즉 개별 노동자들이 단결권을 통해 자신들의 이해관계를 대변할 조직인 노동조합을 결성하고, 이를 토대로 사용자와 노동자들의 임금 및 근로조건에 관한 교섭을 진행할 권리는 노동기본권의 핵심이다. 이러한 단결권은 모든 민주주의 국가의 기본권인 결사의 자유 및 언론출판의 자유와 동일한 내용이라고 할 수 있다.8)

이와 같이 국제노동기구의 기본협약은 노사정기구로서의 국제노동기구의 권위를 통해 자발적으로 개별 국가가 기본협약을 비준함과 동시에 개별 국가의 의무가 발생하기 때문에, 기본협약의 비준에 개별 국가는 소극적인 태도를 보이고 있다. 국제노동기구가 제시하는 전체 189개의 협약 중 우리나라는 24개 협약만을 비준했다. 기본협약 중에서도 아동노동 철폐와 작업장 차별 철폐만을 비준했을 뿐, 가장 핵심이 되는 결사의 자유 및 단체교섭권, 그리고 강제노동에 관한 협약은 아직 비준하지 않았다. 우리나라를 제외한 대부분의 선진국들은 기본 8개 협약을 모두 비준한 상태이다.

우리나라가 국제노동기구의 핵심적인 기본협약을 비준하지 않고 있다는 점에서 국가가 헌법상의 기본권을 보장하는 데 소극적이라고 할 수 있다. 더 나아가 기본협약의 결사의 자유와 단체교섭권 비준은 기업의 사회적 책임 중 노동권과 관련된 핵심적인 내용으로 이에 대한 비준이 이루어지지 않음으로서 노동관계법상 단결권의 제한을 받

8) 이러한 측면에서 우리나라는 공공연하게 반노조주의를 강압적으로 실시하고 있는 삼성그룹 계열사들의 반헌법적 행위를 방치하고 있다는 점에서 노동기본권이 제대로 보장되지 못하고 있는 것으로 보아야 한다.

는 직업 집단이 다수 존재한다. 또한 기업들이 이러한 점을 악용하여 실질적인 반노조 정책을 추구할 수 있는 현실적인 토대를 제공하고 있다.

2. ILO 3자 선언

1970년대 자본주의의 팽창과 더불어 자본의 국제화가 본격적으로 이루어졌다. 소위 국제적 분업구조의 형성이 이 시기에 이루어졌다. 선진국의 초국적기업들은 더 낮은 임금, 선진국 내의 높은 노동기준, 원료 및 상품시장과의 입지 등을 고려하여 생산시설을 개발도상국 및 제3세계로 활발하게 이전하기 시작했다. 이로 인해 개발도상국 및 제3세계 노동자에 대한 노동권 침해 문제가 심각하게 대두되기 시작했다. 해외자본을 유치하려는 개발도상국 및 제3세계의 발전주의 산업정책과 생산비용 감소 및 시장 접근성을 중요시하는 초국적기업의 이해관계가 개발도상국 및 제3세계 노동자들의 노동권 침해와 인권유린으로 나타난 것이다.

이로 인해 국제노동기구는 1977년 초국적기업과 사회정책에 관한 ILO 3자 선언(Tripartite Declaration of Principles concerning Multinational Enterprises and Social Policy, 이하 초국적기업 3자 선언)을 이사회에서 채택하였다. 이후 3자 선언은 2000년과 2006년의 개정을 거쳐 현재에까지 기업의 사회적 책임을 광범위하게 정의한 최초의 중요한 국제규범으로 받아들여지고 있다.

국제노동기구의 초국적기업 3자 선언은 해외생산기지에 종사하는 노동자들의 인권에 대한 기업의 책임을 현지 하청업체뿐만 아니라 초국적기업의 모기업, 초국적기업 소재지 국가 및 현지공장 소재지 국가 모두가 공동으로 져야 한다고 규정하고 있다. 초국적 기업 3자 선언은 기업의 사회적 책임이 본격적으로 사회적인 의제로 등장하게 된 계기가 되었다. 자본의 세계화로 생산가치사슬이 단일 국가의 지리적 경계를 넘어 전 세계로 확장됨에 따라, 특정 장소에서의 노동기본권의 문제에 대한 해결이 개별 국가에게만 맡겨질 수 없으며, 새로운 형태의 국제적 거버넌스를 필요로 함을 제시하고 있다.

초국적기업 3자 선언은 이후 국제노동기구의 주요 사업 방향에 영향을 미치게 된다. 특히 아시아 및 아프리카에서의 국제노동기구의 사업은 초국적기업 3자 선언의 내용과 거의 일치한다. 초국적기업 3자 선언은 일반 정책 부분을 포함하여, 고용, 직업훈련, 노동조건, 노사관계 등 5개의 영역으로 구분된다. 특히 일반 정책에서는 초국적기업 3자 선언이 제기된 배경과 목적을 밝히면서, 초국적기업의 사회적 책임과 관련된 내용을 집중적으로 서술하고 있다. 초국적기업의 사회적 영향력이 확대됨에 따라 기업의 경제적 활동으로 개발도상국 및 제3세계의 발전을 위해 적극적인 역할을 수행할 필요성이 제시하고 있다. 따라서 초국적기업 3자 선언은 국가와 초국적기업을 대상으로 이들이 지켜야 할 국제규범을 제공하는 것을 목적으로 한다.

초국적기업 3자 선언은 명확하게 기업의 사회적 책임이라는 용어를 사용하지는 않지만, 현재 기업의 사회적 책임 논의에서 가장 중요하게 여기는 가치사슬을 선언의 핵심 대상으로 하고 있으며, 기업의 경제적 활동으로 인한 사회적 영향에 초국적기업이 직접적으로 관여되어 있음을 밝히고 있다는 점에서 현재 기업의 사회적 책임 논의와 연관되어 있다. 또한 초국적기업의 활동에 대한 모국과 현지국 국가의 책임을 제기하고 있다는 점에서 UN 기업과 인권 프레임워크에도 상당한 영향을 주었다고 볼 수 있다. 국제노동기구의 주요 사업은 초

〈표 2-2〉 국제노동기구 초국적 기업 3자 선언 핵심 내용

영역	내용
일반정책	국내법과 국제기준의 준수(초국적기업)
	작업장에서의 기본원칙과 권리의 실현(초국적기업)
고용	고용촉진(국가)
	균등한 기회 및 대우(초국적기업)
	고용안정(국가)
직업훈련	직업훈련 정책의 수립(국가)
	직업훈련 기회 제공(초국적기업)
근로 · 생활조건	급여 및 사회보장
	최저연령
	산업안전보건
노사관계	결사의 자유 및 단결권 보장
	단체교섭제도
	노사협의제도
	고충처리제도
	노사분쟁 처리제도

국적기업 3자 선언에 기초하여 고용, 직업훈련, 노동 및 생활조건, 노사관계의 4가지 영역으로 구분해 실시하 있다.

초국적기업 3자 선언은 개별 국가를 대상으로 하던 협약이나 권고 중심의 국제노동기구 활동이 이제는 직접적으로 개별 초국적기업을 대상으로 한다는 점에서 중요한 의미를 갖는다. 기업의 사회적 책임에 대한 현재의 논의는 직접적으로 기업을 대상으로 한다. 기업이 자율적으로 국제규범에 맞게 자신의 영향력을 점검하고, 생산활동의 과정에서 발생하는 노동, 환경 및 지역문제에 책임을 지는 방식이다. 이러한 점에서 초국적기업 3자 선언은 기업의 사회적 책임의 실행 방식에 상당한 영향을 주었다고 할 수 있다.

초국적기업 3자 선언은 초국적기업에서 경제적 활동의 결과로 발

생하는 사회적 결과에 일정한 역할을 수행할 것을 제시하고 있다. 즉 제3세계에서의 경제활동을 통해 기업의 영리활동을 전개하지만, 현지 노동자에 대한 직업훈련, 노동조합을 통한 단체교섭, 적정 임금을 통한 생활보장 등 제3세계 국가 및 노동자의 삶의 질을 향상시킬 수 있는 다양한 활동을 생산활동과 결합시킬 것을 요구하고 있다. 이와 같이 기업이 지켜야 할 규범을 국제기구가 제시했다는 점에서 현재 논의되는 기업의 사회적 책임을 내용적으로 제시하고 있다고 할 수 있다.

또한 국제노동기구의 초국적기업 3자 선언이 협약이나 권고의 형태를 띠지 않고, 선언의 형태로 제시됨에 따라, 법적 또는 제도적 구속력 없이 선언 내용의 실천 여부를 초국적기업의 자율성에 맡기고 있다는 점 또한 현재의 기업의 사회적 책임과 거의 유사하다고 할 수 있다. 이러한 점 때문에 국제노동기구의 초국적기업 3자 선언의 실천적 영향력이 별로 없다는 비판이 제기되기도 하지만, 개별 국가의 주권을 중시하던 1970년대에 자율적인 형태로나마 초국적기업의 행동규범을 제시하고 준수하도록 하였다는 점에서는 상당한 의미가 있다고 할 수 있다. 즉 제도적 또는 법적 강제력 대신에 노사정기구인 국제노동기구가 국제규범을 제시함으로써 도덕적 권위에 기초한 자발적 참여를 기대했다고 할 수 있다. 실제로 이러한 국제노동기구의 초국적기업 3자 선언은 법적 구속력을 갖지는 못했지만, 노동조합이나 시민사회단체가 초국적기업의 노동기본권 및 인권침해에 대항하는 도덕적 근거로 많이 활용되었다.

3. 국제노동기구와 기업의 사회적 책임

기업의 사회적 책임에 대한 논의가 1990년대 세계화의 확산 이후 본격화되자, 국제노동기구에서도 기업의 사회적 책임에 대한 논의를 국제노동기구의 기존 논의와 연계시키기 위한 작업을 진행하였다. 기업의 사회적 책임은 앞에서 살펴본 바와 같이 국제노동기구의 초국적 기업 3자 선언과 직접적으로 연관되는 내용이기 때문이다.

국제노동기구는 기업의 사회적 책임을 자발적으로 기업이 수행하는 활동으로 법제도의 틀을 넘어서며, 사회적으로 책임 있는 행동으로서 기업 경영의 핵심적인 내용으로 받아들여야 하며, 체계적이고 지속가능한 사회발전과 연결되어 있는 것으로 규정하고 있다(ILO, 2006). 그러나 기업의 사회적 책임은 기본적으로 기업의 자발적 행위이기 때문에 그렇다고 국가의 노동관련 법제도를 대체하거나, 또는 노사관계 및 단체교섭을 대신하는 것으로 보아서는 안 된다고 강조한다.

국제노동기구는 이러한 기업의 사회적 책임에 대한 입장을 초국적 기업의 활동에 적용하기 위해 다국적기업 소위원회를 통해 다양한 실천모델을 개발하려고 노력해 왔다. 제네바에 위치한 국제노동기구의 국제교육센터의 교육프로그램을 개발하기도 하고, 다양한 정부 간 기구와의 협력을 통해 기업의 사회적 책임을 촉진할 수 있는 사업을 전개하고 있다. 이러한 노력의 결과, 2007년 6월 13일 국제노동회의에서 지속가능한 기업을 장려하기 위한 결의안을 채택하였다.

지속가능발전의 개념에 기업의 사회적 책임을 결합시킴으로서, 사회의 지속가능발전에 기업이 일정한 자기 역할을 수행해야 함을 강조하고 있다. 여기에서 제시되는 지속가능발전은 기업의 장기 유지 및 존속으로 잘못 이해해서는 안 된다. 이러한 개념을 일부에서는 지속

〈표 2-3〉 지속가능한 기업 촉진에 대한 결의안 내용

지속 가능한 기업의 추진
- 노동 및 환경 기준의 이행 및 집행
- 기업에 대한 인센티브 프로그램과 정책
- 고용주 및 조달자로서 지속가능한 기업으로 행동

정부의 역할
- 사회적 대화 촉진, 결사의 자유와 단체교섭권 보장
- 노동법을 통한 노동감독시스템
- 기업의 사회적 책임 장려
- 사회 및 환경에 대해 책임감 있는 공공조달, 대출 및 투자의 추진
- 가치 사슬의 추진
- 유연성과 변화 관리의 보호
- 목표대상이 설정된 프로그램
- 연구와 혁신
- 정보, 비즈니스 및 금융 서비스에의 접근
- 정책 조정과 일관성
- 국제 정책
- 지속가능 생산 및 소비
- 기술 개발의 지원

자료: ILO, 2006.

가능경영으로 받아들여, 기업의 장기 존속을 위한 사회적 책임 수행이라는 기업 전략으로 분석하고 있지만, 핵심적인 것은 기업이 사회의 지속가능발전에 한 요소로 작용한다는 점이다.

4. 함의 및 평가

ILO는 ① 기업의 사회적 책임을 기업의 자발적 행위로서, ② 법률적 의무를 넘어 기업이 스스로 행하는 행위이며, ③ 지속가능한 발전과 연결되어야 하고, ④ 노사관계 및 단체교섭과는 독립적으로 행해지는 사회적으로 책임 있는 기업의 행동으로 정의하고 있다(ILO, 2012).

핵심적 노동권에 대한 협약을 개별 국가의 법제도에 반영토록 하는 제도화 전략과는 별도로 기업의 사회적 책임에 대한 논의가 ILO

내에서 자율적 규제의 형태로 전개됨에 따라 그 선언적 의미에도 불구하고 실천적 효과에 대한 회의가 존재한다. 이러한 ILO의 기업의 사회적 책임에 대한 활동은 초국적기업 3자 선언의 원칙하에서 기업들이 ILO가 규정하고 있는 핵심 노동기준의 이행을 촉구하는 수준에 머무르고 있다.

초국적기업 3자 선언은 자율주의적 접근을 토대로 한다는 점에서 기존의 기업의 사회적 책임론에 포함할 수 있다. 이로 인해 ILO에서 이루어져 온 기업의 사회적 책임에 대한 비판도 존재한다. 무엇보다 ILO에서 이루어지고 있는 기업의 사회적 책임에 대한 논의가 기존의 사회적 책임론의 규범적 논의를 벗어나고 있지 못하다는 비판이 주로 제기되고 있다(Linnik & Thorsen, 2008).

비판의 핵심은 핵심 노동기준의 준수에 대한 기업의 자발성에 기초한 ILO의 전통주의적인 기업의 사회적 책임 논의가 최소한의 법적 구속력을 갖도록 확장되어야 한다는 주장으로 집약된다. 즉 앞의 ILO의 기업의 사회적 책임에 대한 정의 중에서 자발적 행위로서 법률적 의무를 넘어서는 행위로 규정하는 내용을 법률적 의무 내에서 기업이 의무적으로 준수하도록 기업의 사회적 책임의 제도화 관점으로 전환할 것을 요구하고 있다.

이러한 비판에도 불구하고, ILO가 다국적기업을 직접적인 대상으로 하는 노사정 삼자선언을 채택했다는 것은 기업의 사회적 책임의 발전과정에서 중요한 의미를 갖는다. 노사정 삼자주의에 기초한 국제기구로서 ILO가 갖는 위상으로 자율주의적 접근에 기초하고 있지만, ILO의 노사정 삼자선언은 자율주의적 접근을 취하고 있음에도 불구하고, 자율적 기업의 사회적 책임을 넘어서는 강력한 규범적 구속력을 갖고 있기 때문이다.

제2절 OECD 가이드라인과 기업의 사회적 책임

1. OECD 가이드라인의 내용과 특징

OECD는 1976년 〈국제투자 및 다국적기업에 관한 선언〉을 채택하면서, 그 부속 문서로서 〈OECD 다국적기업 가이드라인〉(이하 OECD 가이드라인)을 제정했다.[9] 국제분업구조의 확대로 다국적기업의 세계적 영향력이 증대되면서, 증대하는 다국적기업의 부정적 영향력에 대한 대응이 요구되어 왔다. OECD는 해외 직접투자의 대부분을 차지하는 다국적기업의 본사가 위치한 선진국들로 구성되어 있기 때문에, 다국적기업의 영향력 확대에 대한 정치적 개입이란 측면에서 매우 중요하다고 할 수 있다.

OECD 가이드라인의 주요한 내용은 국제투자 및 다국적기업 선언에 가입한 국가 내에 설립되었거나 활동 중인 다국적기업이 준수해야 할 원칙과 기준을 제시하는 것이다. OECD 가이드라인은 다국적기업들이 준수해야 할 인권, 노동, 환경보호, 반부패 및 소비자 보호 등과 관련된 기준을 제시하고 있다. 다국적기업의 경영활동이 초래하게 될 부정적 영향을 최소화하고, 생산활동이 이루어지는 저개발국의 경제 사회적 발전에 기여해야 함을 명시하고, 이를 기업책임경영(Responsible Business Conduct)으로 개념화하고 있다.

OECD 가이드라인은 역시 ILO의 초국적 기업 3자 선언과 마찬가지로 법적 구속력을 갖지 않으며, OECD 가이드라인에 동의한 국가

9) 각각 원래 명칭은 "Declaration on International Investment and Multinational Enterprises"과 "OECD Guideline for Multinational Enterprises"이다.

와 다국적기업에게 자율적 이행을 권고할 뿐이다. 다만 OECD 가이드라인에 동의한 국가는 가이드라인의 이행 및 이행과 관련된 분쟁해결을 위한 국내연락사무소(National Contact Point; NCP)를 설치할 의무가 있다.[10)]

OECD 가이드라인은 1976년 이래 여러 차례 개정되었지만, 2000년 개정과 2011년 개정 내용이 주요 변화를 담고 있다(이상수, 2014). 2000년 가이드라인 개정을 통해 환경, 반부패, 소비자보호 및 경쟁과 관련된 내용이 추가되어, 서문을 제외하고 개념 및 원칙, 일반정책, 정보공개, 고용 및 노사관계, 환경, 뇌물방지, 소비자 이익, 과학 및 기술, 경쟁, 조세와 같은 총 10개 항목으로 체계화되었다.

OECD 가이드라인은 1976년 OECD회원국의 국가 간 내부 합의에 기초한 가이드라인으로 제시되었다. OECD 가이드라인이 기업의 사회적 책임과 관련된 중요한 국제규범으로 간주되는 이유도 국가 간 합의를 통해 제시되었기 때문에, 자율규범이라는 근본적 한계에도 불구하고, 최소한의 이행력이 존재했기 때문이다.

2000년 OECD 가이드라인 개정의 주요 특징은 비정부기구(NGO)가 2000년 OECD 가이드라인 개정 논의에 참여했다는 점이다. 정부기구가 아닌 기업경영·노동계 자문위원회(Advisory Committee on Business & Industry and Trade Union, BIAC·TUAC) 및 비정부기구를 대표한 OECD Watch가 시민사회단체 연합으로 OECD 가이드라인의 운영 및 개정논의에 적극적으로 참여하고 있다. 이와 같이 2000년

---

10) 현재 우리나라 역시 NCP를 두고 있지만, 산자부가 주무부서로서 법무부산하의 민간기관인 대한상사중재원에 위탁하여 사무국 역할을 수행토록 하고 있다. 이로 인해, 다국적기업의 인권 및 노동권의 침해와 관련된 분쟁을 해결하는 역할을 민간기관이 공정하고 전문적으로 수행할 수 있느냐의 비판이 지속적으로 제기되고 있다.

〈표 2-4〉 OECD 다국적기업 가이드라인의 변화과정과 구성 체계

<table>
<tr><th>구분</th><th>1976년 가이드라인</th><th>2000년 가이드라인</th><th>2011년 가이드라인</th></tr>
<tr><td>체계</td><td>서문
일반정책
정보공개
경쟁
금융
조세
고용 및 노사관계
과학 및 기술</td><td>서문
Ⅰ. 개념 및 원칙
Ⅱ. 일반정책
Ⅲ. 정보공개
Ⅳ. 고용 및 노사관계
Ⅴ. 환경
Ⅵ. 뇌물방지
Ⅶ. 소비자 보호
Ⅷ. 과학 및 기술
Ⅸ. 경쟁
Ⅹ. 조세</td><td>서문
Ⅰ. 개념 및 원칙
Ⅱ. 일반정책
Ⅲ. 정보공개
Ⅳ. 인권
Ⅴ. 고용 및 노사관계
Ⅵ. 환경
Ⅶ. 뇌물방지
Ⅷ. 소비자 보호
Ⅸ. 과학 및 기술
Ⅹ. 경쟁
Ⅺ. 조세</td></tr>
<tr><td rowspan="4">이행기구</td><td colspan="2">국제투자 및 다국적기업위원회(CIME)</td><td>2004년 CIME가 투자위원회(IC)로 개편</td></tr>
<tr><td colspan="3">자문기구로서의 기업산업자문위원회(BIAC), 노동조합자문위원회(TUAC)1</td></tr>
<tr><td colspan="2">1980년대 중반
국내연락사무소(NCP) 등장1</td><td>NCP의 '구체적 사안'(Specific Instance) 절차 도입
NGO의 제소권 인정</td></tr>
<tr><td colspan="2"></td><td>2003년 OECD Watch 출범</td></tr>
<tr><td>비고</td><td>1990년 개정에서
'환경'에 관한 장 추가</td><td>'금융'에 관한 장 삭제
'뇌물방지' 및 '소비자 보호'에 관한 장 추가
'회원국'이란 표현 대신 '가입국'이란 표현 등장</td><td>'인권'에 관한 장 추가</td></tr>
</table>

출처: 이상수, 2014: 224.

OECD 가이드라인 개정 이후 OECD 가이드라인 개정은 노사민정의 사회적 대화에 기초한 기업의 사회적 책임 국제규범으로 자리잡았다. 또한 이들이 2011년 5차 주요 개정 과정에서도 중요한 역할을 수행하였다.

2011년 5차 개정에서는 인권 항목이 추가되어 전체 11개의 항목으로 구성 항목이 증가하였다. 2011년 개정의 특징은 2008년부터 유엔에서 제시해 온 기업과 인권 접근을 받아들여 인권 항목이 추가

〈표 2-5〉 OECD 다국적기업 가이드라인 인권 항목 비교 대조표

<table>
<tr><th>2000년 6월</th><th>2011년 7월</th></tr>
<tr><td>▪ 인권은 일반정책에서 언급. 고용 및 노사 관계 내에서의 피고용자의 인권을 주로 다룸</td><td>▪ 인권 챕터 신설
-국제인권 장전에 명시된 국제적으로 인정된 인권 수준을 인지
작업장 내 노사 관계를 넘어서 기업이 영향을 미치는 모든 범위에 대한 인권 준수 필요
“국가는 인권을 보호할 의무를 가지고 기업은 분야, 운영 맥락, 소유 및 구조에 상관없이 인권을 존중해야 한다.”
“가이드라인은 기업이 구제를 가능케 하는 적절한 절차를 밟도록 권고한다.”</td></tr>
<tr><td rowspan="4">▪ 직무 현장 내에서 기본권 존중 강조

▪ 고용 평등의 기회 보장
“고용기회의 평등을 특별히 촉진하거나 업무 고유의 요구조건과 관련되는 기존 정부 정책을 촉진하는 것이 아닌 이상 인종, 피부 색, 성별, 종교, 정치적 의견, 국가적 계통 또는 사회적 출신 등의 이유로 고용 또는 직업과 관련해서 종업원을 차별해서는 안 된다.”

▪ 일반적인 노동관계, 고용관계 준수
정리해고, 사업장 폐쇄, 단체 협상, 단결권 존중 등 노사관계 언급. 아동 노동, 강제 노동의 철폐. 직업상 건강 및 작업 중 안전을 보장하기 위한 적절한 조치를 취할 의무.</td><td>▪ 기업이 기업의 영역을 넘어서 모든 영역에 영향을 미칠 수 있음을 인지
“기업의 특정 운영 맥락 또는 국가에 상관없이 모든 경우……국제인권장전에 명시된 국제적으로 인정된 인권수준에서 행해져야 한다”
“사실상 기업은 국제적으로 인정된 인권의 모든 영역에 영향을 미칠 수 있다.”

▪ 상세한 주의 의무 언급
“기업과 인권을 위한 정책 프레임워크는 보호, 존중, 구제에 의거한다.”
“이 과정은 실제적 및 잠재적 효과에 대한 평가, 조사 결과에 의거한 행동 및 통합, 반응 추적 및 효과가 어떻게 해결되는가에 대한 소통을 수반한다.”</td></tr>
<tr><td>▪ 직무현장 내 소수자 인권과 선주민 인권까지 포괄하여 언급
“기업은 기업이 인권에 반하는 효과를 미칠 수 있는, 특별한 관심을 요하는 특정 집단이나 개체군에 속하는 개인의 인권을 존중해야 한다”
‘소수자’ 인권(여성, 어린이, 장애인, 이주 노동자와 그 가족 등)과 선주민의 권리 언급</td></tr>
<tr><td>▪ Supply Chain 안에는 비정부 또는 정부단체와의 관계를 포함
“사업상 관계”는 사업 파트너, 공급 망(supply chain)에 있는 단체 및 기업의 사업 운영, 상품 또는 서비스에 직접적으로 연관된 기타 비정부 또는 정부단체와의 관계를 포함한다.</td></tr>
<tr><td>▪ 국내법과 국제법의 충돌의 경우
“국내법 및 규제가 국제적으로 인정된 인권과 충돌하는 국가에서 기업은 국내법을 침해하지 않는 선에서 인권을 최대로 존중할 방법을 찾아야 한다.”</td></tr>
</table>

자료: 국가인권위원회, 2011.

되었을 뿐만 아니라 가이드라인의 전체적인 내용도 더욱 체계적으로 제시되었다. 또한 2018년 5월에는 기업책임경영 실천을 위한 구체적인 실사지침을 제시하여, 기업들이 인권, 고용 및 노사관계, 환경, 반부패, 소비자 보호, 정보공개 등 6개 항목들을 어떻게 자율적으로 점검해야하는지를 제시하고 있다.

2011년 5차 개정의 주요 내용은 크게 두 가지라고 할 수 있다. 첫 번째로는 존 러기가 주도한 유엔 기업인권 논의를 대폭적으로 받아들여 다국적기업의 준수 항목으로 인권 항목을 추가했다는 점이다. 2000년 가이드라인에서 인권은 일반정책과 노동인권의 제한된 영역에서만 다루어졌다. 그러나 2011년에서는 인권이 독립된 항목으로 분리되어 기본권으로서의 인권이 강조되었다. 또한 인권 항목의 내용도 유엔 기업인권의 국가의 보호의무, 기업의 인권존중 및 국가의 구제노력 등 보호・존중・구제의 3대 원칙을 그대로 받아들이고 있다.

2011년 5차 개정의 또 다른 주요 특징은 가인드라인과 관련된 내용에 대해 기업이 항상 실사를 실시해야 함을 원칙으로 제시했다는 점이다. 이러한 실사(Due Diligence) 실시의 원칙은 2018년 5월 기업책임경영 실천을 위한 실사 지침으로 구체화되었다. 실사란 기업의 운영, 공급망, 기타 사업 관계에서 발생할 수 있는 잠재적인 부정적 영향을 확인하고 예방 및 경감시키기 위해 수행하는 점검 행위로 정의된다. 여기에서 중요한 점은 다국적기업과 관련된 공급망 전체가 실사 대상이 되며, 원청으로서의 다국적기업 자체뿐만 아니라 하청기업에 대한 부정적 영향도 실사 대상이 된다는 점이다.

실사과정은 6단계로 구분되어 있다. 첫 번째 단계에서는 기업책임경영을 경영시스템에 반영하고, 두 번째 단계에서는 기업의 경영 및 생산·서비스 활동에서 발생할 수 있는 잠재적인 부정적 영향을 평가

하며, 세 번째 단계에서는 부정적 영향이 발생하게 되면 중단, 예방 및 경감조치를 시행하고, 네 번째 단계에서는 이행 내용과 결과를 추적하며, 다섯 번째 단계에서는 부정적 영향이 어떻게 처리되었는지를 이해관계자와 소통하며, 마지막 여섯 번째 단계에서는 필요시에 구제 절차를 제공하는 등의 내용으로 구성되어 있다.

2. 함의 및 평가

OECD 가이드라인은 개별 국가 간 협의를 통해 다국적기업의 활동이 야기하는 사회경제적인 부정적 영향의 문제를 인지하고, 자율적인 권고의 방식으로나마 기업이 사회에 미치는 부정적 영향을 통제하고자 시도했다는 점에서 중요하다. 특히 선진국 모임인 OECD가 다국적기업의 경제적 활동이 저개발국에서 발생시키는 광범위한 사회·경제·정치적 및 법적 문제에 직접적으로 개입한 첫 사례라는 측면에서 더욱 중요하다고 할 수 있다.

OECD 가이드라인은 초기의 선언적 의미를 벗어나 2000년과 2011년을 거치면서 노동, 소비자, 환경뿐만 아니라 보편적 인권의 영역으로까지 기업의 사회적 책임 영역을 확장시켜왔다. 앞에서 살펴본 ILO 3자 선언과 유엔의 기업인권 논의를 적극적으로 수용하면서 기업의 사회적 책임을 작업장과 산업의 영역에서 인권을 포함한 보편적 사회권의 논의로 진전시켜왔다. 여기에는 OECD 가이드라인에 참여하는 경영계 및 노동계, 그리고 시민사회 등 비정부기구의 참여를 허용·촉진하는 개방적 구조 역시 상당한 정도로 기여했다고 할 수 있다.

OECD 가이드라인이 갖는 또 다른 특징은 가이드라인의 제목에 나와 있는 다국적기업뿐만 아니라 다국적기업의 경영 활동과 관련된 공급망 등 폭 넓은 이해관계자에 대한 책임을 다국적기업의 사회적 책임 범주에 포함시켰다는 점이다. 국제분업구조의 확산과 경제의 세계화가 가져온 생산가치사슬의 다양화로 다국적기업 내부적인 측면에서의 사회적 책임뿐만 아니라 다국적기업과 거래 및 협력 관계에 있는 하청기업, 위탁생산기업, 협력기업 등 광범위한 이해관계자의 보편적 사회권에 대해서도 다국적기업이 책임성을 가져야 한다는 점을 명확히 하고 있다.

그럼에도 불구하고, OECD 가이드라인이 여전히 제도적 구속력을 갖지 못한 다국적기업의 자발성에 의존하고 있다는 점은 기업의 사회적 책임과 관련된 다른 국제규범과 동일한 한계로 작용한다. 더구나 OECD 가이드라인이 개별 국가 간 합의를 통해 도출된 지침이라는 점에서 최소한의 제도적 구속력이 확보되지 못했다는 사실은 주요한 한계라고 할 수 있다. 또한 다국적기업의 사회적 책임 이행 및 분쟁 조정과 관련된 유일한 제도적 장치인 국내연락사무소의 운영이 개별 국가에게 맡겨져 있어, 국제적인 가이드라인으로서의 의미가 상당히 퇴색된 점 역시 한계라고 할 수 있다.

OECD 가이드라인에 대한 동의 및 참여 여부는 자발성에 기초하더라도, 일단 참여하고 OECD 가이드라인의 이행에 동의한 국가 및 다국적기업에 대해서는 최소한의 제도적 구속성을 부여해야 만이 OECD 가이드라인의 효과성을 제고할 수 있을 것으로 보인다.

제3절 GRI 지속가능 보고서

기업의 사회적 책임이 기본적으로 자율적 행동규범의 형태를 띠고 있지만, 자율적 준수를 검증할 사회적 시스템이 필요하다는 주장이 대두되어왔다. GRI(Global Reporting Initiative)는 기업이 사회적 책임을 스스로 검증할 수 있는 틀을 제공하기 위해 2002년에 상설기구화된 비정부기구이다. UN 글로벌콤팩트도 일반 이행 규정의 하나로 GRI가 제시하는 지표를 기준으로 보고서를 발간할 것을 규정하고 있다. GRI는 지속가능발전이란 개념에 기초하여, 기업이 재무적 성과를 사업보고서의 형태로 공표하는 것처럼, 기업의 사회적 책임과 관련된 비재무적 성과를 공표할 수 있도록 환경 · 사회 · 지배구조(ESG)의 측면을 구분하여 일정한 가이드라인을 제시하고 있다.

GRI 가이드라인은 비정부기구로서 다양한 이해관계자의 참여와 협의 및 합의의 과정으로 만들어지고 수정되어 왔다. 이와 같이 비정부기구로서 GRI 가이드라인은 가능한 한 다양한 이해관계자가 참여한 지속적인 협의의 과정을 통해 가이드라인이 만들어지는 과정을 통해 GRI 가이드라인의 수용성을 높이고 있다.

GRI 가이드라인은 2000년 G1, 2002년 G2, 2006년 G3로 발전해 왔으며, 2011년에 일부 개정되어 G3.1이 발표되었고, 2013년 G4를 거쳐 2017년부터 GRI 표준(Standard)의 형태로 발전해왔다. GRI표준은 G4 가이드라인 및 G4 이행 매뉴얼의 내용을 새로운 구조와 형식을 변화시켰으며, 기본적인 내용은 G4와 거의 유사하다.

실제 지침이 만들어지거나 개정되는 과정은 업계, 시민사회, 노동계, 회계, 투자자, 학계, 정부 등 다양한 이해관계자의 광범한 참여와

합의과정을 통해서 만들어진다. GRI는 이 점을 특히 강조하고 있는데, 이는 지속가능성을 추구하는 자체가 이해관계자의 참여를 증가시키는 것을 의미하는 만큼, 그것을 위한 보고서 지침을 만드는 것도 동일한 가치와 방법론에 의해서 만들어진다는 것을 의미한다. GRI가 UN과 같이 공식적인 국제기구가 아니면서도 가장 권위 있는 보고서 지침을 제공하는 근거를 바로 그러한 방법에 입각하고 있기 때문이다. 이를 통해 보고서 작성 지침의 도덕적 권위를 높일 뿐만 아니라, 이러한 방법론을 통해서 보편적으로 적용 가능하고 이해관계자의 필요에 가장 잘 응하는 지침을 생성할 수 있는 것이다.

1. GRI 구조

G3.1 가이드라인은 지속가능성 보고서 가이드라인, 지표규약, 산업・업종별 보충서, 기술규약 등으로 구성되어 있으며, 지속가능성 보고서 가이드라인이 그 핵심이라고 할 수 있다. 가이드라인은 경제, 환경, 사회의 3가지 영역으로 구분하여, 각각의 영역에 대해 기업의 사회적 책임을 서술하고, 해당 영역에 대한 준수 여부를 지표규약에 규정된 바에 따라 공시하도록 하고 있다(〈그림 2-1〉 참조).

반면 G4에 기초하여 2017년부터 적용되고 있는 GRI 표준은 3개의 공통표준(GRI101: Foundation, GRI102: General Disclosures, GRI103: Management Approach)과 33개의 특정 주제표준으로 구성되어 있으며, 이들 각각은 모듈화되어 있다. 또한 의무(requirement, shall), 권고(recommendations, should) 및 가이드(guidance) 등으로 항목별 보고 수준 사이에 명확한 차이를 두고 있다.

GRI가 제공하는 지침 혹은 보고서 틀은 여러 개의 문서로 구성되

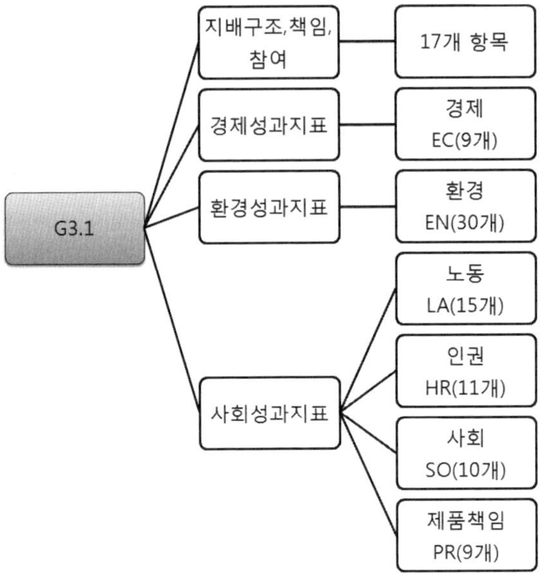

자료: GRI, 2011, G3.1 Guidelines.

〈그림 2-1〉 G3.1 가이드라인의 구성

어 있다. 즉, 지속가능성 보고서 가이드라인(Sustainability Reporting Guideline, 이하 가이드라인), 지표규약(Indicator Protocols), 산업가이드(Sector Supplements), 기술규약(Technical Protocols) 등이 그것이다. 이 중 가장 기본적인 문서는 가이드라인이다. 지표규약은 성과지표의 작성 및 해석상의 일관성을 유지하기 위하여 지표의 정의, 자료 수집에 대한 지침 등을 제공한다.

가이드라인은 보고원칙, 보고지침, 표준공시안으로 구성된다. 이 중 표준공시안은 지속가능성 보고서에 포함되어야 할 기본적인 내용이 무엇인지를 서술하는 부분이다. 보고는 경제, 환경, 사회 영역으로 나누어지며, 각각의 영역에 대해서 어떤 방식으로 경영이 이루어지는

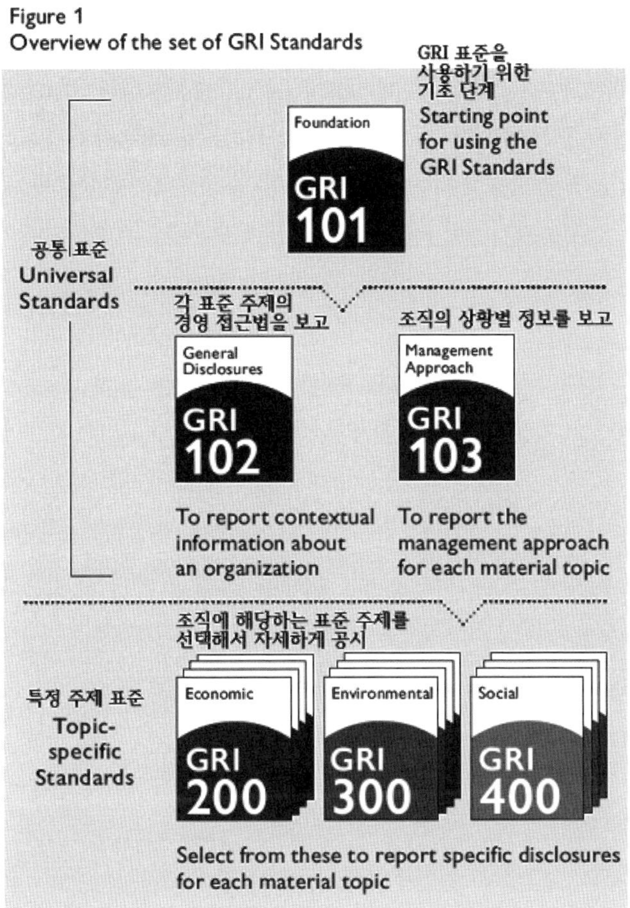

자료: GRI홈페이지, www.globalreporting.org

〈그림 2-2〉 GRI 표준의 구조

지를 설명하고 그 성과를 지표를 지표규약에서 정의된 대로 공시하도록 한다.

〈표 2-6〉 GRI G3.1 가이드라인의 구성 내용(계속)

전략 및 분석	1.1 최고 의사결정권자가 보고 조직 및 전략과 지속가능성의 연관성을 밝힌 선언문 1.2 주요 영향, 위험 요인 및 기회에 대한 기술
조직 프로필	2.1 조직 명칭 2.2 대표 브랜드, 제품 및 서비스 2.3 주요 사업부서, 운영회사, 자회사, 합작회사를 비롯한 보고 조직의 조직 구조 2.4 본사/본부 소재지 2.5 보고 조직이 영업 중인 국가 수, 주요 사업장이 있거나 보고서에서 다루는 지속가능성 문제와 구체적인 연관성을 갖는 국가 이름 2.6 소유 구조 특성 및 법적 형태 2.7 대상 시장(지역별 구분, 사업 분야, 고객/수익자 유형) 2.8 보고 조직의 규모: 직원 수, 사업장 수, 순매출(민간 부문) 또는 순수익(공공 부문), 총 자본 내 부채 및 자기자본 내역(민간 부문), 시장에 공급된 제품 또는 서비스 수량 등 2.9 보고 기간 중 규모, 구조 또는 소유구조상의 중대한 변화 2.10 보고 기간 중 수상내역
보고 매개변수	3.1 보고 대상 기간(예: 회계/달력 연도) 3.2 가장 최근 보고서 발간 일자 3.3 보고 주기(매년, 격년 등) 3.4 보고서 및 관련 내용에 대한 문의처 3.5 보고 내용 정의 프로세스(중요성, 보고서에 제시된 주제간 우선순위 결정, 보고서를 사용 것으로 예상되는 이해관계자 파악) 3.6 보고 경계(예: 국가, 사업부, 자회사, 임대시설, 합작회사, 공급업체) 3.7 보고 범위 또는 보고 경계 상의 제한 사항 3.8 조직간 비교가능성에 큰 영향을 줄 수 있는 객체에 대한 보고 기준(예: 합작회사, 자회사, 임대 시설, 외주업무 등) 3.9 정보수집 과정의 가정과 데이터 측정기법 및 계산 기준 3.10 이전 보고서에 제시된 정보의 재기술로 인한 효과 및 정보의 재기술 사유(예: 인수/합병, 기준 연도/기간 변경, 사업 성격, 측정 방법)에 대한 설명 3.11 이전 보고 기간 대비 보고서의 범위, 경계 또는 측정 방식 상의 큰 변화 3.12 GRI 대조표: 보고서 내에서 표준공시 사항의 위치를 나타내는 표 3.13 외부검증 관련 정책 및 활동, 검증 범위 및 기준, 보고 조직과 검증기관의 관계
지배구조, 책임, 참여	4.1 조직 지배구조(전략수립, 감독 등을 책임지는 이사회 산하 위원회 및 구성원의 직위 포함. 성, 소수 계층 등으로 구성원 현황 명시) 4.2 이사회 의장의 임원 겸직 여부(임원의 경우 경영진 내에서의 역할과 의장에 임명된 이유도 명시) 4.3 일원화된 이사회의 경우, 사외이사 혹은 독립이사의 수 및 성 4.4 주주와 직원이 이사회에 조언하거나 방향을 제시하는 메커니즘 및 보고 기간 중 이러한 메커니즘을 통해 제시된 경제/환경/사회 성과 관련 주제 4.5 이사회 구성원, 고위 관리자, 임원 등에 대한 보상과 조직 성과 간의 관계 4.6 이사회 내의 이해관계 상의 충돌 방지를 위한 프로세스 4.7 경제/사회/환경 전략을 보조하기 위한 이사회 및 이사회 산하 위원회 구

	성원의 구성, 자격 및 전문성 기준을 결정하는 프로세스(성, 소수 계층 등의 다양성 지표 고려여부 포함) 4.8 경제/환경/사회 성과 및 활동과 관련한 미션/핵심가치 진술문, 행동 강령 및 원칙 4.9 이사회가 경제/환경/사회 성과 파악 및 관리를 관장하는 절차(관련 위험요소 및 기회, 국제적으로 합의된 표준, 행동 강령 및 원칙 준수 포함) 4.10 이사회 자체의 성과 평가 프로세스(특히, 경제/사회/환경 관련) 4.11 사전예방의 원칙과 접근방법 채택 여부 및 채택 방식 4.12 경제/환경/사회 헌장, 원칙 등 가입하거나 지지하고 있는 외부 이니셔티브 4.13 산업 협회 및 국가별/국제적 정책기구 멤버십 획득 4.14 참여한 이해관계자 그룹 목록 4.15 참여할 이해관계자 식별 및 선정 기준 4.16 참여 유형, 이해관계자 그룹별 참여 빈도 등 이해관계자 참여 방식 현황 4.17 이해관계자 참여를 통해 제기된 핵심 주제와 관심사, 이에 대한 대처방안	
경제성과 지표	측면: 경제성과	EC1 직접적 경제적 가치의 창출과 배분(예: 수익, 영업 비용, 직원 보상, 기부, 지역사회 투자, 이익잉여금, 자본비용, 세금 등) EC2 기후변화의 재무적 영향과 사업 활동에 대한 위험과 기회 EC3 연금 지원 범위 EC4 정부 보조금 수혜 실적
	측면: 시장지위	EC5 주요 사업장의 현지 법정최저임금 대비 신입사원 임금(성별) 비율 EC6 주요 사업장의 현지 구매 정책, 관행 및 비율 EC7 주요 사업장의 현지인 우선 채용 절차 및 현지 출신 고위 관리자 비율
	측면: 간접 경제효과	EC8 공익을 우선한 인프라 투자 및 서비스 지원 활동과 효과(지원 형태구분 포함) EC9 간접적인 경제적 파급효과에 대한 이해 및 설명(영향의 범위 포함)
환경성과 지표	측면: 원료	EN1 중량 또는 부피 기준 원료 사용량 EN2 재생 원료 사용 비율
	측면: 에너지	EN3 1차 에너지원별 직접 에너지 소비량 EN4 1차 에너지원별 간접 에너지 소비량 EN5 절약 및 효율성 개선으로 절감한 에너지 소비량 EN6 에너지 효율적이거나 재생가능에너지 기반 제품/서비스 공급 노력 및 해당 사업을 통한 에너지 감축량 EN7 간접 에너지 절약 사업 및 성과 측면: 용수 EN8 공급원별 총 취수량 EN9 취수로부터 큰 영향을 받는 용수 공급원 EN10 재사용 및 재활용된 용수 총량 및 비율
	측면: 생물다양성	EN11 보호 구역 및 생물다양성 가치가 높은 구역 또는 주변 지역에 서유, 임대, 관리하는 토지의 위치 및 크기 EN12 보호 구역 및 생물다양성 가치가 높은 구역에서의 활동, 제품, 서비스가 생물 다양성에 미치는 영향 EN13 보호 또는 복원된 서식지

		EN14 생물다양성 관리 전략, 현행 조치 및 향후 계획 EN15 사업 영향 지역 내에 서식하고 있는 국제자연보호연맹(IUCN) 지정 멸종 위기종(Red List)과 국가지정 멸종위기 종의 수 및 멸종 위험도
	측면: 대기배출물, 폐수 및 폐기물	EN16 직간접 온실가스 총 배출량 EN17 기타 간접 온실가스 배출량 EN18 온실가스 감축사업 및 성과 EN19 오존층 파괴 물질 배출량 EN20 NOx, SOx 및 기타 주요 대기 오염물질 배출량 EN21 최종 배출지별 총 폐수 배출량 및 수질 EN22 형태 및 처리방법별 폐기물 배출량 EN23 중대한 유해물질 유출 건수 및 유출량 EN24 바젤협약부속서 I, II, III, IV에 규정된 폐기물 운송/반입/반출/처리량 및 해외 반출된 폐기물의 비율 EN25 보고조직의 폐수 배출로 영향을 받는 수역 및 관련 서식지 명칭, 규모, 보호 상태 및 생물다양성 가치
	측면: 제품 및 서비스	EN26 제품 및 서비스의 환경 영향 저감 활동과 성과 EN27 판매된 제품 및 관련 포장재의 재생 비율
	측면: 법규 준수	EN28 환경 법규 위반으로 부과된 벌금액 및 비금전적 제재 건수
	측면: 운송	EN29 제품 및 원자재 운송과 임직원 이동의 중대한 환경 영향
	측면: 전체	EN30 환경보호 지출액 및 투자 총액
노동 성과 지표	측면: 고용	LA1 고용 유형, 고용 계약, 및 지역별 인력 현황(성별로 명시) LA2 직원 이직 및 신입사원 고용 건수 및 비율(연령층, 성별 및 지역별) LA3 임시직 또는 시간제 직원에게는 제공하지 않고 상근직 직원에게만 제공하는 혜택(주요 사업장이 위치한 지역별) LA15 출산휴가 이후 업무복귀율 및 유지율(성별로 명시)
	측면: 노사 관계	LA4 단체 교섭 적용 대상 직원 비율 LA5 중요한 사업 변동 사항에 대한 최소 통보기간(단체협약에 명시여부 포함)
	측면: 산업안전보건	LA6 노사 공동 보건 안전 위원회가 대표하는 직원 비율 LA7 부상, 직업병, 손실 일수, 결근 및 업무 관련 재해 건수(지역별, 성별) LA8 심각한 질병에 관해 직원 및 그 가족 그리고 지역주민을 지원하기 위한 교육, 훈련, 상담, 예방 및 위험관리 프로그램 LA9 노동조합과의 정식 협약 대상의 보건 및 안전 사항
	측면: 교육 및 훈련	LA10 성별, 직원 형태별 일인당 연평균 교육시간 LA11 지속적인 고용과 퇴직직원 지원을 위한 직무교육 및 평생 학습 프로그램 LA12 정기 성과평가 및 경력 개발 심사 대상 직원의 비율

	측면: 다양성 및 평등한 기회	LA13 이사회 및 직원의 구성 현황(성, 연령, 소수 계층 등 다양성 지표 기준)
	측면: 남녀에게 평등한 보수	LA14 직원 범주별, 주요 사업장이 위치한 지역별 남녀 직원 간 기본 급여 및 보수 비율
인권 성과 지표	측면: 투자 및 조달 관행	HR1 인권 보호 조항이 포함되거나 인권 심사를 통과한 주요 투자 협약 및 계약 건수와 비율 HR2 주요 공급업체, 계약업체, 그 외 사업파트너의 인권 심사 비율 HR3 업무와 관련한 인권 정책 및 절차에 대한 직원 교육 시수(교육이수 직원 비율 포함)
	측면: 차별 금지	HR4 총 차별 건수 및 시정 조치
	측면: 결사 및 단체 교섭의 자유	HR5 결사 및 단체 교섭의 자유가 심각하게 침해될 소지가 있거나 큰 위험에 처해있다고 판단된 사업장과 주요 공급업체 및 해당 권리를 보장하기 위한 조치
	측면: 아동 노동	HR6 아동 노동 발생 위험이 높다고 판단된 사업장과 주요 공급업체 및 아동 노동의 효과적인 폐지를 위한 조치
	측면: 강제 노동	HR7 강제 노동 발생 위험이 높다고 판단된 사업장과 주요 공급업체 및 모든 형태의 강제 노동을 근절하기 위한 조치
	측면: 보안 관행	HR8 업무와 관련한 인권 정책 및 절차 교육을 이수한 보안 담당자 비율
	측면: 원주민 권리	HR9 원주민 권리 침해 건수 및 관련 조치
	측면: 평가	HR10 인권 관련 검토 및 영향평가의 대상 사업장의 수와 비율
	측면: 개선	HR11 공식 고충처리 메커니즘을 통해 접수·처리·해결된 인권 관련 고충 건수
사회 성과 지표	측면: 지역사회	SO1 지역사회 참여, 영향평가, 개발 프로그램이 시행되고 있는 사업장 비율 SO9 잠정적으로 또는 실제로 지역사회에 크게 부정적인 영향을 미치고 있는 사업장 SO10 잠정적으로 또는 실제로 지역사회에 크게 부정적인 영향을 미치고 있는 사업장에 적용된 예방 및 완화 조치
	측면: 부패	SO2 부패 위험이 분석된 사업 단위의 수 및 비율 SO3 반부패 정책 및 절차에 대한 교육을 받은 직원 비율 SO4 부패 사건에 대한 조치
	측면: 공공 정책	SO5 공공정책에 대한 입장, 공공정책 수립 및 로비 활동 참여 SO6 정당, 정치인 및 관련 기관에 대한 국가별 현금/현물 기부 총액

	측면: 경쟁 저해 행위	SO7 부당 경쟁 행위 및 독점 행위에 대한 법적 조치 건수 및 그 결과
	측면: 법규 준수	SO8 법률 및 규제 위반으로 부과된 벌금 및 비금전적 제재 건수
제품책임 성과 지표	측면: 고객 건강 및 안전	PR1 개선을 목적으로 제품 및 서비스의 건강 및 안전 영향을 평가한 라이프 사이클 상의 단계, 주요 제품 및 서비스의 해당 평가 실시 비율 PR2 제품 및 서비스의 라이프 사이클 상에서 고객의 건강과 안전 관련 규제 및 자발적 규칙 위반 건수(결과 유형별)
	측면: 제품 및 서비스 라벨링	PR3 절차상 필요한 제품 및 서비스 정보 유형, 그러한 정보 요건에 해당되는 주요 제품 및 서비스의 비율 PR4 제품/서비스 정보 및 라벨링 관련 규제 및 자발적 규칙 위반 건수(결과 유형별) PR5 고객만족도 평가 설문 결과 등 고객 만족 관련 활동
	측면: 마케팅 커뮤니케이션	PR6 광고, 판촉, 스폰서십 등 마케팅 커뮤니케이션과 관련된 규제, 표준 및 자발적 규칙 준수 프로그램 PR7 광고, 판촉, 스폰서십 등 마케팅 커뮤니케이션과 관련된 규제, 표준 및 자발적 규칙 위반 건수
	측면: 고객개인 정보 보호	PR8 고객 개인 정보 보호 위반 및 고객 데이터 분실과 관련하여 제기된 불만 건수
	측면: 법규 준수	PR9 제품 및 서비스 공급에 관한 법률 및 규제 위반으로 부과된 벌금 액수

자료: GRI, 2011, G3.1 Guidelines.

2. GRI 가이드라인의 의미와 한계

GRI 가이드라인은 기업들이 비재무적 성과를 공시할 때 참조할 수 있는 기준을 제공하는 것이다. GRI 가이드라인 역시 비재무적 성과의 보고를 위한 지침으로 법제도적 구속력을 갖고 있지 않다. GRI 가이드라인에 기초한 비재무적 성과의 보고 여부, 보고 내용 및 범위 등은 개별 기업의 자율적 판단에 맡겨져 있다.

GRI 가이드라인은 기업이 지속가능발전과 관련된 비재무적 성과를 공표하기를 원할 경우에 활용할 수 있는 보고 항목에 대한 다양한 기준만을 제시할 뿐이다. 개별 기업은 GRI 가이드라인이 제시하는 전체 보고 항목 중 상당한 정도로 보고 내용과 범위를 취사 선택할 수 있다. GRI는 이를 위해 항목별로 적용 수준(application level)을 제시하고 있으며, 이에 기초하여 개별 기업이 GRI 가이드라인을 어느 수준에서 활용할지 스스로 결정하도록 하고 있다.

이와 같이 GRI 가이드라인에 기초한 비재무적 성과의 보고 여부 및 보고의 내용과 범위를 개별 기업의 자율적 선택에 맡겨 놓고, 보고의 기준만을 제시하고 있기 때문에 실제로 많은 기업들이 자발적으로 GRI 가이드라인의 기준에 따라 지속가능보고서를 작성하여 공포하고 있다. GRI 가이드라인의 대중성과 확산성은 이와 같은 자율규범으로서의 성격과 공표 내용의 취사선택 가능성에 기인한다고 할 수 있다.

우리나라의 경우에도 2003년 GRI 가이드라인에 기초한 첫 번째 지속가능보고서가 출간된 이후 지속가능보고서를 발간하는 기업의 급격하게 증가해왔다. 그러나 2000년대 후반 이후 정기적으로 GRI 가이드라인에 기초한 지속가능보고서를 발간하는 기업은 약 20여 개 기업에 머무르고 있다. 즉 한번이라도 지속가능보고서를 발간한 기업의 총수는 증가하고 있지만, 지속적으로 지속가능보고서를 발간하는 기업 수는 한정되어 있다.

외국과 달리 지속가능보고서를 정기적으로 작성하는 기업의 수가 정체되어 있는 이유는 지속가능보고서를 기업의 홍보 목적으로 활용하는 기업이 많았고, 이들이 지속가능보고서의 발간이 갖는 기업홍보 효과가 크지 않다고 판단했기 때문이라고 볼 수 있다(김아리, 2012: 3). 지속가능발전과 관련되어 기업의 사회적 책임성의 현재 수준을 내부적으로 검토하고, 이를 지속적으로 개선해 나가고자 하는 기업의 전략적 접근이 동반되지 않은 상태에서 단순한 홍보수단으로 GRI 가이드라인을 생각하는 기업들이 일시적 이벤트로 GRI 가이드라인를 발간하는 경우가 많기 때문이다.

제4절 UN 글로벌콤팩트

1. 내용 및 특징

UN 글로벌콤팩트는 1999년 당시 UN 사무총장이었던 코피 아난의 제의로 시작되어 2000년에 공식화되었다. UN 글로벌콤팩트는 1990년대 본격화된 세계화로 기업의 사회적 영향력, 특히 제3세계에 대한 다국적기업의 영향력이 커짐에 따라, 기업이 자율적으로 UN과 협약을 맺어 사회적 책임을 다하겠다는 자율협약의 형태를 띠고 있다. 이를 토대로 2000년 유엔지구협약(United Nations Global Compact; UNGC)이 공식적으로 출범했다.

현재는 UN 글로벌콤팩트는 세계최대의 기업시민 활동조직으로서 8700개 단체가 가입되어 있다.[11] 2010년 연례보고서에 따르면 한국을 비롯한 62개 지역네트워크가 활동하고 있다.[12] UN 글로벌콤팩트 이사회는 전 세계 8천여 기업 및 단체 중 노동, 환경, 투명경영 등

---

11) UNGC에의 가입은 기업에 한정하지 않는다. 연구소, 학교 등의 조직도 이에 가입할 수 있다. 현재 가입된 8,700개 조직 중에 기업은 5,300개이다. 한국은 190여 단체가 가입되어 있다.

12) 한국 협회는 2007년 9월17일 창립되어 2011년 10월 현재 193개 기업 및 단체가 가입되어 있다.

사회적 책임 활동에 공로가 있는 기업인, 시민단체 및 노동단체 관계자 등 총 21명으로 구성되어 있으며 이 가운데 기업인 대표는 11명이다.

UN 글로벌콤팩트는 인권, 노동기준, 환경, 반부패 등 4개 분야 10개 항목의 원칙을 가지고 있다. UN 글로벌콤팩트에 가입하여 협약을 체결한 기업은 UN 글로벌콤팩트가 제시한 10개의 원칙을 기본적으로 준수해야 한다. UN 글로벌콤팩트가 강조하는 기업의 사회적 책임에 관한 10개의 원칙은 인권, 노동, 환경, 반부패의 4개 영역으로 구성되어 있다. UN 글로벌콤팩트는 세계화로 인해 선진국의 다국적기업이 제3세계 또는 발전도상국으로 생산기지를 이전하는 과정에서 해외진출국의 낮은 인권 기준과 사회적 권리를 악용하지 못하도록 하기 위한 목적이 강했기 때문에, 원칙으로 제시한 10개 사항의 대부분이 이미 선진국에서는 일반화된 사회권 내용으로 구성되어 있다. 즉 글로벌콤팩트의 10개 원칙은 세계인권선언, 노동에 관한 기본적 원칙과 권리에 관한 국제노동기구 선언, 환경과 개발에 관한 리오 선언, 유엔 반부패협약을 일반화시킨 내용에 기초하여 만들어졌다.

참여한 기업 및 기관은 UN 글로벌콤팩트의 10대 원칙 준수에 대한 의지를 표명하고, 사업을 수행하는 과정에서 이 원칙을 어떻게 이행하고 있는지를 이해관계자(소비자, 고용인, 노동조합, 주주, 언론, 정부 등)에 투명하게 보고하여야 한다. 이를 위하여 1년에 한 차례 성과이행보고서(COP, Comunication on Progress)를 발간해야 한다. 참여 기업 및 기관은 가입 후 5년 동안은 10대 원칙의 네 가지 분야 중 최소한 두 가지 분야에 대한 성과이행보고서를 작성해야 한다. 가입 후 5년 후에는 모든 분야에 대해 성과이행보고서를 제출해야 한다. 정해진 기간 내에 보고서를 제출하지 못한 기업은 UN 글로벌콤팩트 웹사이트에 비이행 기업으로 표시되고, 1년 이후에도 제출하지 못하면 회원 자격이 박탈된다.

이와 같이 UN 글로벌콤팩트의 내용이 기업의 자율적 참여를 전제로 한 행동규범의 형태를 띠고 있다. 기업과 기관은 자발적으로 참여할 수 있으며, 글로벌콤팩트 10대 원칙의 준수 여부에 대한 검증시스템이나 원칙을 위반했을 경우에 대한 제재 조치를 별도로 갖고 있지 않다. 회원 자격 박탈 이외에는 별다른 제재 수단을 두고 있지 않다. UN 글로벌콤팩트는 일반이행규정 중 내부 운영 규칙의 하나로 GRI 공개보고가 규정되어 있지만, 성과이행보고서의 제출 여부만을 문제 삼는다. 보고서의 작성과 원칙의 이행 여부에 대한 점검과 검증은 UN 글로벌콤팩트가 별도로 관리하는 것이 아니라 참여 기업 및 기관의 자율적인 자체 검증에 맡겨 두고 있다. UN 글로벌콤팩트는 기업의 사회적 책임을 자각한 기업의 자율성을 신뢰하고, 기업과 기관이 자율적인 내부 검증시스템을 갖추도록 하고 있다. 즉, 자율적 참여와 자율 보고, 기업과 기관 스스로가 설정한 GRI 지표에 따른 이행 여부를 진단, 등 개선 여부에 대해서도 참여 기업과 기관의 자율성을 최대한 보장하고 있다.

기업이 준수할 사회적 책임의 내용은 인권, 노동, 환경, 반부패의 4개 영역으로 나누어져 있으며, 모두 10개의 원칙으로 구성되어 있다. UN 글로벌콤팩트가 제시하고 있는 10개의 원칙은 기존의 보편적 가치들, 특히 세계인권선언, 리우선언, ILO선언, 반부패협약 등 이미 다양한 국제기구에서 제시한 내용을 4개의 영역으로 구분하고, 10개의 원칙으로 재정리한 것이다.

UN 글로벌콤팩트도 다른 기업의 사회적 책임과 관련된 국제규범과 마찬가지로 자율주의에 입각하고 있다. 기업은 자율적으로 가입

〈표 2-7〉 UN 글로벌콤팩트 항목별 내용

영역	원칙
인권	원칙 1: 기업은 국제적으로 선언된 인권 보호를 지지하고 존중해야 한다. 원칙 2: 기업은 인권침해에 연루되지 않도록 적극 노력한다.
노동	원칙 3: 기업은 결사의 자유와 단체교섭권의 실질적인 인정을 지지하고, 원칙 4: 모든 형태의 강제노동을 배제하며, 원칙 5: 아동노동을 효율적으로 철폐하고, 원칙 6: 고용 및 업무에서 차별을 철폐한다.
환경	원칙 7: 기업은 환경문제에 대한 예방적 접근을 지지하고, 원칙 8: 환경적 책임을 증진하는 조치를 수행하며, 원칙 9: 환경친화적 기술의 개발과 확산을 촉진한다.
반부패	원칙 10: 기업은 부당취득 및 뇌물 등을 포함하는 모든 형태의 부패에 반대한다.

〈표 2-8〉 UNGC의 기업의 지속가능한 리더십을 위한 청사진

1. 핵심 사업 전략을 관련 유엔의 목표 및 이슈와 연계하고, 그에 공헌할 수 있는 제품, 서비스 생산, 비즈니스 모델을 개발한다.
2. 기업의 경쟁력과 운영 환경과 연계되는 전략적인 사회투자와 자선활동을 추구하고, 불필요한 중복과 효과 향상을 위해 다른 기관과 이니셔티브들과 협력한다.
3. 유엔의 목표 및 이슈와 연계한 행동의 중요성을 공개적으로 강조 및 홍보하고 공공 정책 개발에 참여한다.
4. 공공 및 민간단체와 사회 투자에 대한 파트너십 프로젝트를 개발 및 시행하고, 이해관계자들과 협력하여 지역과 글로벌차원의 도전과 딜레마를 공동행동으로 해결한다.

자료: UNGC, 2010.

여부를 결정하며, 가입하여도 기업에게 모든 원칙을 준수해야 하는 의무가 발생하지도 않는다. 가입해서 발생하는 유일한 의무는 10대 원칙의 이행성과에 관한 보고서를 내는 것이다.

UN 글로벌콤팩트와 유엔의 기업인권, ISO26000은 상호 간에 긴밀한 연계를 갖고 있다. UN 글로벌콤팩트는 2010년 6월 창립 10주년을 맞아 개최된 세계기업인 정상회의에서 〈기업의 지속가능한 리더십을 위한 청사진(Blueprint for Corporate Sustainability Leadership)〉을 제시하고 있다.

UN 글로벌콤팩트는 청사진을 통해 기업이 경제사회발전을 위한 리더십을 발휘해야 하며, 이러한 리더십을 위한 4개의 행동원칙을 제시하고 있다. 첫 번째는 기업의 핵심사업 전략이 유엔의 목표 및 이슈와 연계되어야 하며, 이러한 연계성은 제품 생산과 서비스 제공에 통합되어야 함을 강조하고 있다. 기업의 시장활동과 사회문제 해결이 다양한 민관협력 관계를 통해 해결될 수 있도록 공공정책에 참여할 것을 권고하고 있다.

UN 글로벌콤팩트의 이행에 대한 수용성을 강화하고 실제로 실행될 수 있도록 하기 위해 UN 글로벌콤팩트는 공개성의 원칙을 적극적으로 활용하고 있다. UN 글로벌콤팩트에 가입하려는 기업은 최고경영자의 명의로 유엔 사무총장에게 10개의 원칙에 대한 지지를 표명하고 그 원칙의 실행을 약속해야 한다. 그렇게 되면 그 기업 명단이 공개되고 UN 글로벌콤팩트의 이행에 대한 의무가 부과된다.

가입 기업과 기관은 매년 원칙의 이행보고서를 제출해야 하며, UN 글로벌콤팩트는 이행보고서 작성을 위한 가이드라인을 제공한다. UN 글로벌콤팩트의 이행보고서 작성을 위한 가이드에서는 UN 글로벌콤팩트에 대한 지지, 10대 원칙을 이해할 수 있는 시스템 구축, 현재 이행 상황, 이행의 성과를 이행보고서에 제시하도록 규정하고 있다. 또한 이행보고서 작성을 위해서는 이미 활용되고 있는 GRI 가이드라인을 준용할 것을 권고하고 있다.

이행보고서의 작성과 공표가 중요한 이유는 UN 글로벌콤팩트가 자율성과 공개성의 원칙을 토대로 기업이 UN 글로벌콤팩트가 제시하는 10대 원칙에 대해 자율규제의 형태로 이행 현황을 점검하고 스스로 개선해가는 것을 목표로 하기 때문이다. 기업의 사회적 책임은 현재의 단계에서는 외적 강제에 의거하기보다는 기업이 스스로 사회적 책임을 인지하고, 관련된 원칙의 준수 여부를 판단하여, 미진한 부분에 대한 체계적 개선활동을 수행하도록 함으로써 참여 기업의 신뢰성을 제고하도록 하고 있다.

UN 글로벌콤팩트는 자발적 참여와 자율적 이행, 최소 보고 의무와, 자율적 개선의 원칙하에서 기업에게 별도의 의무를 부과하지 않고, 기업이 스스로 사회적 책임을 수행할 수 있는 최소한의 규범과 이행 가이드라인만을 제시하고 있다.

2. UN 글로벌콤팩트와 UN 기업인권

UN 글로벌콤팩트의 출범 이래 그 성과를 계승하고 한계를 극복한다는 차원에서 유엔은 후속 작업으로 기업의 인권 준수와 관련된 논의를 시작하였다. 그 결과 2003년에 〈인권과 관련된 다국적기업 및 기타 기업의 책임에 관한 규범〉[13]이 제시되었다. 인권이라는 보편적 가치를 사회적 책임의 핵심에 두고, 사회적 영향력이 큰 다국적기업의 책임성을 강화하기 위한 목적으로 UN 글로벌콤팩트의 10대 원칙을 구체화하는 시도라고 할 수 있다. 그러나 〈인권과 관련된 다국적기업 및 기타 기업의 책임에 관한 규범〉은 당시 UN 인권위원회(Human Rights Commission)에 의해서 경영계의 강력한 반대로 정식으로 채택되지 못하고 폐기되었다.

〈인권과 관련된 다국적기업 및 기타 기업의 책임에 관한 규범〉은 유엔인권규범으로부터 출발한다. 유엔인권규범은 보편적 가치로서의

13) Norms on the Responsibilities of Transnational and other Business enterprises with regard to Human Rights.

〈표 2-9〉 UN 글로벌콤팩트의 10대 원칙 및 인권매트릭스

분야	기업의 10대원칙	인권매트릭스																
				C.개인안전		D. 노동자의 권리					E. 국가주권 인권존중					H. 일반이행규정		
		A1. 일반 의무	B2. 균등 기회 차별 금지	C3. 개인 안전권리	C4. 안전장치	D5. 강제노동	D6. 아동권리	D7. 안전건강 작업장	D8. 적정보수	D9. 결사, 단체 교섭 자유	E10. 거버넌스 관행 존중	E11. 뇌물	E12. 인권실현 기여	F13. 소비자 보호의무	G14. 환경 보호 의무	H15. 내부운영 규칙	H.16 모니터링	H17. 구제
인권	1. 국제적으로 선언된 인권보호 지지, 존중 2. 인권유린의 공범이 되지 않도록 해야 함	공개 약속	기회균등 정책 (입양, 휴직, 성희롱)	자기 보호 조언 교육	안전 서비스 기준						정치적 중립 의무		제품 서비스 안전 연구			행동 강령		
노동	3. 결사의 자유, 단체교섭의 권리 승인 장려 4. 강제 노동 근절 5. 아동노동의 효과적 폐지 6. 고용과 직업에서 차별 근절					엄격한 근로 감독	감사 및 모니터링	안전 환경 기준 및 관리	최저생계비 이상 지급, 연금지급, 성과기반 보수, 임금수준 반영	노조활동 보장						준칙 확보	CSR 보고 검증	내부 고발자 보호 공평시의 적절한 보상
환경	7. 환경문제에 사전 예방적 접근 장려 8. 환경책임 증진을 위한 이니셔티브 착수 9. 친환경적 기술의 개발과 보급 장려														환경 정책 ISO 정책	연례 정책 검토		
반부패	10.모든 형태의 부패에 맞섬											뇌물 부패 방지 대책				GRI 공개 보고		

자료: UN 글로벌콤팩트, 2008, 기업의 인권통합을 위한 안내서.

인권은 보호되고 존중되어야 함을 명시하고 있다. 특히 유엔인권규범은 기업의 인권의무를 명시하고 있다. 사회적 및 환경적 영향력이 큰 다국적기업은 기업의 영향력 범위 내에서 법적 책임을 다하고, 인권에 대한 책무성을 져야 함을 의미한다. 유엔인권규범은 기업의 인권에 대한 책무성 목록을 제시하고 있다. 책무성 목록은 기업 활동과 관련된 다양한 영역이 포함되어 있다. 대표적으로 평등권과 차별금지, 안전, 노동권, 국가의 주권과 인권의 존중, 소비자 보호 및 환경보호 등이 포함되어 있다.

이러한 내용은 UN 글로벌콤팩트의 10대 원칙과 기업의 인권존중에 관한 매트릭스에 잘 나타나 있다. UN 글로벌콤팩트의 4개 분야별로 관련된 10대 원칙을 구분하고, 각각에 대해서 인권존중의 구체적 내용을 제시하고 있다.

UN 글로벌콤팩트의 10대 원칙 및 인권매트릭스에는 기본적인 인권의 영역과 내용이 상세하게 표기되어 있으며, 동시에 국가의 인권존중과 침해된 인권의 구제와 관련된 규정이 제시되어 있다. 여기에서 중요한 사항은 UN 글로벌콤팩트의 추상적 일반 규정이 인권을 중심으로 보호되고 존중되어야 할 인권 내용과 기업의 인권존중 의무, 국가의 인권보호 및 구제와 같이 구체화되었다는 점이다. 특히 일반 이행 규정의 구제 의무는 추후 기업의 인권존중과 관련된 구체적인 제도화의 방향을 제시하고 있다는 점에서 매우 중요하다고 할 수 있다.

‖ 제 3 장 ‖

UN 기업과 인권 프레임워크

제3장 UN 기업과 인권 프레임워크

제1절 기업과 인권에 대한 정책적 접근

세계화와 기술 혁신으로 기업의 영향력은 점차 시장을 넘어 일상적 사회공동체에도 절대적인 영향력을 행사하게 되었으며, 이로 인해 기업 인권(Human Rights in Business) 내지 인권경영의 문제에 대한 관심이 높아지고 있다. 이로 인해 OECD 가이드라인, UN의 글로벌콤팩트, GRI, IFA, ISO26000 등 기업의 사회적 책임과 관련된 국제규범과 가이드라인 또한 활발하게 제시되어 왔다.

기업 인권에 대한 의제화는 인권이라는 인류의 보편적 규범과 경제적 가치로서의 시장제도를 지속가능한 사회적 발전의 맥락에서 조화롭게 공존할 수 있도록 하고자 하는 시도라고 볼 수 있다. 1990년대 세계화은 국가 및 시민사회에 의해 통제되어 오던 시장이 무한경쟁과 극한적 이윤추구라는 경제적 규범에 지나치게 몰입하여 사회의 지속가능성을 훼손시키는 결과를 낳았다. 따라서 기업에 대한 규범적이고 제도적인 사회적 가이드라인을 적극적으로 제시함으로써 기업의 경제활동이 사회적 발전으로 이어질 수 있는 연결점을 제공할 필요가 높아졌다. 이러한 이유에서 국가, 시민단체, 노동조합 등 다양한 이해관계자들은 개별 기업을 넘어서는 포괄적 사회권의 확립이라는 차원에서 기업 인권의 문제를 제기해 왔다.

서구 각국의 경우, 기업 인권 문제에 일차적으로 관심을 갖고 지속적인 활동을 수행하고 있는 대표적인 조직으로는 노동조합을 들 수 있다. 노동조합은 노동기본권의 측면에서 기업 인권 문제를 접근한다. 노동기본권의 확립과 준수 여부에 대한 노동조합의 활발한 감시활동은 개별 기업 단위의 이해관계를 넘어서 지역사회, 공동체, 환경, 소비자, 제3세계를 포괄하는 납품업체 및 협력업체까지 아우르는 보다 적극적인 활동으로 발전해가고 있다. 특히 유럽의 경우, 각국 노동조합은 2000년부터 유럽종업원평의회 및 세계종업원평의회 등 유럽 차원의 단일 기준을 확립하여 제3세계 협력 및 하청기업 노동자의 인권 및 노동기본권 확립을 위한 다양한 활동을 전개하고 있으며, 국제노동조합 및 개별 다국적기업의 세계종업원평의회에 의한 국제기준협약(International Framework Agreement) 체결운동으로 제도화되어 가고 있다. 시민사회단체 역시 점점 커져가는 기업의 사회적 영향력에 책임성을 부여하기 위해 여성, 환경, 종교, 외국인노동자, 사회적 소수자, SCM 등 기업 인권과 관련된 문제에 적극적으로 개입해 왔다.

기업 인권 문제가 점차 사회적 쟁점으로 부각됨에 따라, 서구 각국 및 국제기구 역시 제도 및 정책 차원에서 기업 인권을 주요한 의제로 다루기 시작했다. 유럽통합과 더불어 제기된 '사회적 유럽(Social Europe)'은 시장과 기업의 영향력이 강해진 동시에 기업의 사회적 책임을 명확히 하고, 기업 인권을 확립하려는 유럽 각국의 제도적 노력이 담겨 있다고 볼 수 있다. 유럽연합 차원에서 다국적기업의 사회적 책임에 대한 가이드라인을 제시하고, 유럽종업원평의회를 제도화한 것은 기업의 사회적 책임과 기업 인권의 문제가 사회적 쟁점의 단계를 넘어 사회적 제도화의 단계에 접어든 것으로 볼 수 있다.

UN 글로벌콤팩트나 GRI가 자율주의적 접근에 기초해 기업이 사회적 책임을 수행함에 있어서 일정 기준을 제시해주는 데 반해, UN 기업과 인권 프레임워크는 기업이 폭넓은 의미에서의 인권을 존중하도록 하기 위한 국가의 역할을 제시해주는 국제규범이라고 할 수 있다. UN 기업과 인권 프레임워크는 기업의 사회적 책임 또는 인권책임과 관련된 기존의 자율주의적 접근을 벗어나 국가가 보다 더 적극적으로 제도적이고 정책적으로 기업인권의 문제에 접근할 것을 제시하고 있다. 이러한 측면에서 UN 기업과 인권 프레임워크는 매우 중요한 의미를 지닌다. 즉 이전까지의 접근이 기업의 사회적 책임을 공공정책의 영역과 별개의 영역으로 설정하고 있음에 비해, UN 기업과 인권 프레임워크는 기업이 인권을 준수하도록 예방하고, 기업이 인권을 침해하는 사례가 발생했을 경우, 사법 내지 비사법적 구제제도를 통해 조치를 취할 것을 권고하고 있다.

UN 기업과 인권 프레임워크는 UN 글로벌콤팩트가 갖는 자율주의적 한계의 반성으로부터 제기되었다. UN 글로벌콤팩트가 기업의 사회적 책임과 관련된 중요한 원칙으로 받아들여지고, 많은 초국적기업들이 참여하고 있다는 점에서 상당한 의미가 있다. 그럼에도 불구하고, 대부분의 초국적기업들이 오히려 UN 글로벌콤팩트에 가입했다는 사실을 기업 이미지 제고 또는 홍보수단으로 악용하는 사례가 많이 등장하였다. 이러한 문제에 대해 UN 차원에서 2003년 〈초국적기업 및 기타 기업체의 인권책임에 관한 규범〉을 추진하였으나, 수많은 반대로 UN 인권위원회에서 채택되지 못하고 폐기되었다.

UN 인권규범이 폐기된 주된 요인은 UN 인권규범이 기업의 인권 준수를 의무화하고, 이에 대한 책임을 국가가 지도록 함으로써 강제적 규범이라는 경성법(Hard Law)의 성격을 강하게 띠었기 때문이다. 특히 기업의 인권침해 사례는 UN 인권규범을 재판규범으로 적용하도록 하는 강력한 제도화 수준을 설정하였다. 이러한 규제적 성격에 대해 기업과 국가가 강하게 반대함으로써 UN 인권규범은 폐기되었다.

2003년의 유엔인권규범이 불발로 그치면서, 그 대안적이 노력으로서, 유엔인권이사회는 다국적기업 및 기타 기업의 문제에 관한 유엔 사무총장 특별대표를 임명하여 그 대안을 모색하도록 하였다. 특별대표는 하버드 대학의 케네디 스쿨의 존 러기(John Ruggy) 교수가 맡았으며, 그는 2005년 61차 인권위원회에서 임명되었다.

초기 활동기간으로 2년을 부여받은 특별대표는 임명 이후 기존 기준과 관례에 관해 파악하는 업무를 수행했다. 인권이사회는 2007년 임기를 1년 더 연장하여 기업의 인권문제에 관한 권고안을 제출할 것을 요구하였다. 그것이 2008년 "보호, 존중, 구제: 기업과 인권에 대한 프레임워크"(이하 프레임워크)라는 보고서이다. 이 문건은 유엔 인권이사회에서 채택되었다. 이후 활동기간을 3년 더 연장하여 홍보와 아울러 이행 계획을 작성하는 과제가 부과되었다.

존 러기 특별대표는 그 과제와 관련하여 2009년 2010년에 보고서를 제출했으며, 최종적으로 2011년에 "기업과 인권에 대한 이행지침: UN의 보호, 존중, 구제 프레임워크의 실행"(이하 이행지침)이라는 보고서를 제출했다. 이 문건은 2011년 3월 유엔인권이사회에서 채택하였다. 이 문건을 채택하면서 인권이사회는 그 후속 작업으로 5인의 독립 전문가로 구성된 워킹그룹을 조직하도록 결의했다. 이들은 권과 다국적기업 및 기타 비즈니스 기업 사안에 대한 특별 절차의 임무를

3년간 연장하여 수행하는 과제를 갖는다. 따라서 향후 상당 기간 동안 유엔은 이 프레임워크 및 이행 지침을 중심으로 기업인권에 관한 정책을 추진할 것으로 보인다.

UN 기업과 인권 프레임워크는 국가의 책임과 기업의 인권준수 의무라는 UN 인권규범의 기본 방향을 그대로 물려받았다. 다만, 경성법으로서의 성격을 완화하고, 규범적 연성법(Soft Law)의 성격을 부여하는 방식으로 재조정됨으로써 UN 인권이사회회에서 채택될 수 있었다. UN 기업과 인권 프레임워크는 2008년 제시되었고, 그 후 2009년부터 2011년까지 세 차례에 걸쳐 이행지침과 관련된 보고서가 제출되었다. UN 기업과 인권 프레임워크는 기업의 인권책임을 크게 국가와 기업의 역할로 구분하고 있다. 즉 국가는 기업인권을 보호할 의무와 기업의 인권침해에 구체조치를 취해야 하며, 기업은 인권을 존중할 책임이 있다고 명시하고 있다. 보호・존중・구제라는 틀 속에 국가의 인권 관련 의무 및 역할을 명시하고 있다.

제2절 기업과 인권 접근의 구조와 특징

존 러기 프레임워크의 문제의식의 출발점은 오늘날 기업과 인권상황의 근본 원인이 세계화가 초래한 기업의 부정적 영향력 증대와 이를 통제해야 할 국가의 영향력 축소라는 현상에서 시작됐다. 세계화의 다양한 측면에도 불구하고, 현실에서는 경제적 측면에서의 세계화가 세계화의 내용을 주도하게 되었고, 이로 인해 다국적기업이 국가적 규제가 약한 개발도상국에 진출하면서 근대 사회의 핵심 가치인 인권이 약화되거나 축소되는 상황이 발생하고 있는 것이 사실이다.

선진국에서의 강한 국가의 규제를 피해, 다국적기업은 경제적 투자 유치를 희망하는 개발도상국에 진출하여 오로지 경제적 가치의 실현을 위해 개발도상국의 사회적 및 환경적 가치를 도외시하고, 현지민들의 기본적 인권을 고려하지 않는 생산활동에 몰두하고 있다. 이러한 과정에서 많은 다국적기업은 현지국가에서의 부패, 빈곤, 착취, 인권침해, 환경파괴 등 다양한 사회적 문제의 원인이 되어 왔다. 문제는 이러한 다국적기업의 반사회적이고 환경파괴적 행위의 결과가 개별 국가의 범위를 넘어 전 세계적인 차원에 부정적 영향을 가져오고 있다는 점이다.

존 러기의 기업과 인권 프레임워크가 기존의 기업의 사회적 책임과 구분되는 점은 책임을 넘어 의무를 강조하고 있으며, 구제와 관련된 제도화가 논의에 포함되어 있다는 점이다. 이러한 점에서 존 러기의 기업과 인권 프레임워크는 기존의 자율적 책임을 규제적 책무의 수준으로 전환하는 내용을 포함하고 있다. 존 러기의 기업과 인권 프레임워크는 2008년 프레임워크가 제시되고, 2009년, 2010년, 그리고 2011년 보고서의 형태로 이행지침을 제시하고 있다.

존 러기의 기업과 인권 프레임워크는 기본적으로 다국적기업의 부정적인 영향력을 보편적 가치인 인권 관점에서 재정의하고, 생산가치사슬에서의 우월적 권력을 행사하고 있는 다국적기업이 인권을 존중하고, 사회적 지속가능성을 고려한 생산활동을 하도록 유도하기 위한 시도라고 할 수 있다. 존 러기의 기업과 인권 프레임워크는 크게 보면, 보호(Protect), 존중(Respect), 구제(Remedy)라는 3개의 프레임으로 구성되어 있다. 구체적으로 국가에 대해서는 인권보호 의무를, 기업에 대해서는 인권존중의 책임을, 그리고 인권보호 및 인권존중을 위

〈표 3-1〉 프레임워크와 이행지침의 비교

2008년 프레임워크	2009년 보고서 (이행지침)	2010년 보고서 (이행지침)	2011 이행지침
서론 I. 보호, 존중, 구제 A. 도전 B. 프레임워크	I. 서론 II. 경제위기	I. 서론 II. 원칙에 입각한 실용주의	
II. 국가의 보호의무 A. 기업문화 B. 정책의 일치 C. 국제적 수준 D. 분쟁지역 E. 요약	III. 국가의 보호의무 A. 회사법 B. 투자와 무역협약 C. 국제협력 D. 요약	III. 국가의 보호의무 A. 인권보호능력 보장 B. 기업과의 거래 C. 권리존중 기업문화 조성 D. 분쟁영향지역 E. 역외사법관할권 F. 요약	I. 국가의 보호의무 A. 기본지침 B. 운영지침 -일반적 국가규범과 정책기능 -국가와기업의 관계 -분쟁지역에서 기업의 인권존중 지원 -정책의 일관성 확보
III. 기업의 존중책임 A. 권리존중 B. 상세한 주의 C. 영향의 범위 D. 연루	IV. 기업의 존중책임 A. 존중해야하는 책임 B. 상세한 주의 C. 요약	IV. 기업의 존중책임 A. 기반 B. 법적 준수 C. 상세한 주의의무 D. 요약	II. 기업의 존중책임 A. 기본지침 B. 운영지침 -정책적 서약 -인권에 대한 상세한 주의 -개선 -사업환경에 대한 문제
IV. 구제책에의 접근성 A. 사법적 메커니즘 B. 비사법적 분쟁 메커니즘 C. 국가차원의 비사법적 메커니즘 D. 다사간 이해관계자 혹은 산업별 이니셔티브와 투자기관 E. 접근성에서의 공백	V. 구제책에의 접근성 A. 국가의 의무 B. 사법적비사법적 구제책 간의 상호작용 C. 사법적 구제책 D. 비사법적 구제책 E. 요약	V. 구제책에의 접근성 A. 기업차원 B. 국가기반 비사법적 접근성 C. 사법적 구제책 D. 상호보완 E. 요약	III. 구제책에의 접근성 A. 기본지침 B. 운영지침 -정부기반의 사법적 고충처리제도 -정부기반의 비사법적 고충처리제도 -비정부기반의 고충처리제도 -비사법적 고충처리제도의 효과성기준
V. 결론	VI. 결론	V. 결론	

자료: 이상수 외, 2012.

한 제도적 구제책 마련이라는 인권과 관련된 핵심 주체의 의무와 실행방안으로 구성되어 있다.

〈표 3-2〉 UN 기업과 인권 프레임워크의 실행지침(2011년)

<table>
<tr><th colspan="2">구분</th><th>내용</th></tr>
<tr><td colspan="2">일반지침</td><td>a) 국가는 인권과 기본적 자유를 존중, 보호, 충족할 기본적 의무를 가지고 있다.
b) 기업은 모든 해당 법률을 준수하고 인권을 존중하는 사회적 기대에 부응하는 역할을 수행해야 한다.
c) 인권이 침해되었을 때에는 적절하고 효과적인 구제책을 요구할 권리와 제공할 의무가 있다.</td></tr>
<tr><td rowspan="5">I.
국가의
보호
의무</td><td>A.
기본
지침</td><td>1. 국가는 기업의 인권침해를 방지해야 한다. 정책, 법률, 규제, 판결을 통하여 예방, 조사, 처벌, 시정을 위한 적절한 단계를 밟을 필요가 있다.
2. 국가는 모든 기업들이 사업운영에 있어 인권을 존중하도록 하는 기대를 명확히 설정하여야 한다.</td></tr>
<tr><td rowspan="4">B.
운영
지침</td><td>일반적 국가 규범과 정책기능
3. 국가의 인권보호 의무를 달성하기 위해;
a) 기업에 인권존중을 요구하고 법을 시행하며 법의 적절성을 평가, 개선한다.
b) 기업의 인권존중을 무리하게 강요하지는 않되 인권 존중하도록 보장한다.
c) 기업의 사업활동에 있어 인권존중방법에 대한 효과적인 지침을 제공한다.
d) 기업의 인권존중 노력에 대해 적절한 커뮤니케이션을 하게끔 장려하고 필요시 요청한다.</td></tr>
<tr><td>국가와 기업의 관계
4. 국가로부터 실질적인 지원을 받는 기관에 대해 인권보호를 위한 상세한 주의 절차 실행 요구뿐만 아니라 인권을 보호하기 위한 추가적인 조치를 취해야 한다.
5. 국가는 기업이 인권에 영향을 줄 수 있는 계약을 맺거나 법률을 제정할 때 적절한 감시활동을 펴야 한다.
6. 국가는 그들과 상거래를 맺는 기업이 인권을 존중하도록 증진하여야 한다.</td></tr>
<tr><td>분쟁지역에서 기업의 인권존중 지원</td></tr>
<tr><td>정책의 일관성 확보
8. 국가는 기업의 활동과 관련을 맺고 있는 기관으로 하여금 정부의 인권보호 의무를 인식하고 의무에 대한 역할 수행을 실행하도록 해야 한다.
9. 국가는 기업 관련 정책목표 추구에 있어 인권보호 의무를 다하기 위해 국내 정책에 적절한 수준의 공간을 유지해야 한다.</td></tr>
<tr><td colspan="2">II. 기업의 존중 책임</td><td>정책적 서약
인권에 대한 상세한 주의
개선
사업환경에 대한 문제</td></tr>
<tr><td rowspan="4">III.
구제책에의
접근성</td><td>A.
기본
지침</td><td>25. 국가는 기업의 인권침해와 관련하여 침해 발생 시, 사법상, 행정상, 입법상, 또는 기타 적절한 방법을 통해 효과적인 구제책에 접근하는 것을 보장할 수 있도록 적당한 조치를 취해야 한다.</td></tr>
<tr><td rowspan="3">B.
운영
지침</td><td>정부기반의 사법적 고충처리제도</td></tr>
<tr><td>정부기반의 비사법적 고충처리제도</td></tr>
<tr><td>비정부기반의 고충처리제도</td></tr>
</table>

자료: 국가인권위원회, 2010.

기업의 사회적 책임과 관련하여 존 러기의 기업과 인권 프레임워크에서 주목해야 할 내용은 기업의 인권 존중 책임이며, 이 중에서도 상세한 주의 의무이다. 기업의 상세한 주의(due diligence)는 아래에서 자세히 살펴보겠지만, 기업이 보다 적극적이고 능동적으로 기업의 인권침해에 대응해야 하는 의무를 규정하고 있다.

제3절 기업과 인권 접근의 기본 원칙

1. 국가의 보호 의무

존 러기의 기업과 인권 논의는 보호, 존중, 구제라는 3개의 프레임워크로 구성되어 있으나, 가장 중요한 프레임워크는 구제를 위한 제도화에 놓여 있다. 존 러기의 기업과 인권 프레임워크는 보편적 가치로서의 인권에 대한 보호 의무는 기본적으로 국가에게 있음을 분명히 하고 있다. 국가는 국가의 구성원인 개인의 인권을 법제도와 정책을 통해 보호해야 하며, 개인의 인권이 침해되었을 경우에는 이를 보호할 의무를 갖는다.

기업 인권과 관련하여 국가는 기업의 활동으로 인한 인권침해가 발생하지 않도록 예방해야 할 의무를 갖는다. 인권침해가 발생했을 경우에는 직접적으로 국가의 책임은 아니지만, 기업의 인권침해가 발생하지 않도록 예방하거나, 기업의 인권침해를 조사하고, 처벌하고, 인권피해자를 구제해야 할 의무를 수행하지 않은 것이기 때문에, 이 역시 국가의 인권 보호 의무를 방기한 것이라고 할 수 있다. 기본적으로 국가의 인권보호 의무는 인권과 관련된 다양한 국제기본법 내지 규약에 근거하고 있다.

이러한 의미에서 존 러기의 기업과 인권에서 명시하고 있는 국가의 인권보호 의무는 국가의 인권침해를 위한 예방적 정책에 초점을 맞추고 있다. 존 러기는 국가의 인권 보호를 위한 예방적 조치로 크게 4가지를 열거하고 있다. 첫 번째는 다국적기업과 관련된 국제투자협정이다. 외국인투자자의 시장활동에 대한 국제투자협정에서 인권보호와 관련된 국가의 의무를 능동적이고 적극적으로 수행함으로써 다국적기업의 부정적 영향력을 최소화할 수 있다. 두 번째는 상법, 구체적으로 회사법과 증권법에 시장 활동을 하는 기업에 대한 인권 책임을 명시하는 내용으로 국가의 인권의무가 확장되어야 한다는 점이다. 세 번째로는 분쟁지역에서의 기업 활동에 대한 규제에 다국적기업의 모국이 좀 더 적극적인 역할을 수행해야 한다. 네 번째로는 다국적기구에서의 인권보호에 개별 국가들은 체계적이고 통합적인 관점으로 접근해야 한다. 이와 같이 존 러기의 기업과 인권은 국가의 인권 보호를 위한 정책과 법제도적 예방의 의무를 강조하고 있다.

2. 기업의 존중책임

존 러기의 기업과 인권 논의는 국가뿐만 아니라 기업에게도 인권과 관련된 책임과 의무를 부과한다. 존 러기는 기업의 인권 존중은 법적 의무를 이행하는 것이라고 명시하고 있다. 존 러기의 기업과 인권 논의는 기업이 법적 의무로서의 인권을 존중하기 위한 책임과 의무를 상세한 주의(due diligence)와 연루의 개념으로 제시하고 있다. 상세한 주의는 인권 실사로 번역되기도 한다. 상세한 주의란 인권에 대한 위험을 피하거나 경감할 목적으로, 기업 활동의 전체 수명 주기 동안 실제적이고 잠재적인 인권위험을 발견하려는 포괄적이며 예방적인 시도로 정의된다.

기업은 기업 활동과 관련된 인권침해 요인을 예방적으로 파악하고, 기업 활동이 인권에 어떠한 영향이 미치는가를 파악해야 한다. 이러한 의미에서 상세한 주의는 인권실사와 동일한 의미로 사용되고 있다. 상세한 주의는 기업의 내부적 경영활동뿐만 아니라 기업활동과 관련된 외부 이해관계자, 즉 협력 및 거래관계자, 지역사회, 원주민 등을 모두 포함하도록 기업의 인권존중 범위를 설정하고 있다. 이를 위해서 중요한 것이 바로 인권영향평가이다. 기업은 인권에 대한 입장을 명확히 해야 하며, 이러한 입장에 근거해 기업 활동과 관련하여 인권영향평가를 실시해야 한다. 인권영향평가는 예방적 측면에서 기업 활동이 발생시킬 인권침해 요소를 사전에 인지하고, 이를 예방 및 경감시킬 수 있어야 한다.

존 러기의 기업과 인권 논의는 기업의 인권존중의무의 범위를 상당히 넓게 설정하고 있다. 기업의 인권존중의무의 범위와 관련해서는 기업의 영향권(sphere of influence)과 연루(complicity)라는 개념이 중요하다. 그러나 이와 같이 기업의 영향권 개념이 직접적 및 간접적 원인 제공자라는 포괄적이고 모호한 개념으로 제시되고 있기 때문에, 기업과 인권 논의에서는 보다 명확한 연루란 개념을 사용한다. 연루란 기업이 간접적인 인권침해의 원인이 되는 경우를 적극적으로 포괄하는 개념이다. 연루란 인권침해에 기업이 간접적으로 관여하는 것으로 직접적인 법적 책임을 지지 않는 경우를 말한다.

직접적인 법적 책임을 지지 않는 연루는 기업이 인권침해를 발생시킨다는 사실을 인지하고도 이를 묵인하거나 거래관계를 지속함으로써 발생하는 직접적 연루(direct complicity)와 거래관계나 협력관계에 있는 이해관계자의 인권침해로부터 수혜를 보는 수혜적 연루(beneficial complicity), 그리고 거래관계나 협력관계에 있는 기업이 인권을 침해하고 있다는 사실을 인지하고도 묵인하는 암묵적 연루(silent complicity) 등으로 다시 구분된다.

3. 구제책에 대한 접근성

존 러기의 기업과 인권 논의는 보호와 존중의 메커니즘으로 상세한 주의 또는 인권실사와 더불어 다양한 형태의 구제제도에 대한 접근권을 제시하고 있다. 구제책은 크게 사법적 절차, 국가의 비사법적 구제절차, 비국가의 구제절차 등으로 구분된다. 즉 국가의 사법적 및 비사법적 구제와 국가 이외의 구제 절차로 구분되며, 국가 이외의 구제 절차에서 중요한 것이 기업 내부의 구제책이다.

존 러기의 기업과 인권 논의가 강조하는 것은 구제책 그 자체가 아니라 구제제도에 대한 접근성이다. 대부분의 경우에, 개별 국가들은 인권침해와 관련된 법제도를 마련하여 대응하고 있다. 그러나 중요한 것은 인권침해를 당한 개인이 국가의 사법적 주제 제도에 접근하기에는 시간과 비용 등의 거래비용이 높은 경우가 많다는 사실이다. 이로 인해 인권침해를 당한 개인이 스스로 구제를 포기하게 되는 경우가 많다. 따라서 존 러기의 기업과 인권 논의는 국가가 사법적 인권구제뿐만 아니라 다양한 형태의 비사법적 인권구제 제도를 마련함으로써 개인의 구제제도에 대한 접근성을 강화하는 것이 더욱 중요하다고 보고 있다.

마찬가지로 국가 이외의 구제 절차는 특히 기업이 인권과 관련된 내부 정책 방향을 설정하고, 이와 관련하여 발생한 인권침해에 대해 내부적인 구제 절차를 만들어 기업 내부에서 구제가 이루어질 수 있도록 하는 기업 자체의 인권 구제 제도화이다. 존 러기는 이와 같은 기업 내부에서의 구제책 접근성 강화는 기본적으로 기업 자체에서 이루어져야 하지만, 또한 다른 이해관계자와 공동으로, 또는 외부 전문가 및 기구에 의뢰하는 방식 등 다양하게 이루어질 수 있다고 강조한다. 중요한 것은 기업 스스로가 인권침해와 관련된 현장의 고충 처리 절차를 설치하고 운영하는 것이다.

제4절 함의 및 시사점

기업 인권을 확립하기 위한 인권친화적 기업문화에 대해서는 다양한 접근들이 존재한다. 기업 인권에 대한 접근은 무엇보다도 임금, 근로조건, 산업안전보건 등 개별 기업 내 노동기본권의 확립으로부터 출발하였다. 그러나 노동기본권이 사용자와 노동자 사이의 개별적 근로계약 관계를 토대로 기업 인권의 문제에 접근하는 반면, 최근 제기되는 기업 인권은 사적 근로계약관계를 넘어서 인권과 기업(Human Rights and Business)이라는 좀 더 포괄적 차원에서 접근되고 있다.

즉 노동조합과 같은 노동자 대표조직을 중심으로 한 기업 인권이 노동기본권에서 출발하여 국제기준협약(IFA)을 통해 기업의 사회적 책임(CSR)에 접근해가는 반면, 시민사회단체가 주로 제기하는 기업 인권은 다국적기업의 사회적 책임에 대한 가이드라인으로부터 출발하여, 기업의 행동규범(Code of Conduct), UN의 글로벌 콤팩트(Global

Comapct), GRI(Global Reporting Initiative), 그리고 국제표준화기구의 ISO26000 등 기업의 책임성을 강조하는 방향에서 접근하고 있다.

이러한 문제들은 이해관계자의 존재론적 위치에 따라 기업 인권에 대한 접근이 상이하다는 특징이 있으며, 이로 인해 기업과 인권의 관계, 인권에 대한 기업의 역할, 범위 등이 달라지는 차이를 보여주고 있다. 그러나 두 가지 접근 모두 기업 인권 문제의 가장 중요한 주체인 국가 문제를 거론하지 않고 있다는 공통점을 보인다. 즉 노동기본권적 관점에서는 노동자 대표 조직의 역할을 강조하는 반면, 시민사회단체의 인권적 관점에서는 기업의 사회적 책임을 강조하고 있을 뿐이다.

이러한 측면에서 존 러기의 접근들은 기존에 제시되어 온 기업 인권 접근에 빠져 있던 국가의 역할을 적극적으로 개진하고 있다는 점에서는 긍정적이지만, 정책 프레임워크로서는 여러 가지 문제점을 갖고 있어 쟁점이 되고 있다.

우선 주체의 문제에 있어서 국가와 기업만을 정책 프레임워크에 포괄하고 있어, 국가인권기구(NHRI), 시민사회단체, 노동조합 등 다른 이해관계자와의 관계, 이들의 프레임워크 내 위치 및 역할이 명확히 제시되고 있지 않다. 두 번째로, 영역 문제가 존재한다. 즉 기업 인권과 이를 위한 인권친화적 기업문화의 영역은 어떻게 구성될 수 있는지 역시 모호하게 서술되어 있다. 세 번째로 범위 문제를 둘 수 있다. 인권에 대한 기업의 자율적 준수를 제시하면서 동시에 국가의 역할을 보호와 구제로 명확하게 제시하고 있지만, 보호와 구제에 대한 국가의 영향력이 기업에 어느 정도 행사될 수 있는가는 명확하게 제시하고 있지 않다. 마지막으로 정책 수단의 문제가 존재한다. 기업의 자율성을 인정한다면, 인권보호와 인권피해에 대한 구제를 위해 국가가 사용할 수 있는 정책 수단은 무엇이며, 실제적으로 가능할 것

인가의 문제가 존재한다.[14)]

따라서 개별 국가 사례 분석의 기본틀로 존 러기의 접근틀을 그대로 적용할 경우에는 기업과 인권이라는 접근의 개념적 추상성이 문제될 수 있다. 또한 인권에 대한 기업의 영향력 범위를 노동권으로 국한할 것인지, 아니면 지역사회, 소비자, 환경, 여성, 종교, 제3세계 등 비노동권의 영역으로 확대할 것인지, 확대한다면 어디까지를 기업 인권의 영향력 범위로 삼아야 할 것인지도 면밀히 검토되어야 한다. 동시에 기업인권을 위한 인권친화적 기업문화가 형성될 수 있도록 하기 위한 국가의 정책 수단이 어떻게 마련될 수 있고, 사회적 및 경제적 정당성을 확보할 수 있을 것인가에 대해서도 심도 있는 논의가 필요하다. 더 나아가 존 러기 접근틀과 CSR(글로벌 임펙트, GRI, MNE에 대한 EU 가이드라인, ISO26000, IFA 등) 사이에 어떤 형식적 및 내용적 차별성이 존재하며, CSR적 접근과 존 러기의 접근틀이 구체적인 개별 국가 정책에 있어서 실질적인 차별성이 존재하는지에 대해서도 검토되어야 할 것이다.

앞에서 논의한 다양한 접근틀과 개별 접근틀의 문제점을 고려하여, 개별 국가의 인권친화적 기업문화 활성화를 위한 접근 방식을 유형별로 구분하고, 동시에 개별 국가가 기업 인권의 안정적 정착과 확산을 위해 실제로 활용하고 있는 정책 방안을 살펴볼 필요가 있다.

사실상 기업의 사회적 책임이 제시하는 의제는 기업 인권이 강조하는 의제와 대부분 동일한 대상으로 구성되어 있다. 차이점이 존재

---

14) 이러한 문제 외에도 존 러기 프레임워크에 잠재되어 있는 서구 중심주의적 사고, 즉 비서구사회의 문화적 특징 및 성장을 위한 개발주의 등을 고려하지 않고 서구의 기업문화만을 전제한 접근방식, 초국적기업(MNC)과 공급망체인(Supply Chain) 중심의 접근 등도 쟁점이 될 수 있을 것이다. 이러한 점에서 존 러기 프레임워크의 한국에의 적용가능성은 보다 면밀하게 검토되어야 할 것이다.

한다면 기업의 사회적 책임이 기업의 자발적 참여를 강조하는 반면, 존 러기 프레임워크에 따른 기업 인권은 국가의 역할을 새롭게 강조하고 있다는 점이다. 즉 존 러기 프레임워크는 존중이라는 개념을 통해 기업의 자율적이고 자발적인 인권 중시를 강조하면서, 동시에 보호와 구제를 통해 국가의 역할을 제시하고 있다.

존 러기에 의해 제시된 UN 기업과 인권 프레임워크는 인권의 관점에서 기업의 사회적 역할을 강조하고, 보다 더 중요하게는 국가와 기업의 실질적인 구제의무를 부과한다는 점에서 이전의 기업의 사회적 책임론과는 상당한 차별성을 갖고 있다. 그럼에도 불구하고, UN 기업과 인권 프레임워크가 갖고 있는 추상적 지침의 성격에 대한 비판도 존재한다. 무엇보다도 UN 기업과 인권 프레임워크에 기반한 국가와 기업의 구체적 이행 지침이 명확하게 제시되어 있지 않다. 현재 우리나라에서도 이러한 측면을 보완하기 위해 다양한 형태의 인권경영 시행 지침을 개발하고 있으며, 일부 공공기관을 대상으로 인권경영의 모범 사례를 구축 중에 있다.

또한 구제책과 관련하여 국가는 구제의무로 국가의 책무성을 강조하고 있으나, 기업은 책임성의 수준으로 제시함으로써 여전히 기존 기업의 사회적 책임론이 제시하고 있는 자율주의적 접근을 취하고 있다. 기업의 사회적 책임과 관련된 가장 주된 비판은 자율주의적 접근으로 기업이 사회적 책임에 형식적으로 접근한다는 점이다. 기업의 사회적 책임 논의가 확산된 지 약 30년이 넘었고, 기업의 사회적 책임에 대한 기업의 인식 수준은 높아졌지만, 실천적 측면에서 기업의 참여는 제한적이고 형식적인 수준에 머무르고 있다. 따라서 인권과 관련된 UN 기업과 인권 프레임워크 역시도 기업에 대한 자율주의적 접근을 취하고 있기 때문에, 그 실효성에 대한 비판 역시 제기되고 있다.

‖ 제 4 장 ‖

ISO26000과 사회책임

제 4 장 ISO26000과 사회책임

제1절 ISO26000의 구조와 특징

ISO26000은 기업의 사회적 역할을 촉진시키기 위한 다양한 국제규범 중에서 가장 중요한 국제적 지침이라고 할 수 있다.

ISO26000은 2010년 11월 1일 국제표준화기구(International Organization for Standardization)가 국제표준으로 발표한 사회책임에 대한 지침(Guidance on Social Responsibility)이다. 국제표준화기구는 국제표준에 대한 논의와 제정을 담당하는 국제기구로서 2001년부터 기업의 사회적 책임과 관련된 국제표준을 준비해왔다. 국제표준화기구 산하 소비자정책위원회는 2002년 제출한 보고서에서 다양한 이해관계자가 모두 참여하는 방식으로 기업의 사회적 책임과 관련된 표준안을 만드는 방안을 제시하였다.

2003년 국제표준화기구는 소비자정책위원회의 보고서안에 따라 개별 국가의 경영계, 정부, 노동계, 시민사회단체 등 주요 이해관계자를 포함한 전략자문그룹(Advisory Group on Social Responsibility)을 구성하였고, 2004년 전략자문그룹은 기존에 제시된 다양한 기업의 사회적 책임과 관련된 국제규범들을 검토하고, 국제표준화기구의 표준안의 방향을 설정하였다. 전략자문그룹은 보고서에서 이후 ISO26000의 성격을 규정하게 될 2가지 중요한 권고안을 제시하였다. 첫 번째는 표준안은 사회적 책임의 범위를 기업에 한정하지 않고, 모든 조직이 준수해야 할 사회책임 표준이 되어야 한다는 점과, 두 번째로 표준안은 국제표준화기구의 인증 규격이 아니라 권고의 성격인 지침(Guidance)으로 제시할 필요가 있다는 점이다.

오랜 논의 끝에 2010년 11월 국제표준화기구가 채택한 〈사회책임에 대한 지침(Guidance on Social Responsibility)〉은 기업의 사회적 책임과 관련된 기존 논의 및 기존에 존재하던 국제규범을 총괄적으로 검토하여 국제표준안으로 제시하였다는 데 의미가 있다. 또한 ISO26000의 제정과정에는 노사민정 등 다양한 이해관계자가 포괄적으로 참여하였으며, 심도 있는 공동작업을 통해 최종 지침으로 작성되었다.

이로 인해 ISO26000은 그 내용에 있어 기존의 개별적 국제규범이 갖고 있던 내용을 포괄하고 있으며, 기존 논의를 체계화하고 통합적으로 제시하고 있다. ISO26000은 사회책임에 관한 지침으로서 기업을 포함한 모든 형태의 조직에 적용되는 일반적 지침의 성격을 명확히 하고 있다. ISO26000은 민간기업뿐만 아니라 국가, 노동조합, 시민사회단체 등 모든 조직에 대해 사회적 책임 수행과 관련된 지침이다.

기존의 기업의 사회적 책임과 관련된 다양한 국제규범은 실질적인 의미에서 경영계가 참여하지 않고, 기업 외부에서 기업의 사회적 책임을 제시하고 유도하는 방식이었다. 반면 ISO26000의 제정과정에는 경영계 역시 핵심 주체로서 참여했기 때문에, 기업의 관심과 이해관계 역시 상당한 수준이 반영되어 있다. 따라서 기업의 사회적 책임 이행 여부에 대해 이해관계자들이 받아들일 수 있는 규범적 기준이

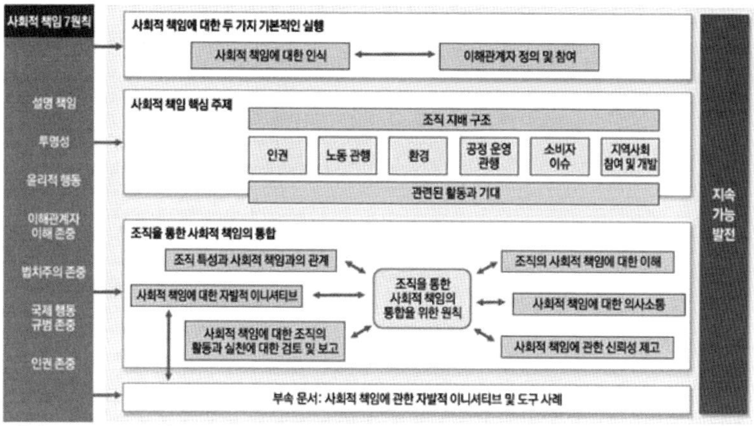

출처: ISO, 2010(노한균, 2011: 32에서 재인용).

〈그림 4-1〉 ISO26000의 구조

마련되었다는 의미를 갖는다.

ISO 26000은 기업의 사회적 책임과 관련된 거의 모든 이해관계자가 참여하여 작성한 사회책임에 관한 국제표준으로 만들어졌기 때문에, 기존에 다양한 관점에서 제시된 기업의 사회적 책임과 관련된 국제규범을 집대성하고 있다. 구조적으로는 포괄성이라는 특징을 갖고 있으며, 개별 국제규범을 일정한 체계 내에서 받아들이고 있다는 측면에서 체계성이라는 특징 또한 갖고 있다.

ISO 26000은 7대 핵심 원칙, 7개 핵심 주제, 그리고 37개의 부문별 이슈로 구성되어 있다.[1] 사회적 책임 7대 원칙은 설명, 투명성, 윤리적 행동, 이해관계자 존중, 국제규범 존중, 인권존중 등 사회적 책임의 실행과 관련된 7개 핵심 주제 및 37개 부문별 이슈 모두에게

1) 〈표 4-1〉은 ISO26000의 내용의 일부로서 제시된 것이다. 번역은 노한균(2011), 32쪽.

〈표 4-1〉 ISO26000의 핵심 주제와 이슈

핵심 주제	이슈
1. 조직 거버넌스	의사결정 과정과 구조
2. 인권	① 상세한 주의(실사) ② 인권 위험 상황 ③ 연루 회피 ④ 고충처리 ⑤ 차별과 취약집단 ⑥ 시민권과 정치권 ⑦ 경제권, 사회권과 문화권 ⑧ 고용에 있어서의 근본원칙과 권리
3. 노동관행	① 고용과 고용관계 ② 근로조건과 사회보호 ③ 사회적 대화 ④ 근무에 있어서 산업보건 및 안전 ⑤ 근무지에서의 인적 자원의 개발과 훈련
4. 환경	① 환경 오염 예방 ② 지속가능한 자원 사용 ③ 기후변화 완화와 적응 ④ 환경보호, 생물다양성, 자연서식지 복구
5. 공정운영관행	① 반부패 ② 책임 있는 정치참여 ③ 공정경쟁 ④ 가치사슬에서의 사회책임 촉진 ⑤ 재산권 존중
6. 소비자 이슈	① 공정 마케팅, 공정계약 관행 ② 소비자 보건 안전 보호 ③ 지속가능소비 ④ 소비자 서비스, 지원과 불만과 분쟁해결 ⑤ 소비자 정보보호와 프라이버시 ⑥ 필수 서비스에 대한 접근 ⑦ 교육과 인식
7. 지역사회 참여와 발전	① 지역사회 참여 ② 교육과 문화 ③ 고용 창출과 기능개발 ④ 기술 개발과 접근성 ⑤ 부와 소득 창출 ⑥ 보건 ⑦ 사회투자

출처: 노한균, 2011(일부 수정).

적용되는 사회책임의 원칙이라고 할 수 있다.

7가지 핵심 주제는 조직 지배구조, 인권, 노동, 환경, 공정운영, 소비자, 지역사회 등 다른 국제규범에서 일반적으로 영역으로 불리는 것들이다. ISO26000이 제기하는 7가지 핵심 주제 중에서 특히 주목해야 할 내용은 영역별로 구성된 기존 국제규범에서는 포괄되기 쉽지 않은 조직 거버넌스가 별도의 주제로 제시되고 있다는 점이다. ISO26000은 조직 거버넌스를 조직이 목표 추구를 위해 결정을 내리고 이를 실행하는 시스템으로 정의하고 있으며, 이는 기존의 기업지배구조와 관련된 논의를 받아들인 것으로 보인다.

기존의 영역과 구분되는 조직 지배구조가 7가지 핵심 주제에 포함된 것은 상당히 중요한 의미를 갖는다. 첫 번째는 조직 지배구조의 강조에는 주주자본주의와 이해관계자자본주의로 구분되는 조직 지배구조에 대한 논의 중 이해관계자 중시라는 원칙이 국제표준을 인정했다는 것을 의미한다. 기업의 시장 활동이 결국은 사회 내 활동이라는 경제사회학적 배태성의 개념을 받아들이고, 기업의 모든 시장 활동은 시장 활동과 관계된 이해관계자를 고려하여 이루어져야 하며, 기업의 의사결정과정에 이해관계자들의 참여를 보장해야 한다는 논리가 성립하게 된다. 두 번째로 사회적 책임이 경영활동의 특정 영역의 문제가 아니라 경영 그 자체 내에서 이루어져야 한다는 의미를 내포하고 있다. 조직운영과 관련된 조직 거버넌스의 전 과정에서 사회적 책임 활동이 이루어져야 하며, 개별 부서의 특정한 활동으로 사회적 책임이 제한되거나 축소되어서는 안 된다는 포괄적 사회책임을 인정하는 것이다.

7개의 핵심주제는 다시 각 핵심 주제별로 핵심 이슈가 제시되어 있다. 조직 거버넌스 주제의 핵심 이슈는 앞에서 언급했듯이, 의사결정 과정과 구조로서 이해관계자의 고려와 참여가 핵심 이슈로 제시되고 있다. 조직 거버넌스와 관련된 핵심 이슈인 의사결정 과정과 구조에서 이해관계자의 고려를 어떠한 방식으로 이행할 것인가의 문제는 기본적으로 개별 기업 또는 조직에게 맡겨져 있다. 즉 어떠한 구체적 형태로 이해관계자를 고려하고 참여시킬 것인가는 개별 기업 및 조직이 맡고 있지만, 중요한 것은 조직 운영과정에서 실질적인 이해관계자의 참여가 고려되고 있는가 하는 점이다.

예를 들어, 유럽과 같이 전략적 의사결정 단위인 이사회에 노동자 대표 참여를 보장하는 방식이 될 수도 있으며, 미국과 같은 사외이사 제도를 활용할 수도 있다. 동시에 전략적 의사결정뿐만 아니라 개별 정책이나 사업의 수립과 시행 시에 관련 이해관계자를 어떻게 고려하고 참여시킬 것인가의 문제 역시 이행과정에서 중요하게 다루어져야 할 것이다.

조직거버넌스를 제외한 나머지 6개의 핵심 주제는 기존 국제규범에서 다루었던 내용들이다. 즉 대표 영역으로 인권, 노동, 환경, 공정운영, 소비자 및 지역사회가 사회책임의 핵심 주제이자 영역으로 제시되고 있다. 각 주제 영역별로 정리된 이슈들 역시 기존 국제규범에서 논의되었던 내용들이 대부분이다. 인권과 관련된 핵심주제는 특히 다음에서 별도로 다루겠지만, 존 러기의 기업과 인권프레임워크의 핵심 내용과 특징을 공유하고 있다. 상세한 주의와 연루 등 인권경영을 위한 핵심 개념들이 그대로 도입되어 있다. 노동관행과 관련된 주제영역 역시 국제노동기구의 핵심노동기준과 관련된 이슈들로 구성되어 있다.

제2절 ISO26000과 기업인권

ISO26000의 핵심 주제 7가지가 기본적으로 조직 전반에 적용되는 조직 거버넌스와 6개의 영역 주제로 구성되어 있지만, 6개의 주제 영역 중에서 인권은 조직 거버넌스와 마찬가지로 사회적 책임의 모든 영역에서 준수되어야 하는 규범이다. 광의의 개념으로서의 인권은 보편적 가치로서의 기본적 권리를 의미하기 때문이다. 따라서 핵심 주제 7개는 조직 거버넌스와 6개의 영역주제이지만, 동시에 인권과 6개의 영역주제라고 표현할 수도 있다.

보편적 가치이자 기본 권리로서의 인권이 갖는 이러한 특수한 성격은 사회적 책임 논의에서, 다른 영역이 책임의 수준에 머무르는 반면, 인권 주제는 책임을 넘어 의무(Obligation)에 가까운 강제성을 갖는다. 물론 ISO26000가 지침으로서의 성격을 갖고 있기 때문에, 인권 주제 역시 강제적 의무라기보다는 자율적 책임의 수준에서 논의되고 있지만, 그 성격상, 책임과 의무의 중간 수준인 책무성(Accountability)에 가까운 의미를 지니고 있다. ISO26000에서 인권에 대한 의무는 우선적으로 국가에게 부여되고 있으며, 기업과 조직은 국가가 법제도를 통해 보호하고 보장하는 인권을 존중할 책무성을 부여받고 있다.

ISO26000은 인권 주제와 관련해서 가장 많은 이슈를 선정해 놓고 있다. 상세한 주의, 인권 위험 상황, 연루 회피, 고충처리, 차별과 취약집단, 시민권과 정치권, 경제권, 사회권과 문화권, 고용에 있어서의 근본 원칙과 권리 등 총 8개의 이슈가 제시되어 있다. 인권 주제 영역의 8개 이슈는 상호 연관되어 있다. 상세한 주의 또는 실사는 인권 영향평가 등 인권침해에 대한 사전적 예방조치를 의미한다. 지속적이고 정기적인 인권영향평가를 통해 인권침해 또는 인권 예방 상황에 대한 예방 조치를 취해야 한다. 연루란 직접적 또는 간접적 형태의 인권침해 상황에 관여되는 것을 의미하며, 기업과 조직은 이러한 상황에 처하는 것을 적극적으로 회피해야 한다. 또한 인권침해가 발생할 경우에 고충처리 등 제도화된 과정과 절차를 통해 적극적으로 인권을 침해당한 당사자의 구제에 나서야 한다.

이러한 인권존중과 예방, 제도화된 구제 등은 이미 UN 기업과 인권 프레임워크의 핵심적 원칙으로 제시된 바 있다. 보편적 가치로서의 인권은 다양한 시민적 권리를 존중하는 것이며, 특히 인권침해에 취약한 취약집단에 대한 차별적 조치를 조직운영의 전체 영역에서 구분해내고 개선할 필요성을 제시하고 있다. 고용과 관련된 내용은 별도의 노동 관행 주제로 제시되어 있지만, 인권 주제 영역에서는 주로 노동기본권과 관련된 내용이 이슈로 제시되는 반면, 노동관행은 작업장에서 노동력의 사용과 관련된 현실적 관행을 주된 대상으로 하고 있다.

제3절 ISO26000과 CSR 관련 국제규범 비교

ISO26000이 기업의 사회적 책임과 관련된 기존 국제규범을 통합하고 체계적으로 제시하고 있기 때문에, 보다 구체적으로 기업의 사회적 책임과 관련된 국제규범에서 논의된 책임 범위, 영역, 주제 등을 명확히 하기 위해서는 앞에서 분석한 기업의 사회적 책임과 관련된 국제규범을 영역 및 분야별로 내용을 재구성해볼 필요가 있다 (〈표 4-2〉 참조).

〈표 4-2〉 CSR 관련 국제규범의 주요 영역과 세부 내용(계속)

국제규범 영역	UN GC	GRI(G3.1) <GRI 표준>	UN 기업과 인권	ISO26000
출현 시기	2000	2002(2011)<2017>	2008	2010
인권	1 2	사회: 인권 HR1 - 3, HR8, HR9 <411-414>	III. 기업의 존중책임 A - D	6.3 인권 6.3.3 6.3.4 6.3.5 6.3.6 6.3.7 6.3.8 6.3.9 6.3.10 Box 7
노동	3 4 5 6	경제: 시장지위 EC5 사회: 노동여건 및 관행 LA1 - 14 사회: 인권 HR4-7 <401-412, 414>		6.3 인권 6.3.3 6.3.4 6.3.7 6.3.8 6.3.10 Box 7 6.4 노동관행 6.4.3 6.4.4 6.4.5 6.4.6 6.4.7 6.6 공정운영관행 6.6.4
환경	7 8 9	환경 EN1-30 <301-308>		6.5 환경 6.5.3 6.5.4 6.5.5 6.5.6
반부패	10	사회: 부패 SO2-8 <205>		6.6 공정운영관행 6.6.3 6.6.4 6.6.5 6.6.6 6.6.7
소비자		사회: 제품책임 PR1-9 <416-418>		6.7 소비자 이슈 6.7.3 6.7.4 6.7.5 6.7.6 6.7.7 6.7.8 6.7.9

지역사회		사회: 지역사회 SO1 노동 LA8 경제 EC6 EC7 EC8 EC9 <413>		6.8 지역사회참여발전 6.8.3 6.8.4 6.8.5 6.8.6 6.8.7 6.8.8 6.8.9
거버넌스		지배구조, 책임, 참여 4.1-4.17 경제 EC1 사회: 노동여건 및 관행 LA5, LA6, LA9, LA13		6.2 거버넌스 6.2.3
국가 역할			II. 국가의 보호의무 II. A - D IV. 구제책에의 접근성 IV. A - E	3.4 국가와 사회책임

〈표 4-2〉에서 알 수 있듯이, UN 글로벌콤팩트는 인권, 노동, 환경, 반부패의 최소한의 영역을 포함하고 있으며, UN 기업과 인권은 국가의 의무와 기업의 책무성을 제시하고 있다. 반면 GRI와 ISO 26000은 소비자, 지역사회, 거버넌스 및 국가에 이르기까지 기업의 사회적 책임 영역을 이해관계자와 영향권을 바탕으로 확장시키고 있다.

ISO26000와 GRI는 국제적 표준지침과 사회적 검증 체계로서 향후 더욱 그 상호연계성이 강화될 것이다. 이미 2011년 G3의 개정판인 G3.1이 공표되는 과정에서 ISO26000의 내용이 부분적으로 반영되었으며, 2013년에 발표된 G4 및 2017년에 발표된 GRI 표준에는 ISO26000의 내용이 더욱 많이 반영되어 있다.

앞에서 언급한 4가지 대표적 국제규범 및 지침은 모두 기업의 사회적 책임과 관계가 있지만, 그 성격과 내용은 상이한 측면이 있다. 우선 가장 큰 차이는 UN 글로벌콤팩트, GRI은 기업이 자율적이고 지켜야 할 원칙과 지침을 제시하고 있음에 비해, UN 기업과 인권 프레임워크는 기업이 인권을 준수하도록 하기 위한 국가의 역할을 강조하고 있으며, ISO26000은 기업을 포함한 모든 형태의 조직이 지켜야할 사회 책임을 지침의 형태로 구체화하고 있다는 점이다.

UN 글로벌콤팩트, UN 기업과 인권 및 ISO26000은 기업의 사회적 책임 수행을 위한 지침인 반면, GRI는 기업의 사회적 책임 수행 정도를 공개하고 점검하기 위한 보고서 양식의 그 목적하는 바가 상이하다. 또한 UN 글로벌콤팩트와 UN 기업과 인권 등의 논의가 ISO26000으로 모아짐에 따라, ISO26000의 핵심 주제와 이슈에 대한 사회책임의 이행 정도를 점검하고, 이를 GRI가 제시하는 보고서 형식에 맞춰 지속가능보고서 및 사회적 책임보고서의 형태로 공개하는 것이 일반적이라고 할 수 있다.

UN 글로벌콤팩트는 일반적 원칙으로, UN 기업과 인권은 기본권으로서의 인권에 대한 국가와 기업의 책무성을 강조하는 원칙과 구제제도에 강조점이 놓여 있다. 따라서 ISO26000과 GRI가 가장 구체적이고 세부적인 영역에서의 사회책임 이행을 위한 지침을 제시하고 있다. 특히 2017년 제시된 GRI 표준은 이전 내용보다 훨씬 더 ISO 26000의 이슈를 보고서 작성 구조에 직접적으로 연동시키고 있다.

제4절 ISO26000의 의의와 평가

ISO 26000은 기존 분산된 다양한 이해관계자에 따라 개별적으로 논의되고 추진되어 온 기업의 사회적 책임에 대한 논의를 노사민정 등 다양한 이해관계자가 참여하여 기업의 사회적 책임에 대한 하나의 통합적 준거기준을 마련했다는 데에 가장 큰 의의가 있다.

기존 기업의 사회적 책임과 관련된 국제규범은 추진 주체의 이해관계와 강조점에 따라 추상적 원칙, 노동 또는 인권 중심 등 다양한 관점에서 기업의 사회적 책임을 강조해왔다. 특히 노동권을 중심으로 한 국제노사정기구인 국제노동기구의 국제규범을 제외하면, 대부분의 국제규범이 핵심 이해관계자인 경영계가 직접적으로 관여하지 않은 상태에서 제정됨으로써 경영계에 미치는 영향력은 제한적이었다. 그러나 노사민정 등 다양한 이해관계자가 직접 참여하여 제정된 ISO 26000은 그간 기존 국제규범에 대해 경영계가 비판해 온 외부적이고 강제적 규범이라는 주장이 더 이상 제기할 수 없게 했다.

또한 기존 기업의 사회적 책임과 관련된 다양한 국제규범들이 ISO 26000으로 통합됨으로써 기업의 사회적 책임과 관련된 국제적인 통일된 단일한 지침이 경영계에 제시됨으로써 ISO26000을 기준으로 기업들의 사회적 책임 이행 수준을 검증하고 비교할 수 있게 되었다. 특히 이러한 작업이 국제표준화기구에서 이루어짐으로써 기업의 사회적 책임과 관련된 표준지침으로서의 공신력을 확보할 수 있었다. 실제로 ISO26000의 등장으로 기업의 사회적 책임의 이행은 ISO26000이 제공하는 핵심 주제와 이슈를 기준으로 수행되고, 기업이 수행한 사회적 책임의 이행활동은 GRI가 제공하는 표준화된 양식으로 통일되었다.

동시에 ISO 26000이 기업의 사회적 책임이 아닌 모든 조직에게 적용되는 사회적 책임 지침으로 제시되었다는 사실 역시 기업뿐만 아니라 공공부 문의 행정조직 또는 유사행정조직이 공적 영역에서 기업의 사회적 책임을 촉진하는 촉진자의 역할을 수행할 수 있는 근거로 작용하고 있다. 그러나 다른 한편에서는 ISO26000이 기업의 사회적 책임을 모든 조직에 적용함으로써 기업의 사회적 책임론이 제기하는 가장 핵심 논점을 결과적으로 배제하는 결과를 낳았다는 비판도 제기되고 있다. 기업의 사회적 책임론이 등장한 배경에는 시장활동의 주체로서 기업이 인권과 노동 및 환경 등의 사회적 영역에 미치는 영향력이 거대해짐으로써 사회와 공동체의 지속가능한 발전을 위해서는 기업과 사회의 관계가 재조정될 필요가 있다는 인식이 존재했다. 즉 사회적 책임 논의는 기업의 사회에 대한 부정적 영향력을 통제하는 것을 그 핵심으로 하고 있다. 그러나 지속가능발전을 위해 모든 조직이 책임을 져야 한다는 주장이 제기되는 순간, 기업활동의 부정적 영향에 대한 통제라는 핵심 관점이 주변화되고, 모든 조직의 노력과 책임이 전면에 등장하게 된다. 그러나 행정조직과 노동조합, 시민사회단체와 같은 비시장조직의 책임성과 사회적 영향력은 기업의 사회적 영향력, 특히 거대 다국적기업의 영향력에 비하면 실질적으로 매우 미미한 수준이라고 할 수 있다.

유사한 논리가 이미 노동조합의 사회적 책임론을 통해서 한국에서도 등장한 바 있다. 노동조합은 임금노동을 통해 생존을 도모하는 노동자들을 조직적으로 대변하는 조직이다. 인권 및 노동권 침해, 환경오염, 차별과 위해 등 사회적 악영향을 미치는 기업과 동일한 수준으로 사회적 약자집단인 노동조합이 사회적 책임활동을 해야 할 사회적 요구가 과연 존재하는 것인가의 문제를 제기할 수 있다.

ISO 26000과 관련해서는 초기 논의 과정에서 자율적 지침이 아닌 규제적 인증체계와 같은 강한 국제표준을 기대했던 입장에서는 이러한 ISO 26000의 완화된 자율지침의 성격이 실질적인 국제표준으로 작동할 수 있는지에 대해 회의적인 태도를 취하고 있다. 실제로 많은 기업들이 국제표준화기구에서 주관하여 기업의 사회적 책임과 관련된 표준체계를 제정한다고 했을 때, 이를 새로운 인증 체계로 받아들이고 경계했지만, 이후 권고 지침의 성격으로 제정됨에 따라 참고 기준 정도로 받아들이고 있으며, 이전의 사회공헌 중심의 사회적 책임 활동을 유지하는 경향이 나타나고 있다. 이로 인해 ISO26000보다는 국가의 의무와 기업의 책무를 강조하는 UN 기업과 인권논의가 갖는 추상성을 인권경영의 형태로 구체화하고, 이를 통해 기업의 책임을 제도화하려는 시도도 나타나고 있다. 기업의 사회적 책임에 대한 논의가 확산되고 보편화되는 과정에서, 자율규제의 성격을 갖는 대부분의 기업의 사회적 책임과 관련된 국제규범이 기업에 의해 무시되거나 악용되는 현상은 여전히 지속되고 있다. 이로 인해, 좀 더 규제적이고 제도화된 국제규범의 필요성에 대한 주장이 ISO26000의 등장에도 불구하고, 지속적으로 제기되고 있다.

두 번째 논쟁은 이행을 강제하는 경영시스템표준이 아니라 권고적 성격을 지닌 지침표준이기 때문에 그 이행을 담보할 수 없는 점이다. ISO26000은 기존의 품질경영 또는 환경경영시스템표준과는 달리 인증, 규제, 계약 등의 목적으로 적합하지 않으며, 국제표준, 가이드라인, 권고사항 등으로 해석되는 것조차 경계하고 있다. 그러나 사회적 책임을 보급 · 활성화하기 위해 가이던스를 더 구체화하여 자국의 국가표준으로 만드는 것은 가능하다. 무엇보다도 표준의 개발자 입장에서는 "권고"나 "지침"은 제3자의 인증 기준이 될 수 없다고 선언할 수 있지만 사용자의 입장에서는 ISO26000을 활용하겠다고 선언한 순간 그것을 잘 지키고 있음을 입증할 필요가 있다. 이를 위해서는 지식경제부가 제공하는 자가진단도구의 활용을 비롯해 어떤 형태로든 기업의 사회적 책임을 설정하고 실행 시기의 우선순위, 달성 목표 등을 설명할 책임이 따를 것으로 보인다.

‖ 제 5 장 ‖

기업의 사회적 책임과 국가의 역할

제5장 기업의 사회적 책임과 국가의 역할

제1절 기업의 사회적 책임과 정부의 역할

기업의 사회적 책임에 대한 의제화는 경제적 가치로서의 시장제도를 지속가능한 사회적 발전의 맥락에서 조화롭게 공존할 수 있도록 하고자 하는 시도라고 볼 수 있다. 1990년대 이후 진행되어 온 세계화(Globalization)로 시장은 무한경쟁과 극한적 이윤추구라는 경제적 규범에 지나치게 몰입하게 됨으로써 사회의 지속가능성을 훼손시키는 결과를 낳았다. 세계화와 기술혁신으로 기업의 영향력은 점차 시장을 넘어 일상적 사회공동체에도 절대적인 영향력을 행사하게 되었다. 이로 인해 기업과 사회의 관계에 대한 통합적 관점이 기업의 사회적 책임(Corporate Social Responsibility, CSR)에 대한 논의로 귀결되었다.[1)]1980년대 기업의 사회적 책임에 대한 논쟁을 거치면서 2000년대 들어서 기업의 사회적 책임논의는 단순한 학술적 논쟁이 아니라 사회운

1) 기업의 사회적 책임에 대한 논의는 산업자본주의 초기 맑스주의와 보수주의로까지 거슬러 올라갈 수 있지만, 본격적인 이론적 논의는 보웬(Bowen)의 Social Responsibility of the Businessman(1953)로부터 시작되었다(김성수, 2009).

동과 기업의 실천적 행위의 문제로 진화하였다. 또한 1990년대 이후 다국적기업의 공급망관리(Supply Chain Management)가 전 세계적으로 확산됨에 따라 개발도상국에 있어서 다국적기업의 사회적 책임이 기업의 사회적 책임의 핵심적 의제로 부상하였다.[2)]

이러한 이유에서 시민단체[3)], 노동조합[4)] 등 다양한 이해관계자들은 개별 기업을 넘어서는 포괄적 사회권(Social Rights)의 확립이라는 차원에서 기업의 사회적 책임을 제기해 왔다. 동시에 기업의 사회적 책임이 논의 초기에 개별 기업 또는 기업가의 선택과 행위에 초점을 맞추면서 기업의 자율적 행동규범의 형태로 행해지는 행태를 비판해왔으며, 그 실효성을 의심해왔다. 또한 내용적으로 기업의 사회적 책임에 대한 기업의 인식이 기부와 봉사활동이라는 사회공헌에 집중되는 현

---

2) 기업의 사회적 책임에 대한 국제기구의 최초의 실천적 개입은 개발도상국 모임은 G77의 주도로 이루어진 1974년 국제연합 초국적기업 센터(United Nations Centre on Transnational Corporations, UNCTC)의 설립이라고 할 수 있다. 유엔 차원에서 초국적기업의 행동규범에 대한 가이드라인을 제시하고자 했던 이러한 시도는 일부 선진자본주의국 정부의 반대로 1992년 최종적으로 실패로 돌아갔다(Wötzel, 2011: 27). 국제연합과는 별도로 1976년 OECD는 "다국적기업에 대한 OECD 가이드라인"을 통해 기업의 사회적 책임과 관련된 최초의 국제적 행동지침을 제시하게 되었다. 비록 다국적기업에 대한 OECD 가이드라인이 권고의 성격으로 아무런 의무나 책임 또는 제재에 대한 내용을 갖고 있지 않다고 비판받고 있지만, 기업의 사회적 책임에 대한 최초의 국제적 기준의 제시라는 측면에서는 현재에도 중요한 기준으로 작용하고 있다.

3) 시민사회단체들은 주로 여성, 환경, 종교, 외국인노동자, 사회적 소수자, SCM 등과 같은 주제들을 다루고 있으며, 기업의 사회적 책임 문제를 노동권이라는 기업 내적 문제가 아니라 지역사회 또는 공동체로 대상 영역을 확장시켜 이해하고 있다.

4) 노동조합은 전통적으로 노동기본권의 측면에서 기업의 사회적 책임 문제를 접근하면서, 노동권의 외연을 확장시켜가고 있다. 노동조합 역시 기업 내부 문제로 사회적 책임 문제를 한정하기보다는 납품업체 및 협력업체까지 노동기본권의 적용범위를 확장시키려고 노력하고 있다. 이러한 측면에서 2000년부터 유럽종업원평의회 및 세계종업원평의회를 중심으로 전개되어 온 국제기준협약(International Framework Agreement)은 주목할 만하다(이승협, 2009).

상에 대해서도 기업의 사회적 책임을 기업의 홍보 수단으로 악용한다는 비판을 제기해왔다(조효제, 2008; Burckhardt, 2011).

기업의 사회적 책임 문제가 점차 사회적 쟁점으로 부각됨에 따라, 서구 각국 및 국제기구 역시 제도 및 정책의 차원에서 기업의 사회적 책임을 주요한 의제로 다루기 시작했다. 기업의 사회적 책임론의 의제화는 인권이라는 인류의 보편적 규범과 경제적 가치로서의 시장제도를 지속가능한 사회적 발전의 맥락에서 조화롭게 공존할 수 있도록 하고자 하는 시도라고 볼 수 있다. 그 이후 기업의 사회적 책임론은 이론적 논의에서 실천적 가이드라인으로, 추상적 논의에서 구체적인 진단과 평가도구에 대한 논의로 발전해왔다.

기업의 사회적 영향력이 확대되고, 신자유주의적 세계화로 기업에 대한 개별 국민국가의 영향력이 줄어들면서, 각국 정부, 시민사회 및 노동조합은 국제적 차원에서 기업의 사회적 책임에 대한 공통의 가이드라인을 제시하는 방식으로 대응해왔다. 이러한 과정에서 기업의 행동규범(Code of Conduct) 및 사회적 책임(CSR), 다국적기업에 관한 OECD 가이드라인[5], UN의 글로벌콤팩트, GRI, 국제기준협약(International Framework Agreement, IFA), ISO26000, UN 특별대표 존 러기의 기업과 인권 프레임워크 등 다양한 형태의 국제규범과 가이드라인이 초국적 단위에서 제시되었다.

그러나 여기에는 두 가지의 문제점이 존재한다. 첫 번째는 기업의 사회적 책임과 관련된 논의의 주체가 노동조합과 시민사회단체 등 비

5) 유럽통합과 더불어 제기된 '사회적 유럽(Social Europe)' 역시 기업인권의 중요한 추동력이라고 할 수 있다. 유럽연합 차원에서 다국적기업의 사회적 책임에 대한 가이드라인을 제시하고, 유럽종업원평의회를 제도화한 것은 기업의 사회적 책임과 기업 인권의 문제가 사회적 쟁점의 단계를 넘어 사회적 제도화의 단계에 접어든 것으로 볼 수 있다(이승협, 2008).

정부기구(NGO)와 국제기구이며, 실질적 규제 권한을 갖고 있는 국민국가는 기업의 사회적 책임에 대한 실질적 주체로 논의에 참여하고 있지 않다는 점이다. 둘째는 기업의 사회적 책임을 강제할 수 있는 최소한의 제도화가 제대로 이루어지지 않고 있다는 사실이다. 다양한 형태의 기업의 사회적 책임 관련 국제규범과 가이드라인은 모두 기업의 자발적 책임성을 강조하고 있으며, 따라서 논의 주체와 실행 주체가 분리되어 서로 갈등하는 형태로 기업의 사회적 책임 논의가 진행되어 왔다.

물론 최근 들어, 존 러기의 기업과 인권 프레임워크에서 볼 수 있듯이, 기업의 사회적 책임에 대한 논의는 기업의 자율성을 강조하는 논의에서 점차로 정부의 역할을 강조하는 방향으로 바뀌어 가고 있다. 존 러기의 기업과 인권 프레임워크는 정부에 의한 실질적 규제방안과 제도화의 모델을 제시하고 있지는 않지만, 정부의 구체적 역할을 "보호와 구제"라는 형태로 제시해주고 있기 때문이다.

이러한 문제점에 대한 인식이 높아지면서, 지속가능한 발전을 위한 정부의 역할이라는 새로운 전 세계적 의제가 2000년대 들어서 새롭게 형성되면서 강조되기 시작했다. 즉 정부는 지속가능한 기업이 번창할 수 있는 생태계를 창출하는 데 주도적인 역할을 수행할 책임과 의무가 있다는 주장은 신공공관리론에 기초한 탈규제 중심의 작은 정부로부터의 변화를 의미한다. 그렇다고 이러한 변화가 신공공관리론 이전의 정부로 돌아가자는 주장은 아니다. 오히려 지속가능한 발전을 위한 공공정책의 핵심이 단순한 정부의 규제가 아니라 실질적 거버넌스 구축에 있다는 사실이 강조되고 있다(Bell, 2002: 10-11). 이러한 점에서 독일과 스페인이 기업의 사회적 책임 거버넌스를 노사민정을 중심으로 구축해가고 있다는 사실에 유념해야 한다. 사영화(Privatization)

와 같은 시장중심주의를 강조하는 민관파트너십(PPP)이 아니라 이해관계자의 협치(Governance)는 지속가능한 발전의 핵심적 사항이라고 할 수 있다.

기업의 사회적 책임에 있어서 국가의 역할에 대한 강조는 최근 들어 국제연합에서 제시한 기업인권(Business and Human Rights)에 대한 논의에서 명확히 나타나고 있다. 유엔 사무총장 특별 대표인 존 러기 교수는 2008년 4월 7일 "개발에 관한 권리를 포함한 모든 인간의 권리 및 시민, 정치, 경제, 사회, 문화에 관한 권리의 보호와 증진"이라는 최종보고서를 통해 기업과 인권을 위한 프레임워크로 보호, 존중 및 구제라는 세 가지 원칙을 제시했다(UN, 2008). 존 러기가 제시한 세 가지 원칙 중 보호와 구제는 기업의 사회적 책임 중 인권존중과 관련된 정부의 역할에 대한 내용이다.[6] 기업의 사회적 책임과 관

---

6) 그러나 다른 한편으로, 존 러기의 접근틀은 기존에 제시되어 온 기업 인권 접근에 배제되어 있던 국가의 역할을 적극적으로 개진하고 있다는 점에서는 긍정적이지만, 정책 프레임워크로서는 여러 가지 문제점을 갖고 있으며, 이러한 점이 쟁점이 되고 있다(황필규, 2008).

우선 주체의 문제에 있어서 국가와 기업만을 정책 프레임워크에 포괄하고 있어, 국가인권기구(NHRI), 시민사회단체, 노동조합 등 다른 이해관계자와의 관계, 이들의 프레임워크 내 위치 및 역할이 명확히 제시되고 있지 않다. 두 번째로, 영역의 문제가 존재한다. 즉 기업 인권을 위한 인권친화적 기업문화의 영역(Sphere of Influence)은 어떻게 구성될 수 있는지 역시 모호하게 서술되어 있다. 세 번째로 범위의 문제를 둘 수 있다. 인권에 대한 기업의 자율적 준수를 제시하면서 동시에 국가의 역할을 보호와 구제로 명확하게 제시하고 있지만, 보호와 구제에 대한 국가의 영향력이 기업에 대해 어느 정도 행사될 수 있는가는 명확하게 제시하고 있지 않다. 마지막으로 정책수단의 문제가 존재한다. 기업의 자율성을 인정한다면, 인권보호와 인권피해에 대한 구제를 위해 국가가 사용할 수 있는 정책적 수단은 무엇이며, 실제적으로 가능할 것인가의 문제가 존재한다.

이러한 문제 외에도 존 러기 프레임워크에 잠재되어 있는 서구 중심주의적 사고, 즉 비서구사회의 문화적 특징 및 성장을 위한 개발주의 등을 고려하지 않고 서구의 기업문화만을 전제한 접근방식, 초국적기업(MNC)과 공급망체인(Supply Chain) 중심의 접근 등도 쟁점이 될 수 있을 것이다. 이러한 점에서 존 러기 프레임워크

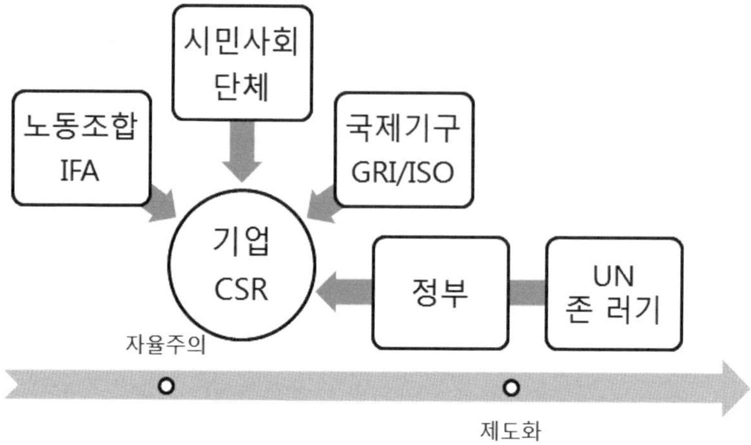

〈그림 5-1〉 기업인권 논의의 변화 방향: 자율주의에서 제도화로

련된 최근의 논의는 〈그림 5-1〉과 같이 정리할 수 있다.

이와 같이 기업의 사회적 책임에 대한 국가의 역할 문제가 국제연합에서 본격적으로 논의되고 공식 보고서로 채택되는 수준에 이르게 되었다. 또 다른 차원에서는 이와 같은 국제적 논의와 함께 개별 국가 차원에서 기업의 사회적 책임에 대한 개별 국민국가의 적극적 개입에 대한 논의가 구체화되는 경향이 2008년 코펜하겐에서 열렸던 국가인권기구 원탁회의에서 나타나고 있다(The Danish Institute for Human Rights, 2008).[7] 이 회의 주제는 기업 부문에서 인권을 장려하고 동시에 정부의 보호를 강화하기 위한 국가인권기구의 향후 활동 방향이었

의 한국에의 적용가능성은 보다 면밀하게 검토되어야 할 것이다.

7) 이 회의 주제는 기업부문에서 인권을 장려하고 동시에 정부의 보호를 강화하기 위한 국가인권기구의 향후 활동 방향이었다. 원탁회의의 주된 토의 내용은 규제(Regulation)와 관련된 정부의 역할과 규제를 위한 실천적 거버넌스의 형태였다.

〈표 5-1〉 기업 부문 인권 보호를 위한 국가인권기구의 역할

개입 영역	향후 활동 방향
인권침해 감시 및 보고	체계적 감시 및 보고 진단도구 마련 행동계획 수립 조사 및 연구 감시결과 정보 공유 및 공개
인권 보호를 위한 법제 마련 및 행정 개선	의회 및 행정부 조직의 참여 제고 부처간 공동 정책 수행 개별적 구제 관련 법제화 촉진
기업에 대한 효율적 규제를 위한 정부 기관의 역량 구축	주무 부서의 확정 및 기존 정책과의 통합 정부와 기업의 전략적 파트너십 구축 국제적 의무협약에 대한 담당자 교육 대규모 사업 및 투자 관련 지자체 역량 강화
사법적 및 비사법적 분쟁 조정 시스템에 대한 접근성 강화	기존 제도 분석 및 보완 제도활용을 위한 홍보 강화

자료: The Danish Institute for Human Rights, 2008.

다. 이틀에 걸친 회의에서 참석자들은 기업 부문에서의 인권침해에 대한 제도적 규제와 인권 증진을 위한 노사민정 구조가 필요하다고 결론짓고 있다.

그러나 다른 한편으로, 존 러기의 접근틀은 기존에 제시되어 온 기업의 사회적 책임 접근에 배제되어 있던 국가의 역할을 적극적으로 개진하고 있다는 점에서는 긍정적이지만, 정책 프레임워크로서는 여러 가지 문제점을 갖고 있으며, 이러한 점이 쟁점이 되고 있다(황필규, 2008). 우선 주체 문제에 있어서 국가와 기업만을 정책 프레임워크에 포괄하고 있어, 국가인권기구(NHRI), 시민사회단체, 노동조합 등 다른 이해관계자와의 관계, 이들의 프레임워크 내 위치 및 역할이 명확히 제시되고 있지 않다. 두 번째로, 영역 문제가 존재한다. 즉 기업 인권을 위한 인권친화적 기업문화의 영역(Sphere of Influence)은 어떻게 구성될 수 있는지 역시 모호하게 서술되어 있다. 세 번째로 범위의

문제를 둘 수 있다. 인권에 대한 기업의 자율적 준수를 제시하면서 동시에 국가의 역할을 보호와 구제로 명확하게 제시하고 있지만, 보호와 구제에 대한 국가의 영향력이 기업에 어느 정도 행사할 수 있는가는 명확하게 제시하고 있지 않다. 마지막으로 정책 수단의 문제가 존재한다. 기업의 자율성을 인정한다면, 인권보호와 인권피해에 대한 구제를 위해 국가가 사용할 수 있는 정책적 수단은 무엇이며, 실제적으로 가능할 것인가의 문제가 존재한다.8)

이러한 한계에도 불구하고, 존 러기의 정책 프레임워크는 정부의 역할을 공식적으로 의미 있는 행위로 받아들인다는 점에서는 기존의 CSR 접근에서 훨씬 더 진일보한 접근이라고 할 수 있다.

존 러기 기업과 인권 문제 유엔 사무총장 특별대표의 정책 프레임워크를 가장 적극적으로 받아들이고 있는 지역은 유럽이다. 유럽연합은 존 러기의 정책 프레임워크가 발표된 후 두 차례에 걸쳐 유럽에의 적용 가능성과 적용 방안을 검토하는 연구작업을 수행하였다. 첫 번째는 유럽 연합 외부에서 활동하는 유럽 다국적기업에 인권과 환경을 준수하도록 할 수 있는 법제도적 프레임워크의 구축, 두 번째는 기업들에게 책임 있는 공급사슬관리를 구축하도록 하기 위한 기업의 사회적 책임 보고서 의무와 관련된 것이었다(Euroepan Commission, 2011: 11). 즉 유럽연합은 기업의 사회적 책임 접근이 갖는 자율주의적 한계를 존 러기 정책 프레임워크에 기초한 공공정책(Public Policy) 접근을 통해 보완함으로써 시장몰입적 기업 활동의 부정적 영향을 간접적

8) 이러한 문제 외에도 존 러기 프레임워크에 잠재되어 있는 서구 중심주의적 사고, 즉 비서구사회의 문화적 특징 및 성장을 위한 개발주의 등을 고려하지 않고 서구의 기업문화만을 전제한 접근방식, 초국적기업(MNC)과 공급망체인(Supply Chain) 중심의 접근 등도 쟁점이 될 수 있을 것이다. 이러한 점에서 존 러기 프레임워크의 한국에의 적용가능성은 보다 면밀하게 검토되어야 할 것이다.

으로 통제할 수 있는 틀을 구축해가고자 하는 것이다.

이 글은 기업의 사회적 책임에 대한 논의가 기존의 자율주의적 접근을 넘어서 정부의 역할이 강조되는 제도화의 방향으로 가고 있음에 주목한다. 여기에서 제시하는 제도화는 기업의 사회적 책임에 대한 정부의 역할을 단순히 규제의 문제로 접근하는 것은 아니다. 기업의 사회적 책임을 자율과 규제의 관점에서 접근하는 것은 상당히 소모적인 논쟁이 될 가능성이 높다.[9] 따라서 기업의 사회적 책임에 대한 자율과 규제에 대한 이론적 논의보다는 기업의 사회적 책임에 대한 사회적 논의가 활발한 선진 각국 정부의 실천적 정책적 활동의 수준과 내용을 제도화(Institutionalizing)의 관점에서 분석하고자 한다. 이러한 점에서 서구 국가들[10]이 기존에 기업의 사회적 책임이라는 자율주의의 틀 내에서 행해오던 정부의 역할을 존 러기의 기업과 인권 정책 프레임이 제시된 이후 어떻게 새롭게 규정하고, 변화시키고 있는가를 개별 국가의 사례를 통해 살펴볼 필요가 있다.

---

9) 조효제는 인권경영을 위해 반드시 구속력 있는 법규범이 필요한 것은 아니며, 특히 우리나라 경영계의 기업경영 의식수준이 지나치게 낮아 강압 메커니즘에 기초한 접근은 현실성과 효과성 측면에서 의제화되기도 어렵고 실현되기도 어렵다고 주장한다(조효제, 2008: 148-149). 또한 최근 국가인권위원회에서 발간한 연구용역보고서에서도 법적 규제주의가 가장 강력하고 실효성 있는 방법이지만, 동시에 논란의 여지가 가장 많이 발생한다는 점을 지적하고 있다(국가인권위원회, 2009: 65-69).

10) 유럽국가들은 사회적 유럽의 건설 과정에서 이미 다국적기업에 대한 가이드라인을 제시하고, 이를 부분적으로 제도화하려는 시도를 해왔다.

제2절 기업의 사회적 책임과 정부의 역할에 대한 논의

기업의 사회적 책임에 대한 대부분의 논의는 기업과 사회적 책임의 관계를 분석한다. 즉 기업이 사회에 대해 책임을 져야할 필요가 있는가의 문제가 중요하게 다뤄지고 있다(김성수, 2009).[11] 김성수가 논쟁기와 정착기로 설정하고 있는 1980년대 이후 기업의 사회적 책임에 대한 논의는 기업의 사회적 책임에 대한 긍정론과 부정론 사이의 논쟁을 거쳐 수용되는 과정을 보여준다.[12] 이 논쟁 과정에서 기업의 사회적 책임은 그 사회적 책임을 자발적으로 수행하지 않으면 안 될 당위적이고 필연적 요구로 정의되고 있다. 즉 기업의 자발성을 모두 전제한 상태에서 논의가 전개되고 있다. 대표적인 반대론자인 프리드먼은 기업의 사회적 책임이란 이윤 창출에 있다는 철저한 시장주의 관점을 제시하고 있으며[13], 찬성론자인 엘킹턴 역시 기업의 사회적 책임을 기업의 경제적 책임에 윤리적 책임을 합친 것으로 분석하고 있다(Idowu, 2009: 13-14).

반면 콘스탄티나 비챠는 이러한 일반적인 기업의 사회적 책임에 대한 논의가 기업에 대한 정부의 역할의 역사성을 무시한 논의라고 비판하고 있다(Bichta, 2003: 9-11). 입법, 규제 및 조세 정책은 정부가 선호해 온 정책 도구였으며, 특히 1970년대 이후 환경보호 영역에서

11) 이로 인해 기업의 사회적 책임에 대한 논의는 주로 개념과 성립사, 국제적 가이드라인 및 개별 기업의 사례에 집중되어 있다.

12) Berle, Walton의 긍정론과 Friedman 사이의 논쟁에 대해서는 김성수(2009: 14-16) 참조.

13) 프리드먼은 "기업의 사회적 책임이란 바로 … 기업의 이윤을 증가시키는 것뿐이다"라고 주장한 바 있다(Friedman, 1970).

는 명령과 통제가 일반적이었다고 주장한다. 오히려 1990년대 이후 정책방향이 정부와 기업 사이의 "책임성의 공유(shared responsibility)"를 선호하는 방향으로 이동한 것일 뿐이라고 주장한다(Bichta, 2003: 9). 결국 신자유주의의 확산과 시장권력의 득세로 정부의 역할이 축소되는 과정에서 등장한 논리가 기업의 사회적 책임이라는 기업의 자율적 행위라고 볼 수 있다.14)

최근 들어 나타나고 있는 기업의 사회적 책임에 있어서 정부 역할의 강조는 따라서 3가지 차원에서 보아야 한다. 첫 번째는 원론적이고 이론적인 차원에서 기업의 사회적 책임에 있어서 정부의 역할은 기업이 자율적으로 사회적 책임을 질 수 있도록 지원하는 역할에 머물러야하는가, 아니면 적극적으로 개입해야 하는가?(Bichta, 2003) 두 번째는 기업은 실제로 자율적으로 사회적 책임을 효과적으로 의미 있게 수행해왔는가?

첫 번째는 신자유주의와 국가에 대한 관점 차이에 따라 상이하게 바라볼 수 있지만, 두 번째 측면에 대해서는 현실적이고 실천적인 평가가 가능하다. 일반적으로 기업의 사회적 책임에 대한 기업의 활동은 진정성 있게 수행되었다기보다는 기업의 평판과 마케팅을 위한 수단으로 악용해 온 측면이 많다고 평가되고 있다(Burkhardt, 2011; 조효제, 2008; 노광표 · 이명규, 2007).

세 번째는 글로벌 컴팩트, GRI에 뒤이어 ISO26000과 UN 기업과 인권 등 국제적인 가이드라인이 좀 더 강력한 규범적인 성격으로 강화되면서, 환경 및 노동 영역에서의 기업의 지속가능성이 단순히

14) 1990년대 이후 확산된 민관파트너십(Private and Public Partnership) 역시 정부의 역할의 축소와 축소된 영역에의 시장의 확산이라는 관점에서 유사한 과정이라고 볼 수 있다.

〈표 5-2〉 규제주의와 자율주의적 접근 비교

구분	규제주의적 접근	자율주의적 접근
장점	가시적 성과 신뢰성 계산가능성 강제적 적용 엄격한 기준 제시 전체 사회가 비용부담 제재수단의 활용	높은 유연성 낮은 관리 비용 규칙 및 구조 변경의 신속성 사법적 두려움 배제 동료집단의 긍정적 압력 책임의 내부화 비형식성
단점	지나친 형식성 높은 관리 비용 규제자와 피규제자의 적대성 제한된 적용 범위 발전 및 수정의 경직성	낮은 가시적 성과 무임승차자 처리 엄격한 기준에 대한 낮은 수용성 불확실한 환경 제한적 제재

자료: Bell, 2002: 18.

기업의 사회적 책임의 문제가 아니라 국가의 산업경쟁력의 문제가 될 수 있기 때문에 기업의 사회적 책임에 정부가 개입하여 강력하게 추진해야 한다는 주장이 제기되고 있다. 벨은 "정부의 재발명(Reinvention of Government)"이라고까지 불려온 신자유주의적인 작은 정부의 탈규제, 다운사이징, 재정적자 감축 등의 추세는 이제는 슘페터의 "창조적 파괴"의 일시적 과정으로 보고, 향후 정부의 역할을 거버넌스의 관점에서 보다 적극적으로 그리고 새롭게 확장해갈 필요가 있다고 주장한다(Bell, 2002: 9-11).

벨은 "정부의 재발명(reinvention of government)"이라고까지 불려온 신자유주의적인 작은 정부의 탈규제, 다운사이징, 재정적자 감축 등의 추세는 이제는 슘페터의 "창조적 파괴"의 일시적 과정으로 보고, 향후 정부의 역할을 거버넌스의 관점에서 보다 적극적으로 그리고 새롭게 확장해갈 필요가 있다고 주장한다(Bell, 2002: 9-11). 벨(Bell)에 따르면, 기업의 사회적 책임에 대한 자율주의적 접근과 규제주의적 접근이 각각 장단점을 갖고 있다(〈표 5-2〉 참조). 규제주의는 정책적 효

〈표 5-3〉 규제주의와 자율주의적 접근에 따른 국가 분류

구분	규제주의적 접근	자율주의적 접근
국가군	덴마크, 스웨덴, 네덜란드, 오스트리아, 룩셈부르크	호주, 영국, 미국

율성이 높지만 사회적 갈등으로 인한 높은 관리비용이 문제가 되며, 자율주의는 책임의 내부화와 높은 유연성의 이점이 있지만 낮은 가시적 성과와 엄격한 기준에 대한 기업의 낮은 수용성이 문제가 될 수 있다고 지적한다.

현재 기업의 사회적 책임과 관련된 외국 정부의 접근은 규제주의와 자율주의 두 가지 접근법을 기준으로 볼 때, 크게 영미권과 유럽권 국가로 구분될 수 있다. 특히 서유럽 및 북유럽 국가들은[15] 기업에 대한 규제를 보다 강조하는 입장에 서 있는 반면, 영국, 미국 및 호주 등 앵글로 색슨 계열의 신자유주의 국가들은 기업의 자율성을 강조하는 자율주의적 접근을 강조하고 있다.

현재 기업의 사회적 책임과 관련된 외국 정부의 접근은 규제주의와 자율주의의 두 가지 접근법을 기준으로 볼 때, 크게 영미권과 유럽권 국가로 구분할 수 있다. 특히 서유럽 및 북유럽 국가들은 기업에 대한 규제를 보다 강조하는 입장에 서 있는 반면, 영국, 미국 및 호주 등 앵글로 색슨 계열의 신자유주의 국가들은 기업의 자율성을 강조하는 자율주의적 접근을 강조하고 있다.

그러나 기업에 대한 규제를 강조하는 규제주의적 접근을 취하는 국가들도 아직까지는 제한된 내용의 규제 정책을 시행하고 있을 뿐이다. 규제주의적 접근에 속하는 국가들에서 제도화된 기업에 대한 규

15) 대표적으로 덴마크, 스웨덴, 네덜란드, 오스트리아, 룩셈부르크 등을 들 수 있다.

제도 직접적인 규제라기보다는 간접적인 형태로 머물고 있다.[16] 이러한 규제의 필요성과 정부의 역할이라는 사회적 의제는 자율주의적 접근에 속하는 국가에서도 유사하게 나타나고 있다.[17] 다만 규제주의적 접근에 서 있는 국가들은 이러한 사회적 논의를 일부 약한 형태로나마 제도화했다는 정도의 차이만이 존재한다.

이러한 규제의 필요성과 정부의 역할이라는 쟁점이 사회 의제로 제기되는 과정은 자율주의적 접근에 속하는 국가에서도 유사하게 나타나고 있다. 다만 규제주의적 접근에 서 있는 국가들은 이러한 사회적 논의를 일부 약한 형태로나마 제도화했다는 정도의 차이만이 존재한다. 더 나아가 최근에 국가가 영향력을 미치는 공공 부문에 어떻게 기업의 사회적 책임을 정착시켜야 하는가의 문제, 그리고 공공조달시장을 활용하여 민간 부문에 기업인권의 정착을 촉진시킬 수 있는 방안 등이 쟁점이 되고 있다.

정부의 역할을 구체적으로 규정하기 위해서는 앞에서 살펴본 세계은행의 기업의 사회적 책임과 관련된 공공정책의 4가지 유형, 즉 명령, 촉진, 협력, 보증을 국제규범과 연계해 분석하고 이를 지자체의 상황에 맞게 재구성할 필요가 있다. 이를 위해 세계은행이 제시한 기업의 사회적 책임과 관련된 공공정책의 유형 분류를 구체적인 내용, 접근 유형, 활용 방식과 활용 내용, 관련된 사례를 중심으로 관련 논의를 정리하면 〈표 5-4〉와 같다.

---

16) 대표적으로 일정 규모 이상 기업에 대해 여성, 환경, 사회 문제에 대한 보고서 공표를 의무화하는 GRI 관련 규제를 들 수 있다. 다만 이들 국가에서는 시민사회단체를 중심으로 기업에 대한 직접적 규제 필요성을 강하게 주장하고 있다.

17) 최근에 국가가 영향력을 미치는 공공부문이 기업의 사회적 책임과 관련하여 어떤 역할을 수행해하는가의 문제, 그리고 공공조달시장을 활용하여 민간부문에 기업의 사회적 책임을 촉진시킬 수 있는 방안 등이 정부의 역할과 관련된 주된 쟁점이 되고 있다.

〈표 5-4〉 기업의 사회적 책임 관련 공공정책의 유형과 내용

유형	내용	접근 유형	활용 방식	활용 내용	정책 사례
1) 명령 (mandating)	법적 최소기준의 설정; SR관련 조세제도(환경세, 고용부담금 등) 공적기금의 SRI 제도화; SRPP/GPP 법제화; CSR 보고 의무화(GRI); 이해관계자 참여 의무화; 감시 및 감독자 확보	법적 제도적	관리 감독 규제	법적 경제적 제재	입법화(프랑스, 벨기에) GRI의무(영국, 프랑스, 스웨덴) 기업지배구조(영국, 미국, 캐나다, 뉴질랜드) SRI(미국, 프랑스, 뉴질랜드, 프랑스, 영국, 스웨덴)
2) 촉진 (facilitating)	조세혜택 및 불이익처분; 보조금 지원; 경진대회; 공시 및 낙인; 지침 및 지표 제시; 시민사회 지원; 조시 및 연구; 정보제공 및 자문; 인증제도 구축	정책적	유인동기 가이드라인 제시 정보제공	조사연구 교육 컨설팅 동기부여 지원 장려	CSR정부가이드라인(오스트리아) 기업지배구조가이드라인(미국) 기업지배구조 자율규범(독일) 공공조달시장 자율관리(프랑스, 영국) ISO26000 권장(독일, 뉴질랜드) 조세혜택(독일, 영국, 캐나다) 인증제도(프랑스) 정보제공: 보고서, 책자, 웹(독일) 인식제고(아일랜드, 캐나다, 영국, 독일, 프랑스)
3) 협동 (partnering)	지역네트워크; 이해관계자 네트워크; 다자간기구 구성; 자발적 협정(GC) 민관협동체제 구축 사회적 대화 채널 구축	관계적	PPP 포럼 지역네트워크	대화 협력	네트워크 구축 지원(네덜란드, 프랑스, 독일, 영국, 스웨덴) 파트너십 체결: PPP 지자체수준 민(NGO)관네트워크 협약체결
4) 보증 (endorsing)	기업대표의 정책 참여 보장; 모범 사례 소개; 정책적 모범 활동;	정책적	시상 격려	홍보 포상	경진대회 및 표창(캐나다, 영국, 미국, 프랑스)

자료: Fox et al., 2002; Bertelsmann, 2007; European Commission, 2007; Steurer, Reinhard et al. 2007: 17.

첫 번째 유형인 명령은 법적 제도적 접근을 통해 기업에게 법적 및 경제적 제재를 가하는 방식으로 기업을 관리, 감독 및 규제하는

방식이라고 할 수 있다. 구체적으로 법제도를 통해 기업의 사회적 책임과 관련된 최소기준을 설정하거나, 기업의 사회적 책임 활동을 중심으로 조세제도를 개편하여 특정 조세를 부과하여 사회책임 수행을 강제할 수도 있다. 또는 공공조달시장에 대한 접근성을 사회적 책임 실행 여부와 연계하여 통제하거나, 연기금과 같은 공적 기금의 사회책임투자를 강화할 수도 있다. 현재 이러한 명령 유형과 관련하여 가장 보편적으로 사용되는 공공 정책으로는 영국, 프랑스, 스웨덴 등에서 실시하고 있는 GRI 기준에 따라 상장기업에게 지속가능보고서의 제출을 의무화하는 CSR 보고 의무화정책을 들 수 있다.

두 번째로 촉진은 정책적 접근 유형이라고 할 수 있다. 기업에게 다양한 유인 동기를 제공하고, 사회적 책임 수행과 관련된 정보를 제공하거나, 사회적 책임과 관련된 다양한 인증 체계를 구축하여 기업이 자발적으로 사회적 책임을 수행할 수 있도록 지원하고 장려하는 공공정책 유형이다. 이미 많은 국가들에서 중앙정부가 기업의 사회적 책임과 관련된 가이드라인을 제시해주고 있으며, 특히 프랑스는 인증 체계를 구축하여 기업들이 체계적으로 사회적 책임 활동을 수행할 수 있는 사회적 환경을 제공하고 있다.

세 번째 유형은 파트너십을 구축하는 관계적 접근 방식이다. 포럼, 지역네트워크, 민관파트너십, 이해관계자 네트워크 등 다양한 형태의 대화 및 협력 채널을 통해 기업의 사회적 책임이 정착될 수 있도록 관련된 이해관계자들의 역량을 강화하는 공공정책이라고 할 수 있다.

네 번째 유형은 기업대표들이 사회적 책임과 관련된 직접 참여할 수 있는 정책적 접근이다. 대표적으로 경진대회 등을 통해 모범 사례를 발굴하고, 해당 기업에게 포상을 함으로써 사회적 책임 활동을 확산시키는 공공정책이다.

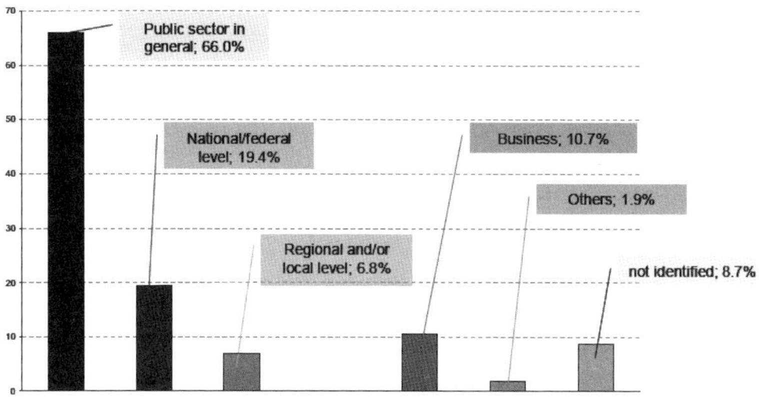

출처: Steurer, Reinhard et al. 2007: 17.

〈그림 5-2〉 SPP 관련 정책의 집단별 규모

슈토이어가 2007년 유럽 공공조달시장에 대해 조사한 결과를 보면, 전체 사회적 책임 관련 공공조달시장 중에서 공공 부문의 비중이 66%로 가장 높으며, 중앙정부 수준이 약 20%, 지자체 6.8% 순으로 나타나고 있다.

기업의 사회적 책임을 촉진하기 위한 국가의 역할은 중앙정부, 지자체 및 공공정책의 영역에서 포괄적으로 상호연계되어 이루어져야 한다.

제3절 국가별 기업의 사회적 책임 유형과 접근틀

기업의 사회적 책임에 대한 국가별 접근 유형은 다양한 기준에 의거해 분류할 수 있다. 우선 기업의 사회적 책임에 대한 정부의 역할

〈표 5-5〉 국제 규범에 따른 기업의 사회적 책임 관련 공공정책의 유형과 활용

<table>
<tr><th>유형</th><th colspan="2">내용</th><th>국제규범</th><th>지침 근거</th><th>접근 유형</th><th>활용방식</th><th>활용내용</th></tr>
<tr><td rowspan="10">명령
(mandating)</td><td rowspan="8">공공
조달</td><td rowspan="4">사회적
책임
공공조달
(SRPP)</td><td>UN GC</td><td>환경 제외 전항목</td><td>법(조례)적</td><td>규제</td><td>경제적
제재</td></tr>
<tr><td>GRI</td><td>환경 제외 전항목</td><td>법(조례)적</td><td>규제</td><td>경제적
제재</td></tr>
<tr><td>ISO26000</td><td>환경 제외 전항목</td><td>법(조례)적</td><td>규제</td><td>경제적
제재</td></tr>
<tr><td>UN
기업인권</td><td>I.B.5 국가와의 계약에
대한 기업 감시활동
I.B.6 국가 대상
상거래 기업의
인권존중</td><td>정책적</td><td>감독</td><td>행정적
관리</td></tr>
<tr><td rowspan="4">환경
공공조달
(GPP)</td><td>UN GC</td><td>7,8,9</td><td>법(조례)적</td><td>규제</td><td>경제적
제재</td></tr>
<tr><td>GRI</td><td>EN1 - EN25</td><td>법(조례)적</td><td>규제</td><td>경제적
제재</td></tr>
<tr><td>ISO26000</td><td>6.5 환경(GPP)
6.6.6 가치사슬에서의
사회적 책임 촉진</td><td>법(조례)적</td><td>규제</td><td>경제적
제재</td></tr>
<tr><td>UN
기업인권</td><td>I.B.5 국가와의 계약에
대한 기업 감시활동
I.B.6 국가 대상
상거래 기업의
인권존중</td><td>정책적</td><td>감독</td><td>행정적
관리</td></tr>
<tr><td colspan="2">CSR 보고
의무화(GRI)</td><td>ISO26000</td><td>6.2 거버넌스</td><td>법(조례)적</td><td>규제</td><td>법적
의무화</td></tr>
<tr><td colspan="2">감시 및 감독자
확보</td><td>GRI</td><td>4.1 조직 지배구조</td><td>행정적</td><td>감독</td><td>행정적
관리</td></tr>
<tr><td rowspan="2">촉진
(facilitating)</td><td colspan="2" rowspan="2">지침제시
정보제공 및 자문</td><td>UN
기업인권</td><td>I.B.3.c)
인권존중방법에 대한
효과적 지침 제공</td><td>정책적</td><td>정보제공</td><td>지원</td></tr>
<tr><td>ISO26000</td><td>6.6.6 가치사슬에서의
사회적 책임 촉진</td><td>정책적</td><td>정보제공</td><td>지원</td></tr>
<tr><td rowspan="2">협동
(partnering)</td><td colspan="2" rowspan="2">지역네트워크;
민관협동체제
구축
사회적 대화 채널
구축</td><td>UN
기업인권</td><td>I.B.3.d) 인권존중
노력에 대해 적절한
커뮤니케이션 장려 및
요청</td><td>관계적</td><td>네트워크</td><td>협력</td></tr>
<tr><td>ISO26000</td><td>5.3.3 이해관계자의
참여
6.2 거버넌스</td><td>관계적</td><td>PPP
포럼
네트워크</td><td>대화
협력</td></tr>
<tr><td>보증
(endorsing)</td><td colspan="2">기업대표의 정책
참여
모범 활동 소개
경진대회</td><td>ISO26000</td><td>5.3.3 이해관계자의
참여
6.6.4 책임 있는
정치적 참여</td><td>정책적</td><td>격려
시상</td><td>홍보
포상</td></tr>
</table>

〈표 5-6〉 세계은행의 기업의 사회적 책임 관련 정부 역할 유형

유형	내용
명령 (mandating)	최소기준의 정의와 목표 설정; 감시 및 감독자 확보; 시민의 합법적 행위 지원 기업의 성과에서 최소기준을 정의를 법률로 규정. 예컨대 특정 부류의 산업시설에서 배출가스의 한계치를 설정해 줌.
촉진 (facilitating)	조세 혜택 및 제제, 정보에 대한 접근성 보장; 외국의 모범적 관행 소개; 불량기업 공시 및 불명예 낙인; 자발적 협정 프레임워크 제시; 시민사회 지원 공공영역은 기업으로 하여금 CSR의제에 관여하거나 사회적 환경을 개선을 도모하도록 하거나 유인을 제공함. 촉발자적이고 제2차적이고 지원하는 역할을 함. 예컨대, 영국의 1995 연금법.
협동 (Partnering)	다자간기구 및 시민사회가 역량을 갖출 수 있도록 협력 전략적 동반자관계는 복잡한 사회환경적 문제를 취급하는 데에서 공공영역, 사적영역 길고 시민사회의 상호보완적인 기술과 투입을 가져옴. 예컨대, Business Partners for Development(BDP)
보증 (endorsing)	재계 대표의 정책 영역 참여 보장 CSR개념에 대한 정치적 지지와 공공영역의 보증을 제공함. 예컨대 대만의 Green Business Award

자료: World Bank, 2002: 4.

을 기준으로 각 국가 차원에서 논의되었거나 시행되고 있는 다양한 정책들을 분류해볼 수 있다. 예를 들어, 세계은행(World Bank)은 기업의 사회적 책임과 관련하여 공공영역의 역할을 기준으로 4개의 유형을 구분하고 있다.[18)]

데이비드 벨 역시 세계은행과 유사한 방식으로 지속가능한 기업을 장려함에 있어서 요구되는 정부의 역할을 ① 비전의 제시 ② 모범적 지도자 ③ 촉진자 ④ 녹색 재정 관리자 ⑤ 혁신가의 다섯 가지를 제시하고 있다(Bell, 2002: 11-15).

18) 세계은행은 이 보고서를 토대로 2003년 기업의 사회적 책임에 대한 공공정책의 역할에 대한 전자회의를 개최한 후 자료집을 발간하였다. 이 회의에서는 기업의 사회적 책임에 대한 정부의 역할, 기업의 사회적 책임과 대외직접투자의 관계 등의 의제가 집중적으로 다루어졌다(Petkoski & Twose, 2003).

기업의 사회적 책임에 대한 개별 국가의 접근을 구분하기 위한 또 다른 기준으로는 기업의 사회적 책임을 국가의 전략적 과제로 설정하고 있는지 여부를 설정할 수 있다. 적극적 국가라고 불리는 사례에 해당된다. 여기에는 대표적으로 영국, 프랑스, 덴마크, 스웨덴 등을 들 수 있다. 기업의 사회적 책임에 대한 접근을 국가의 전략적 과제로 설정했는지의 여부를 파악하기 위해서는 결국 전략과제로서 기업의 사회적 책임을 공식적으로 선언하고, 그에 따른 국가별 행동계획(Action Plan)을 마련했는가를 살펴보아야 한다.

현재 2006년 벨기에를 시작으로 덴마크, 독일, 네덜란드, 프랑스, 핀란드 등 주로 유럽 국가들이 기업의 사회적 책임을 국가의 전략적 과제로 설정하고 있으며, 덴마크, 독일, 프랑스, 핀란드는 전략과제의 실현을 위한 구체적인 행동계획을 수립하여 실행하고 있다.[19)]

〈표 5-7〉 각국 전략과제 및 행동계획 현황

국가	전략과제	행동계획
벨기에	2006년	-
덴마크	2008년	CSR 행동계획 4개 영역 30개 정책수단
독일	2010년	CSR Action plan
네덜란드	2007년	-
프랑스	2009년	<프랑스 국가적 지속가능발전 전략 2009-2012> 국가인권위원회의 틀 내에서 CSR과 기업인권 논의 법제화(Grenelle de l'environnement)
핀란드	2010년	핀란드 NCP (CSR 위원회)

자료: European Commission, 2007 & 2011에서 필자 정리.

19) 특히 덴마크는 기업의 사회적 책임과 기업인권에 대해 정부 차원에서 적극적으로 대응하고 있다. 또한 시민사회와의 협력을 통해 국제사회에서 기업의 사회적 책임과 기업인권에 대한 논의가 확산될 수 있도록 다양한 노력을 기울이고 있다.

전략적 과제와 행동계획이 수립된 이후의 단계에서 중요한 것은 정책 수행을 위한 정부 조직의 구조, 형태, 역할 등 정책전달체계의 구축이다. 여기에서 중요한 것은 특히 기업의 사회적 책임을 위한 정부조직의 구조이다. 기업의 사회적 책임을 전담하는 정부조직의 형태와 역할은 조직구조에 그대로 반영되기 때문이다. 일반적으로 주요 주무부서는 노동사회부, 경제부, 외교부 등이다. 이와 관련해 유럽위원회에서는 기업의 사회적 책임에 대한 체계적인 접근을 위한 총괄부서의 필요성을 강조하고 있다(Euroepan Commission, 2011: 14).

기업의 사회적 책임 관련된 정부조직의 구조는 크게 2가지로 구분해볼 수 있다. 첫 번째 유형은 기업의 사회적 책임 전담조직을 설치하는 경우이며, 두 번째 유형은 별도의 전담조직을 신설하지 않고 조정기구를 신설하는 경우이다.

마지막으로는 정부가 기업의 사회적 책임과 관련하여 활용할 수 있는 정책 수단의 유형을 구분해볼 수 있다. 이와 관련해 대부분의 국가에서는 기업의 사회적 책임에 대한 정부의 역할을 간접적인 지원, 촉진 및 장려로 제한하고 있으며, 법제도화를 통해 적극적으로 대응하고 있는 사례는 많지 않다. 지금까지는 스페인과 프랑스의 2가지 사례만이 알려져 있다. 스페인은 2010년 지속가능한 경제법(Sustainable Economy Law)을 제정하면서 기업의 사회적 책임 관련 조항을 부분적으로 제도화하였으며, 프랑스도 2009년 환경법(Grenelle de l'environnement)을 개정하면서 일부 기업의 사회적 책임 관련 조항을 첨가하였다. 이와 같이 외국 사례에서도 정부의 역할은 직접적인 것보다는 간접적인 것으로 제한되어 있다. 결국 정책 수단의 측면에서 기업의 사회적 책임과 관련된 국가의 유형은 제도화 수준과 규제에 대한 입장에 의해 구분된다.

이와 같이 앞에서 논의한 기업의 사회적 책임과 관련된 정부의 역할을 유형화하기 위한 기준을 단계별 접근의 형태로 구분하면 그림과 같은 형태가 된다(〈그림 5-3〉 참조). 첫 번째 단계는 정부가 사회적 합의를 토대로 기업의 사회적 책임을 국가의 전략적 의제로 설정하는 단계이다. 전략적 의제 설정을 위해서는 국가, 기업, 노동조합 및 시민사회와의 장기간에 걸친 논의와 협의가 전제된다. 기업의 사회적 책임의 전략적 의제화는 전략적 행위이며, 그 뒤에 구체적인 국가의 행동계획이 마련된다. 두 번째 단계는 전략적 의제와 행동계획을 실행하기 위한 정부의 담당조직을 설치하는 단계이다. 기존의 정부조직 내에 기업의 사회적 책임 부서를 설치하거나, 별도의 조직을 신설하

〈그림 5-3〉 국가의 공공정책 프레임워크

〈표 5-8〉 각국 기업의 사회적 책임 담당 조직 형태

<table>
<tr><th colspan="2">유형 1: 전담조직형</th><th colspan="2">유형 2: 조정기구형</th></tr>
<tr><td>영국</td><td>정부 CSR 정책 활동을 전담할 수 있도록 CSR 장관 임명(2008년 폐지)</td><td rowspan="2">프랑스</td><td rowspan="2">2009년 CSR 부서 간 조정위원회 설치</td></tr>
<tr><td>덴마크</td><td>2007년 CSR 센터 설립
(정책 조율 및 행동계획 실행)</td></tr>
<tr><td>스페인</td><td>2008년 CSR 국가위원회 설치
(노사민정)</td><td rowspan="2">벨기에</td><td rowspan="2">2005년 지속발전을 위한 부서 간 실무위원회(ICSD)</td></tr>
<tr><td>독일</td><td>2009년 전국 CSR 포럼 설치
(노사민정, 40명의 위원)</td></tr>
</table>

자료: European Commission, 2007 & 2011에서 필자 정리.

는 등 국가별 유형에 따라 상이하게 나타난다.

세 번째 단계는 기업이 자발적으로 또는 정부 정책에 따라 기업의 지속발전전략을 마련하는 단계이다. 이 단계는 기업 주도하에 이루어지며, 현재는 주로 대기업에서만 이루어지고 있다.[20]

네 번째 단계는 행동계획이 담당조직을 거쳐 공공정책으로 구체화되는 단계이다. 이 과정에서 정부는 주로 촉진자로서의 역할을 수행한다. 정부정책에 따른 기업에게 조세혜택을 제공하거나, 정부조달사업에의 접근성을 강화시켜주고, 기업의 사회적 평판에 영향을 미치는 다양한 평가 및 수상 등을 실시한다. 또한 기업의 사회적 책임 확산을 위한 광범위한 기업네트워크의 형성에 개입하기도 한다.

마지막으로 다섯 번째는 직접적인 규제와 관련된 정부의 역할이다. 즉 법제도를 통해 기업의 사회적 책임을 수행하지 않는 기업에게 직접적인 제재를 가하게 된다. 현재는 대부분 기업의 사회적 책임과 관련된 보고서 작성의 의무에 국한되어 있으며, 이러한 사례도 일부 국가에서만 시행되고 있다.

기업의 사회적 책임에 대한 각국 정부의 접근방식, 제도화 수준, 정책적 수단은 매우 다양하게 나타나고 있다. 우선 기업의 사회적 책임에 대한 각국 정부의 접근 방식은 기업에 대한 규제방식의 차이로 나타난다. 즉 덴마크, 스웨덴, 네덜란드, 오스트리아, 룩셈부르크와 같이 기업에 대한 규제를 강조하는 유형과, 호주, 영국, 미국 같이 기업에 대한 규제 자체를 반대하는 유형으로 크게 구분해볼 수 있다. 전자를 규제옹호론, 후자를 규제반대론이라고 칭할 수 있는데, 전자는 다시 직접 규제론과 간접 규제론으로 세분화된다.

---

20) 이 글은 기업의 사회적 책임과 정부의 역할을 분석하고 있기 때문에, 개별 기업의 접근과 사례에 대한 분석은 배제하였다.

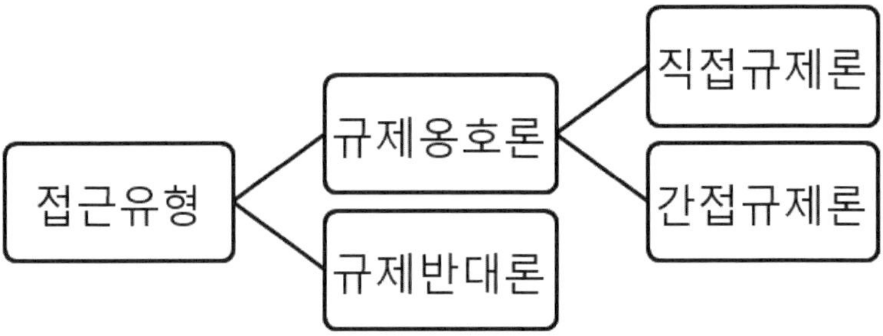

〈그림 5-4〉 기업의 사회적 책임에 대한 접근방식 유형 구분

기업에 대한 규제의 필요성을 강조하는 NGO 등 시민단체들은 기업의 사회적 책임 및 기업 내 인권과 관련된 입법적 규제를 강하게 주장하고 있으며, 일부 국가에서는 이러한 주장에 따라 실제로 일정 규모 이상 기업에 기업의 사회 및 환경보고서를 의무적으로 공표하도록 하고 있다. 대표적으로 북구 국가를 들 수 있다. 북구 국가의 경우, 비용외부화(cost externalisation) 문제를 해결하기 위해 적극적인 직접적 규제모델을 기업 인권 문제에 적용하고 있다.21)

규제옹호론 중 간접적 규제론은 "모범행위자로서의 정부"라는 정책모델과 깊은 관련이 있다. 정부가 직접적인 규제나 단순히 관행을 장려하는 수준에서 기업의 사회적 책임과 기업 인권을 다루는 것이 아니라, 정부 부처 및 산하 기관이 모범적으로 기업의 사회적 책임 및 기업 인권이 정착될 수 있도록 행동함으로써 기업이 이를 따라할

21) 호주는 규제반대론에 속하는 국가이지만, 내부적으로 규제의 필요성이 지속적으로 제기되고 있다. 호주의 경우, 민주당을 중심으로 기업의 행동규범법을 도입하려는 시도가 2000년에 있었으나, 보수당의 반대로 입법화되지 못했다. 그러나 이를 위한 입법화 시도가 꾸준히 계속되고 있다. 민주당이 제시한 기업의 행동규범 법안의 핵심내용은 100인 이상 규모인 기업이 역외 생산시설을 갖고 있는 경우에는 의무적으로 호주 당국에 인권 및 노동기본권, 환경 등과 관련된 보고를 해야 하는 것이다.

수 있도록 하는 것을 말한다. 동시에 정부사업과 관련된 조달 및 사업 참여 조건에 기업의 사회적 책임 및 기업 인권을 중요한 참여조건으로 제시함으로써 정부사업에 참여하는 주요 핵심기업이 실질적으로 기업의 사회적 책임과 기업 인권에 관심을 갖을 수 있는 환경을 조성하는 것 역시 "모범행위자로서의 정부" 접근에 중요하다고 할 수 있다. 따라서 이 접근에서는 민관파트너십(Private-Public Partnership)이 매우 중요한 의미를 갖는다.

반면 신자유주의가 강하게 나타나고 있는 영국의 경우에는 기업시민권(Corporate Citizenship)적 사회권을 법제도를 통해 강제로 규제하기보다는 비규제적 정책을 통해 기업의 사회적 책임 및 기업 내 인권에 접근하고 있다. 영국 및 호주와 같은 비규제적 정책 중심의 접근에서는 정책의 내용과 효과성 등 정부의 역할이 매우 중요하다고 할 수 있다. 영국의 경우, 기업의 사회적 책임 장관(Minister for Corporate Social Responsibility)을 내각에 별도로 두고 책임 있는 기업 관행을 정착시키려는 다양한 정책적 노력을 기울이고 있다. 이와 같이 영국은 제도를 통한 규제보다는 관행과 기업의 자율적 노력을 촉진하고 권장하는 비규제적 방식을 주로 활용하고 있다. 호주의 경우에도, 현재 비규제적 접근을 통해 기업의 사회적 책임과 기업 인권에 접근하고 있다. 대표적으로 호주 총리가 1999년에 제시한 공동체-기업 파트너십(Community Business Partnership) 자문위원회를 들 수 있다. 수상이 임명한 자들로 구성된 공동체-기업 파트너십 자문위원회가 기업의 사회적 책임과 기업 인권과 관련된 정책을 전문적으로 다루도록 함으로써 공동체에 대한 기업의 사회적 책임의식과 기입 인권을 강화할 수 있도록 하고 있다.

제4절 지자체의 역할

기업의 사회적 책임에 대한 논의는 최근 들어 기업과 사회와의 관계에 있어 국가가 공공정책을 통해 양자 사이의 관계를 보다 적극적으로 조정하고 개입할 필요성이 있다는 방향으로 전개되고 있다. 이러한 공공정책의 역할은 특히 거버넌스의 관점에서 새롭게 강조되고 있다.

기업의 사회적 책임과 관련된 공공정책은 일반적으로 세계은행에서 제시하고 있는 4가지 정책 유형에 따라 구분된다. 명령, 촉진, 협동, 보증의 4가지 공공정책의 유형은 기업이 사회적 책임을 수행하도록 하기 위한 국가의 역할을 정책적 측면에서 구분하고 있다. 특히 명령은 최소기준의 설정, 감시 및 감독, 제도화 등 규제를 통해 기업의 사회적 책임을 유도하는 대표적인 개입주의적 정책 유형이라고 할 수 있다. 현재 이와 관련된 대표적인 명령형 공공정책은 일정 규모 이상 기업에 대해 여성, 환경, 사회 문제에 대한 보고서 공표를 의무화하는 GRI 관련 규제를 들 수 있다.

기업의 사회적 책임과 관련된 정부의 역할을 유형화하기 위한 기준을 단계별 접근 형태로 구분하면 일반적으로 다섯 단계의 과정을 거쳐 거버넌스가 구축된다고 할 수 있다. 첫 번째 단계는 정부가 사회적 합의를 토대로 기업의 사회적 책임을 국가의 전략적 의제로 설정하는 단계이다. 전략적 의제 설정을 위해서는 국가, 기업, 노동조합 및 시민사회와의 장기간에 걸친 논의와 협의가 전제된다. 기업의 사회적 책임의 전략적 의제화는 전략적 행위이며, 그 뒤에 구체적인 국가의 행동계획이 마련된다. 두 번째 단계는 전략적 의제와 행동계획을 실행하기 위한 정부의 담당조직을 설치하는 단계이다. 기존의 정부조직 내에 기업의 사회적 책임 부서를 설치하거나, 별도의 조직을 신설하는 등 국가별 유형에 따라 상이하게 나타난다. 세 번째 단계는 기업이 자발적으로 또는 정부 정책에 따라 기업의 지속발전전략을 마련하는 단계이다. 이 단계는 기업 주도하에 이루어지며, 현재는 주로 대기업에서만 이루어지고 있다. 네 번째 단계는 행동계획이 담당조직을 거쳐 공공정책으로 구체화되는 단계이다. 이 과정에서 정부는 주로 촉진자로서의 역할을 수행한다. 정부정책에 따른 기업에게 조세혜택을 제공하거나, 정부조달 사업에의 접근성을 강화시켜주고, 기업의 사회적 평판에 영향을 미치는 다양한 평가 및 수상 등을 실시한다. 또한 기업의 사회적 책임 확산을 위한 광범위한 기업네트워크의 형성에 개입하기도 한다. 마지막으로 다섯 번째는 직접적인 규제와 관련된 정부의 역할이다. 즉 법제도를 통해 기업의 사회적 책임을 수행하지 않는 기업에게 직접적인 제재를 가하게 된다. 현재는 대부분 기업의 사회적 책임과 관련된 보고서 작성의 의무에 국한되어 있으며, 이러한 사례도 일부 국가에서만 시행되고 있다.

기업의 사회적 책임에 있어서 중앙정부의 공공정책이 갖는 중요성이 부각되고 있다. 그러나 다른 한편으로 지역사회를 대상으로 하는 공공정책의 담당자인 지방자치단체의 역할 역시 중요하다고 할 수 있다. 즉 거시(중앙정부)와 미시(기업) 수준을 연계하는 중범위 수준에서 지자체가 지역을 매개로 기업의 사회적 책임을 촉진 및 장려함으로써 지역순환경제 및 지역의 사회적 발전을 도모할 수 있다.

이러한 측면에서 기업의 사회적 책임과 관련된 지자체의 역할과 범위를 명확히 할 필요가 있다. 우선 기업의 사회적 책임을 촉진하기 위한 공공정책의 역할에 대한 논의가 주로 정부의 역할을 중심으로 논의되어 왔기 때문에, 거시적 차원에서 논의되는 중앙정부의 역할과 구분되는 독자적인 지자체의 역할과 범위를 설정할 필요성이 제기되기 때문이다. 두 번째로 중앙정부는 보편적이고 일반적인 수준에서 기업의 사회적 책임을 촉진하기 위한 공공정책을 기획하고 집행하지만, 지자체는 관할 지역사회에 위치한 기업을 대상으로 보다 구체적인 기업의 사회적 책임과 관련된 공공정책을 기획하고 집행할 수 있다. 보다 구체적으로, 기업의 사회적 책임을 촉진하기 위한 지자체의 역할, 범위 및 거버넌스를 명확히 하기 위해서는 앞에서 분석한 기업의 사회적 책임과 관련된 국제규범을 영역 및 분야별로 내용을 재구성해볼 필요가 있다.

UN 글로벌콤팩트는 인권, 노동, 환경, 반부패의 최소한의 영역을 포함하고 있으며, UN 기업과 인권은 포괄적인 국가의 역할을 제시하고 있다. 반면 GRI와 ISO26000은 소비자, 지역사회, 거버넌스 및 국가에 이르기까지 기업의 사회적 책임 영역을 이해관계자와 영향권을 바탕으로 확장시키고 있다.

대표적 국제규범 및 지침은 모두 기업의 사회적 책임과 관계가 있지만, 그 성격과 내용은 상이한 측면이 있다. 우선 가장 큰 차이는 UN 글로벌콤팩트, GRI은 기업이 자율적이고 지켜야 할 원칙과 지침을 제시하고 있음에 비해, UN 기업과 인권 프레임워크는 기업이 인권을 준수하도록 하기 위한 국가의 역할을 강조하고 있으며, ISO26000은 기업을 포함한 모든 형태의 조직이 지켜야 할 사회 책임을 지침의 형태로 구체화하고 있다는 점이다.

따라서 기업의 사회적 책임을 촉진하기 위한 지자체의 역할은 기본적으로 UN 기업과 인권 프레임워크에서 제시된 국가의 역할에 기초하여, ISO26000이 강조하는 조직거버넌스를 통해 UN 글로벌콤팩트, GRI 및 ISO26000가 포괄하고 있는 기업의 사회적 책임 영역이 개별 기업에게 적용될 수 있도록 하는 것이라고 할 수 있다.

이러한 논의로부터 기업의 사회적 책임을 촉진하기 위한 지자체의 역할을 크게 2가지 형태로 구분해 볼 수 있다. 첫 번째는 모범적 조직으로서의 사회적 책임 수행 역할이다. 즉 지자체가 사회적 책임을 수행해야 하는 하나의 조직으로서 ISO26000이 제시하고 있는 일반적 지침을 준수하는 것을 의미한다. 두 번째는 중앙정부와 함께 국가의 일부로서 공공정책을 통해 기업의 사회적 책임이 확산되고 정착할 수 있도록 하는 역할이다.

첫 번째 역할은 UN 글로벌콤팩트가 제시하는 10개 원칙을 기초로 ISO26000이 제시하는 7가지 핵심 주제와 37가지 이슈를 지자체 조직에 그대로 적용하고, 사회적 책임과 관련하여 수행한 지자체의 성과를 GRI G3.1 지표를 토대로 지속가능성 보고서를 작성함으로써 지자체의 사회적 책임을 모범적으로 실행하는 것이다.

두 번째 역할은 지자체가 자신이 관할하는 행정 및 정책적 관할 영역에서 공공정책을 통해 기업의 사회적 책임이 확산되고 정착될 수 있도록 하는 것이다. 보다 구체적으로는 지자체가 관할하는 행정구역 내에 위치한 기업 또는 지자체가 수행하는 사업에 참여하는 기업에게 사회적 책임의 실행을 촉진하기 위해 다양한 제도적, 정책적, 관계적 수단을 활용하여 기업이 사회적 책임에 대한 인식을 제고하고, 국제 기준에 따라 기업의 사회적 책임을 수행하고 내부화할 수 있도록 하는데 그 목적이 있다.

이를 위해 세계은행이 제시한 기업의 사회적 책임과 관련된 공공정책의 유형 분류를 구체적인 내용, 접근 유형, 활용 방식과 활용 내용, 관련된 사례를 중심으로 지자체의 역할, 범위, 활용 수단 등에 적

〈표 5-9〉 지자체 관련 CSR 국제규범의 주요 영역과 세부 내용

국제규범 영역	UN GC	GRI(G3.1)	UN 기업과 인권	ISO26000
출현 시기	2000	2002(2011)	2008	2010
지역사회	-	사회: 지역사회 SO1 노동 LA8 경제 EC6 EC7 EC8 EC9	-	6.8 지역사회참여발전 6.8.3 6.8.4 6.8.5 6.8.6 6.8.7 6.8.8 6.8.9
거버넌스	-	지배구조, 책임, 참여 4.1-4.17 경제 EC1 사회: 노동여건 및 관행 LA5, LA6, LA9, LA13	-	6.2 거버넌스 6.2.3
국가역할	-		II. 국가의 보호의무 II. A - D IV. 구제책에의 접근성 IV. A - E	3.4 국가와 사회책임

용하면 〈표 5-9〉와 같다.

첫 번째 유형인 명령은 법적 제도적 접근을 통해 기업에게 법적 및 경제적 제재를 가하는 방식으로 기업을 관리, 감독 및 규제하는 방식이라고 할 수 있다. 구체적으로 법제도를 통해 기업의 사회적 책임과 관련된 최소 기준을 설정하거나, 기업의 사회적 책임 활동을 중심으로 조세제도를 개편하여 특정 조세를 부과하여 사회책임 수행을 강제할 수도 있다. 또는 공공조달시장에 대한 접근성을 사회적 책임 실행 여부와 연계하여 통제하거나, 연기금과 같은 공적 기금의 사회

책임투자를 강화할 수도 있다. 현재 이러한 명령 유형과 관련하여 가장 보편적으로 사용되는 공공정책으로는 영국, 프랑스, 스웨덴 등에서 실시하고 있는 GRI 기준에 따라 상장기업에게 지속가능보고서의 제출을 의무화하는 CSR 보고 의무화정책을 들 수 있다.

두 번째로 촉진은 정책적 접근 유형이라고 할 수 있다. 기업에게 다양한 유인동기를 제공하고, 사회적 책임 수행과 관련된 정보를 제공하거나, 사회적 책임과 관련된 다양한 인증체계를 구축하여 기업이 자발적으로 사회적 책임을 수행할 수 있도록 지원하고 장려하는 공공정책 유형이다. 이미 많은 국가들에서 중앙정부가 기업의 사회적 책임과 관련된 가이드라인을 제시해주고 있으며, 특히 프랑스는 인증체계를 구축하여 기업들이 체계적으로 사회적 책임 활동을 수행할 수 있는 사회적 환경을 제공하고 있다.

세 번째 유형은 파트너십을 구축하는 관계적 접근 방식이다. 포럼, 지역네트워크, 민관파트너십, 이해관계자 네트워크 등 다양한 형태의 대화 및 협력 채널을 통해 기업의 사회적 책임이 정착될 수 있도록 관련된 이해관계자들의 역량을 강화하는 공공정책이라고 할 수 있다.

네 번째 유형은 기업대표들이 사회적 책임과 관련된 직접 참여할 수 있는 정책적 접근이다. 대표적으로 경진대회 등을 통해 모범 사례를 발굴하고, 해당 기업에게 포상함으로써 사회적 책임 활동을 확산시키는 공공정책이다.

UN 글로벌콤팩트는 인권, 노동, 환경, 반부패의 최소한의 영역을 포함하고 있으며, UN 기업과 인권은 포괄적인 국가의 역할을 제시하고 있다. 반면 GRI와 ISO26000은 소비자, 지역사회, 거버넌스 및 국가에 이르기까지 기업의 사회적 책임 영역을 이해관계자와 영향권을 바탕으로 확장시키고 있다.[22]

〈표 5-10〉 CSR 촉진을 위한 지자체 역할의 규범적 토대

대상	기업: UN GC, GRI, ISO26000
	지자체: ISO26000
거버넌스	ISO26000 (GRI)
역할	UN 기업과 인권 프레임워크

자료: ISO, 2010; GRI, 2011; Ruggie, 2008.

기업의 사회적 책임을 촉진하기 위한 지자체의 역할, 범위 및 거버넌스를 명확히 하기 위해서는 지자체 관련 CSR 국제규범을 영역 및 분야별로 내용을 재구성할 필요가 있다. 이를 위해 CSR 관련 국제규범의 다양한 항목 중에서 지역사회, 공공정책, 거버넌스 등과 관련된 항목을 영역과 세부내용으로 구분해보면 〈표 5-10〉과 같이 정리할 수 있다.

앞에서 언급한 4가지 대표적 국제규범 및 지침은 모두 기업의 사회적 책임과 관계가 있지만, 그 성격과 내용은 상이한 측면이 있다. 우선 가장 큰 차이는 UN 글로벌콤팩트, GRI는 기업이 자율적이고 지켜야 할 원칙과 지침을 제시하고 있음에 비해, UN 기업과 인권 프레임워크는 기업이 인권을 준수하도록 하기 위한 국가의 역할을 강조하고 있으며, ISO26000은 기업을 포함한 모든 형태의 조직이 지켜야할 사회 책임을 지침의 형태로 구체화하고 있다는 점이다.

따라서 기업의 사회적 책임을 촉진하기 위한 지자체의 역할은 기본적으로 UN 기업과 인권 프레임워크에서 제시된 국가의 역할에 기초하여, ISO26000이 강조하고 있는 조직거버넌스를 통해 UN 글로

22) ISO26000과 GRI는 국제적 표준지침과 사회적 검증체계로서 향후 더욱 그 상호 연계성이 강화될 것이다. 이미 2011년 G3의 개정판인 G3.1이 공표되는 과정에서 ISO26000의 내용이 부분적으로 반영되었으며, 2013년으로 예정된 G4에는 ISO26000의 내용이 전면적으로 반영될 것으로 보인다.

벌콤팩트, GRI 및 ISO26000가 포괄하고 있는 기업의 사회적 책임 영역이 개별 기업에게 적용될 수 있도록 하는 것이라고 할 수 있다 (〈표 5-10〉 참조).

CSR 관련 국제규범에 기초하여 지자체의 역할을 규범적으로 개념화하면, 지자체의 역할은 크게 모범적 조직으로서의 지자체와 공공정책을 통한 촉진자로서의 지자체라는 두 개의 역할로 구분된다. 모범적 조직으로서의 지자체는 내부 거버넌스를 통한 CSR 촉진을 의미한다. 예를 들어, GRI에서 제시하고 있는 사회적 책임 촉진 관련 성과지표를 지자체의 활동에 적용할 수 있다. 지자체의 공공투자 및 공공조달 관행에 기업의 사회적 책임과 관련된 신설하고, 이를 지자체 산하 공공기관 및 공기업이 준수하도록 하는 내부 거버넌스를 구축할 수 있다. 이러한 내부 거버넌스 구축의 규범적 토대가 표에서 제시하고 있는 ISO26000과 GRI라고 할 수 있다.

다른 한편으로 지자체의 정책권한을 통해 규제 이외의 방법으로 기업의 사회적 책임을 촉진하기 위한 대안적인 방식에는 외부 거버넌스를 통한 CSR 촉진을 들 수 있으며, 이는 공공정책을 통한 촉진자로서의 지자체에 해당된다. 구체적으로는 경제적 인센티브 부여, 자율규제, 지자체와 민간 사이의 자율협정 등이 포함될 수 있다. 경제적 인센티브를 부여하는 것에는 조세적용 차별화, 부담금 면제, 보조금 지급 또는 보상 등이 포함될 수 있다. 자율규제나 서울시와 민간 간의 자율협정의 경우 일정한 행동지침을 만들고 관련 기업들이 이를 자율적으로 지키도록 하는 것으로서 의사결정과정 참여, 상호 파트너십의 형성 등으로 나아갈 수 있다는 점에서 바람직할 수 있다. 이와 같이 지자체가 외부 거버넌스를 통한 CSR 촉진을 추진할 때 ISO 26000, GRI 및 UN 기업과 인권 프레임워크와 같은 국제규범이 규범적이고 제도적인 근거로 활용될 수 있다. 이와 같은 외부 거버넌스에서는 참여적 거버넌스의 구축을 통해 지역사회 내의 합의를 이끌어내고, 이를 통해 지자체가 CSR에 대한 지역기업의 자발적 참여를 촉진하고 유도하는 방식이라고 할 수 있다.

기업의 사회적 책임과 관련된 주요 개념인 영향권(sphere of influence)에서 지역사회는 기업을 공동체의 일원으로 보는 중요한 개념이다. 기업의 활동은 기본적으로 해당 기업이 소재한 지역사회의 경제, 사회, 환경문제 등에 직접적인 영향을 미치기 때문이다. 그렇다면, 지자체는 지역사회의 핵심 주체이자 정치적 단위로서 해당 지역의 기업이 지역공동체에 통합될 수 있도록 노력해야 할 책임 있는 주체로서 자신의 역할을 수행해야 할 것이다. 그러나 우리나라의 지자체는 지역경제활성화 차원에서 기업정책을 접근함으로서, 기업이 지역사회에 미치는 부정적 영향을 제대로 다루지 못해 왔다. 최근에는 사회적 기업에 대한 지원을 통해 사회서비스 분야의 일자리를 창출하거나 또는 공공조달 정책을 활용하여 에너지 절약형, 친환경 상품에 가산점을 주어 구매를 장려하는 정책이 실시되고 있지만, 이는 지방자치단체가 기업의 사회적 책임을 증진할 수 있는 정책의 일부에 불과하다고 할 수 있다.

워싱턴DC, 뉴욕시, 바르셀로나, 아이슬란드의 수도인 레이캬비크(Reykjavik)시 등의 경우, 지자체의 정책적 권한을 통해 기업이 노동권과 인권 등을 준수하고 촉진하도록 적극적인 역할을 하고 있다(한국정책학회, 2012). 이에 비해, 국내에서는 아직 기업의 사회책임을 증진하기 위한 지자체의 정책이 체계적으로 수립・실시되고 있지 않다. 기업활동이 영향이 지역사회의 주민의 삶의 질과 직접적으로 연관된다는 점에서 향후 지자체의 적극적인 역할 모색이 요구된다고 할 수 있다. 따라서 지자체가 가진 기업에 대한 행정적·재정적 권한을 분석하고 관련 민간단체와의 협력을 통하여 기업의 사회적 책임에 관한 새로운 거버넌스 모델을 만드는 것을 통해 사회공헌 활동에 머물러 있는 국내기업의 사회적 책임활동을 획기적으로 신장할 수 있는 계기를 마련할 수 있을 것이다.

따라서 기업의 사회적 책임에 대해 지자체의 공공정책이 갖는 중요성은 더욱 높아질 것으로 보인다. 공공정책의 주체로서 중앙정부와 지자체는 공공정책의 역할과 범위의 측면에서 구분된다고 할 수 있다. 보편적 제도와 규범의 설정이라는 거시적 측면에서는 중앙정부의 공공정책이, 지역에서의 기업의 사회적 책임 실천이라는 중범위 측면에서는 지자체의 공공정책이 보다 더 강조되고 있다.

기존에 중앙정부의 공공정책 중심으로 논의되어 왔던 기업의 사회적 책임은 이제 지역에서의 실천이라는 구체적 행위영역이 중요해짐에 따라 지자체의 바람직한 역할에 대한 적극적인 모색으로 논의가 확장될 필요가 있다. 앞에서 논의된 기업의 사회적 책임을 촉진하기 위한 지자체의 역할에 대한 논의를 토대로 정책적 함의를 도출하면 다음과 같다.

첫째, 지자체는 공공조달 시장에 대한 접근이라는 물질적 유인과 제도적 강제를 통해 기업의 사회적 책임 준수를 적극적으로 유도할 필요가 있다. 공공조달시장에 대한 제도적 강제는 한편으로는 사회적 책임을 강조하는 공공조달과 다른 한편으로는 환경을 강조하는 공공조달로 구분해 볼 수 있다. 장기적으로는 사회적 책임, 즉 인권, 노동, 소비자 등 사회적 가치 및 권한과 환경적 책임을 모두 동시에 기업에 요구할 수 있지만, 기업의 사회적 책임에 대한 인식이 낮은 현재의 우리나라 상황에서는 업종 및 조달계약, 위탁계약, 구매계약의 종류에 따라 사회적 책임 또는 환경 공공조달 기준을 선택적으로 적용하는 것부터 실시하는 것이 보다 현실적이라고 할 수 있다.

둘째, 지자체의 기업의 사회적 책임 확산을 위한 역할 범위를 명확히 설정할 필요가 있다. 지자제의 역할과 관련해서는 크게 포괄적 의미에서 내부 및 협력조직에 사회적 책임(SR)을 적용하는 내부적 역할과 지자체와 사업 관계에 있는 외부조직에게 사회적 책임(SR)을 준수하도록 하는 외부적 역할로 구분해 볼 수 있다. 내부 및 협력조직에 대해서는 사회적 책임 규정을 강화하거나 예산의 편성과 운영과정에 사회적 책임 규정을 적용함으로써, 외부조직은 주로 조달과 위탁 및 구매과정에 사회적 책임 조달 및 환경 조달을 위한 요건을 강화해야 할 것이다.

셋째, 규제주의적 접근은 기업의 사회적 책임을 강제할 수 있는 거버넌스의 구축이 전제되지 않으면, 실제적인 실효성을 갖기 힘들다. 즉 기업이 사회적 책임을 실제로 수행하고 있는지를 감시 및 감독할 수 있는 지역 거버넌스가 이해관계자를 중심으로 구축되어야만 한다. 지역 거버넌스는 기업의 사회적 책임과 관련된 지역 내 이해관계자가 기업의 사회적 책임에 대한 공통의 이해를 토대로 다양한 촉진활동을 수행할 수 있는 기본 단위로서의 의미를 갖는다.

넷째, CSR 지역거버넌스를 중심으로 기업의 사회적 책임을 촉진할 수 있는 지역네트워크를 구축할 필요가 있다. 지역네트워크는 지역 내 주요 기업네트워크, 민관협동 네트워크, 사회적 대화 채널 등 다양한 형태가 가능할 것이다. 지역네트워크는 일종의 자율주의적 접근이라고 할 수 있다. 지역 단위의 이해관계자가 기업의 사회적 책임과 관련된 다양한 교육, 홍보 및 연구조사 등을 실시하고 확산시킬 수 있는 자율적 단위가 만들어져야 한다.

다섯째, 이러한 지자체의 역할 수행을 위해서는 앞에서 언급한 지역 거버넌스뿐만 아니라 지자체 자체의 내부거버넌스 역시 중요하다. 각 부서별 및 업부별로 분산된 기업의 사회적 책임 관련 정책 및 사업을 총괄할 수 있는 서울시 내부 거버넌스를 구축할 필요가 있다. 내부 거버넌스는 별도의 실 또는 국과 같은 부서의 설치나 기존 부서 간 조정위원회를 통해서도 가능할 것이다.

여섯째, 기업의 사회적 책임과 관련된 조례를 마련할 필요가 있다. 중앙정부의 공공정책과 마찬가지로 지자체의 공공정책도 명확한 법제도적 근거를 가지고 실시될 필요가 있다. 특히 공공조달시장에 대한 접근성이나 지역거버넌스의 구축 및 활동은 지역의 사회적 책임과 관련된 지자체 조례 규정에 기초함으로써 사회적 정당성을 확보할 수 있다. 이러한 측면에서 사회적 책임과 관련된 지자체의 각종 관련 조례를 사회적 책임 통합 조례로 체계화할 필요가 있다.

일곱째, 지자체의 중요한 역할 중의 하나는 공공조달과 관련된 인증체계의 구축이다. 특히 조달 물품 대상에 사회적 책임 인증이나 환경인증을 포함시킴으로써, 기업들이 생산활동과 사회적 책임활동을 결합시킬 수 있도록 해야 한다. 특히 물품구매와 관련해서는 추상적 기준을 제시하기 보다는 지자체에서 주로 사용하는 구매품목별로 사회적 책임 또는 환경기준에 적합한 기업과 품명을 적시한 품목리스트를 작성하여 활용해야 할 것이다. 이러한 측면에서 명확한 기준 및 인증체계는 물품구매를 통한 사회적 책임 확산에 매우 중요하다고 할 수 있다.

‖ 제 6 장 ‖

국가별 기업의 사회적 책임 정책 사례

제6장 국가별 기업의 사회적 책임 정책 사례

기업의 사회적 책임과 관련된 개별 국가의 사례를 분석하기 위해, 앞에서 제시된 국가의 공공정책 프레임워크를 기준으로 개별 국가의 사례를 분석하도록 하겠다. 분석의 대상이 되는 국가 사례로는 규제주의적 접근을 강조하고 있는 서유럽 및 북유럽 국가인 덴마크, 독일, 프랑스와 자율주의적 접근을 강조하는 영미형 국가 중에서 대표적인 사례라고 할 수 있는 영국을 분석한다.

이 책에서 분석하는 국가는 모두 유럽 국가들이다. 개별 국가의 기업의 사회적 책임에 대한 접근이 역사적, 문화적, 경제적, 사회적 특성에 따라 상당한 차이를 보이지만, 그럼에도 불구하고 일정한 기준에 기초한 비교 분석이 의미를 가질 수 있는 이유는 유럽 통합 이후 유럽연합의 사회 및 경제정책이 개별 국가의 정책을 최소기준의 수준에서 통합시켜가고 있기 때문이다. 페어브라스는 기업의 사회적 책임에서 나타나는 이러한 개별 국가의 수렴 현상을 정책이전(Policy Transfer)의 틀로 분석하고 있다(Fairbrass, 2008: 11). 즉 규제적 모델과 자율적 모델 상호간에 부분적인 수렴 현상이 발생하고 있다. 따라서 이 글에서는 비록 유럽연합 차원의 기업의 사회적 책임에 대한 접근을 직접 분석하지는 않지만, 이러한 경향을 반영하여 기업의 사회적 책임에 대한 규제적 모델과 자율적 모델에 동일한 기준을 적용하여 분석하고자 한다. 그 기준은 다음과 같다.

첫째, 개별 국가가 기업의 사회적 책임과 관련된 국가의 전략적 프레임워크를 갖고 있는지, 갖고 있다면 그 형태와 내용은 어떤 것인지, 둘째, 개별 국가가 기업의 사회적 책임을 담당하는 조직 체계를 어떻게 마련해 놓고 있는지, 셋째, 기업의 사회적 책임을 정착시키기 위해 실시하고 있는 공공정책의 내용은 무엇인지, 넷째, 관련 법제도는 어떤 것들이 있는지 등으로 구분하여 서술하고자 한다. 대상 국가는 규제주의적 접근을 강조하고 있는 서유럽 및 북유럽 국가와 자율주의적 접근을 강조하는 영미형 국가 중 대표적인 사례를 선별하여 분석한다.

제1절 유럽 국가 사례

1. 덴마크: 전략적 민관파트너십

1) 행동계획 및 전략

덴마크는 강한 조합주의적 전통에 기초하여 기업의 사회적 책임에 체계적으로 접근하고 있는 대표적인 국가이다. 덴마크의 접근이 갖는 특징은 크게 두 가지인데, 첫 번째는 기업의 사회적 책임을 기업의 성장과 경쟁력 확보에 중요한 핵심 요인이라는 측면에서 전략적으로 접근한다는 사실이며, 두 번째는 노사정 삼자주의에 입각한 민관

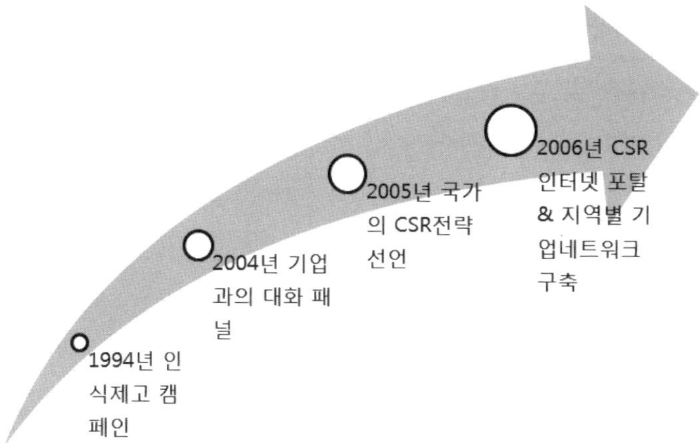

〈그림 6-1〉 덴마크의 CSR 국가전략 선언 과정

파트너십에 기초하여 기업의 사회적 책임에 접근한다는 사실이다.

덴마크 정부는 2005년 11월 경제발전을 위한 핵심 전략의 하나로 기업의 사회적 책임을 포함시켰다. 즉 기업의 사회적 책임을 혁신과 마찬가지로 중요한 경제적 가치로 선언한 것이다. 기업의 사회적 책임에 관한 이러한 거시적 접근은 1994년부터 기업의 사회적 책임을 정착시키기 위해 광범위한 사회적 논의를 확장시켜 온 덴마크 정부의 노력의 일환이라고 볼 수 있다. 1994년 정부에 의해 시작된 기업의 책임에 관한 광범위한 캠페인은 2004년 기업과 정부 사이에 효율적 커뮤니케이션과 인식의 공유를 위한 인터넷 패널 구성에 이르게 되고, 이를 통해 2005년 기업의 사회적 책임을 국가의 전략적 핵심 과제의 하나로 선포할 수 있었다. 약 6회에 걸쳐 개최된 인터넷 패널에 참여한 기업은 6,000여 개에 이르며, 이 중 1,200여 개의 기업이 기업의 사회적 책임을 실현하기 위한 지역별 기업 네트워크를 구축하여 자체적인 활동을 수행하고 있다. 이러한 과정은 〈그림 6-1〉과 같이 정리해볼 수 있다(http://www.mst.dk).

2) 담당조직

덴마크 정부에서 기업의 사회적 책임과 관련된 주제는 크게 고용부와 환경부에서 담당하고 있다. 사회적 차별에 관한 문제는 주로 고용부가 담당해왔다. 또한 덴마크는 전통적으로 환경문제에 각별한 관심을 가져 왔기 때문에 환경과 기업의 사회적 책임을 정책적으로 연계시키려는 노력이 환경부를 중심으로 활발하게 이루어져 왔다(http://www.oem.dk).

따라서 덴마크에서 기업의 사회적 책임에 대해서는 기본적으로 주

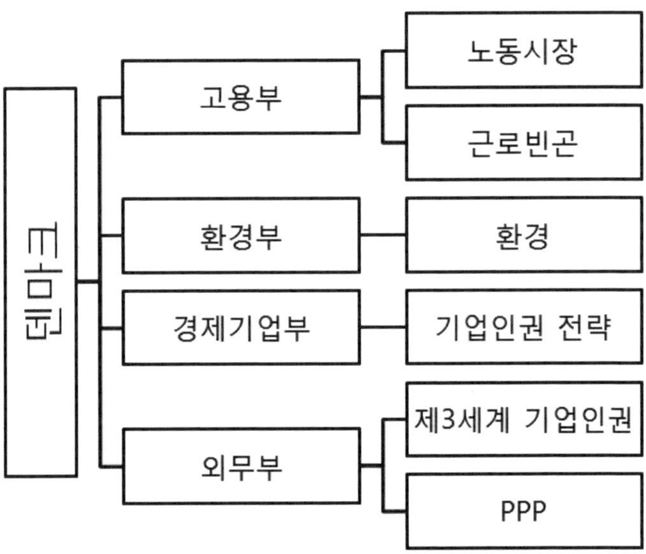

〈그림 6-2〉 덴마크의 기업의 사회적 책임 관계 부처 및 사업

무부서로 고용부와 환경부가 중심이 되어 다루어지고 있다. 고용부(Ministry of Employment)는 폭넓은 적극적 노동시장정책을 통한 사회통합의 차원에서 기업의 사회적 책임을 다루며, 환경부(Ministry of Environment)는 환경문제에 대한 규범과 제도를 기업의 사회적 책임에 통합시키는 작업을 진행시키고 있다.

3) 공공정책

덴마크 정부가 2005년 11월 기업의 사회적 책임을 국가의 전략적 과제로 선언한 이후 다양한 공공정책이 실시되고 있다. 기업의 사회적 책임과 관련된 덴마크 정부의 공공정책은 크게 세 가지로 구분해 볼 수 있다(Euroepan Commission, 2007). 첫 번째는 기업의 사회적 책임에 관한 인식제고를 위한 정책, 두 번째는 기업의 사회적 책임 활동에 관한 보고 의무, 세 번째는 국가와 기업 연계를 통한 민관파트너십 사업이다.

우선 인식제고를 위한 공공정책은 환경, 노동, 기업활동과 관련된

〈표 6-1〉 덴마크 기업인권 관련 공공정책

활동 영역	부처 및 기관	공공정책의 내용
정보제공	사회조사연구소	기업의 사회적 책임 관련 백서 발간
정보제공	환경보호위원회	환경관리 가이드라인 데이터베이스 구축
교육	경제기업부	기업 CSR 교육
교육	상공회의소	중소기업 CSR 교육
컨설팅	인권센터	인권영향평가 도구 개발 및 보급
컨설팅	경제기업부 경영자총연맹 인권연구소	기업의 사회적 책임 지도(CSR Compass) 개발 및 보급

각 부처가 각각 자율적으로 실시하고 있다. 인식제고를 위한 공공정책으로는 크게 캠페인, 교육, 정보 제공, 시행 네트워크의 구축 지원 등을 들 수 있다.

기업의 사회적 책임은 서구 유럽에서도 새롭게 등장한 사회적 의제이다. 따라서 관련 이해당사자들이 기업의 사회적 책임을 명확하게 인식할 수 있는 기본적인 정보 제공이 중요하다. 이러한 점에서 덴마크 정부는 이해당사자들이 기업의 사회적 책임을 올바르게 이해하고 준비할 수 있는 핵심적 정보와 도구들을 제공하고 있다.

정보제공과 관련된 공공정책으로는 덴마크 사회조사연구소에서 매년 발간하는 사회적 책임 백서가 있다. 사회조사연구소에서는 백서를 통해 기업의 사회적 책임 활동과 고용 관련 노동인권 현황에 대한 정보를 제공하고 있다.

교육과 관련해서는 경제기업부와 상공회의소에서 각각 중소기업에게 기업의 사회적 책임에 대한 인식을 제고하기 위한 지원교육을 실시하고 있다.[1)] 덴마크 상공회의소에서는 중소기업에 대한 기업의 사회적 책임 교육을 위한 별도의 교육 프로그램을 개발하여 제공하고 있으며, 경제기업부에서는 〈인간과 이윤〉 프로젝트를 통해 약 12,000여 명의 중소기업 관계자들에 대한 폭넓은 교육을 실시하였다.

이러한 교육의 효과가 기업 현장에서 실제로 활용될 수 있도록 하기 위한 공공정책으로 덴마크의 환경보호위원회와 경제기업부는 환

---

1) 덴마크 상공회의소에서는 중소기업에 대한 기업의 사회적 책임 교육을 위한 별도의 교육 프로그램을 개발하여 제공하고 있으며, 경제기업부에서는 〈인간과 이윤〉 프로젝트를 통해 약 12,000여 명의 중소기업 관계자들에 대한 폭넓은 교육을 실시하였다. 이러한 교육의 효과가 기업 현장에서 실제로 활용될 수 있도록 하기 위한 공공정책으로 덴마크의 환경보호위원회와 경제기업부는 환경 및 기업의 사회적 책임 지도를 개발하여 배포하였다.

경 및 기업의 사회적 책임 지도를 개발하여 배포하였다. 덴마크 환경보호위원회(Danish Environmental Protection Agency)는 환경관리 가이드라인 데이터베이스를 구축하여 기업들을 지원하였고, 경제기업부는 사용자 및 인권연구소와 공동으로 기업경영 활동 영역에서 기업이 참고할 수 있는 가이드라인을 제시해주고 있다. 더 나아가 정부 차원에서 인권센터와 공동으로 인권영향평가(Human Rights Impact Assessment) 도구를 개발하였다. 인권영향평가 도구는 기업이 스스로 자신들의 비인권적 관행을 측정하고 이를 토대로 기업 활동을 개선해나갈 수 있도록 설계되었다.

또한 덴마크 정부의 대표적인 공공정책으로는 민관파트너십 사업을 들 수 있다. 민관파트너십 사업은 크게 외무부를 중심으로 한 다국적기업의 사회적 책임을 위한 컨설팅사업과 일자리 창출을 위한 노사민정 파트너십으로 구분해볼 수 있다. 중앙고용위원회를 중심으로 한 중앙단위 민관파트너십과 지자체 노사민정 공동위원회를 통한 지역단위 민관파트너십을 병렬적으로 구성해 운영함으로써 일자리 창출에 있어서 기업의 책무를 구체적인 사업과 연계시키고 있다.

마지막으로 기업의 사회적 책임과 기업인권을 정착시키기 위한 핵심적 공공정책으로 공공조달과의 연계 정책을 들 수 있다. 덴마크는 기업의 사회적 책임을 성실하게 수행하는 기업에게 공공조달 시장에 우선적으로 접근할 수 있는 특권을 부여함으로써 기업의 사회적 책임이 도덕적인 측면뿐만 아니라 경제적인 측면에서도 기업에게 도움이 될 수 있도록 하고 있다.

4) 법제도

기업의 사회적 책임과 관련된 정부의 전략적 접근과 공공정책적 접근이 성공적으로 정착될 수 있기 위해서는 존 러기가 기업과 인권 프레임워크에서 제시한 바와 같이 기업인권에 대한 보호와 더불어 기업인권의 침해에 대한 구제가 제도적으로 보장되어 있어야 한다. 덴마크에서는 기업의 사회적 책임과 관련된 정부의 보호 및 구제 역할이 안정적으로 이루어질 수 있도록 다양한 법제도를 갖추어 가고 있다(European Commission, 2007: 19-20).

이와 관련하여 가장 중요한 법제도로는 2001년 개정된 연차보고법(Annual Accounts Act)과 공공조달 시장에 접근과 관련된 법률안을 들 수 있다. 연차보고법은 기업들로 하여금 기업의 사회적 책임과 환경 문제에 대한 보고의무를 규정하고 있다. 연차보고법은 1995년 입법화된 환경오염 관련 의무 보고 규정을 일반화한 법제도라고 할 수 있다. 250인 이상 규모의 기업 또는 매출액 기준으로 23.8배만 크로네 이상의 매출 실적을 갖고 있는 기업은 환경문제에 대해 최고경영진이 직접 입장을 표명하도록 규정하고 있다.

보고의무제도와 더불어 덴마크는 기업의 사회적 책임 인증제도를 실시하고 있다. 독립적 인증기관을 통해 〈사회지표〉에서 60점 이상을 획득한 기업에 대해 우수인증표시인 〈S〉를 3년간 사용할 수 있게 함으로써 기업의 기업인권 준수활동이 시장에서 인정받을 수 있도록 하고 있다.

또한 보다 직접적으로 2001년 덴마크 의회는 기업의 사회적 책임 우수기업에게 공공조달 시장에의 접근성을 용이하게 해주는 특권을 제공하는 법률안을 통과시킴으로써 기업의 사회적 책임과 기업의 시장 성과를 연계시키는 제도적 토대를 마련했다.

이 외에도 일자리 창출에 대한 기업의 사회적 책임을 강조하는 〈사회문제에 있어서 법적 보호 및 관리에 관한 법률〉을 들 수 있는데, 1999년에 제정된 동법은 예방적 노동시장 정책에 있어서 기업의 의무를 강조하고 있다.

2. 독일: 분권적 조합주의

1) 행동계획 및 전략

독일은 최근까지 기업의 사회적 책임에 대한 국가적 차원의 전략이나 행동계획을 별도로 구축해 놓고 있지는 않았다. 그러나 유럽의 경제대국이자 거대 다국적기업이 대거 다수 소재에 있기 때문에 기업의 사회적 책임, 특히 다국적기업과 관련하여 중요한 역할을 수행해 왔기 때문에, 국가 차원의 행동계획의 필요성이 높아져 왔다.

그간 독일 정부는 정부 차원에서 적극적으로 UN의 글로벌 콤팩트나 〈인권과 기업에 대한 국제적 보호〉 공동선언 등 기업인권 관련 선언에 참여하고 있다. 이러한 활동을 토대로 2010년 독일 연방정부는 '10.10.06 법적 제도를 초월하는 국가참여 전략과 함께 기업의 사회적 책임 확대를 위한 국가 차원의 "CSR Action plan"'을 도입하기로 결정하였다.

국가의 기업의 사회적 책임 참여를 위한 전략적 목표는 기업의 자발성과 시민사회의 활성화를 도모하며, 이를 위해 국가는 기업의 사회적 책임을 위한 주변 환경조건을 개선하는 것으로 설정하였다 (Bundesministerium für Arbeit und Soziales, 2010).[2] 보다 구체적인 세

〈표 6-2〉 독일 CSR Action Plan 2010 전략목표

전략목표	추진목표
• 연방/주/지자체 간의 업무 조정 • 재단 및 시민 참여 활동의 기업 연계 • 자발적 활동에 대한 인정 강화 • 자발적 활동 관련 조건 개선	• 기업과 공공기관의 사회적 책임 정착 • CSR 관련 중소기업의 참여 확대 • CSR 활동의 가시화 및 신뢰성 고취

자료: Bundesministerium für Arbeit und Soziales. 2010.

부 추진 목표는 인식제고, 중소기업 참여, 지표화로 제시되고 있다.

2) 담당조직

독일은 국제적인 가이드라인을 국내에 적용하기 위한 다양한 노력을 하고 있다. 독일에서 기업의 사회적 책임과 관련된 정책 부서로는 환경부, 교육부, 노동부 등을 들 수 있다. 환경부와 노동부가 각각 환경과 고용분야에서 기업의 사회적 책임을 장려하고 촉진하는 다양한 사업을 수행하고 있다. 또한 이를 뒷받침할 수 있는 과학적 조사 및 연구업무를 교육부가 수행하고 있어, 각 부처 간의 역할 분담이 명확하다고 할 수 있다.

부서 간의 역할 분담이 명확하지만, 기업의 사회적 책임의 대표적 영역 중 하나인 노동 부문에서는 노동조합과 종업원평의회가 산별기준협약을 통해 기업의 사회적 책임을 주도적으로 추동해나가고 있기 때문에,[3] 또 다른 주요 영역인 환경과 관련된 기업의 사회적 책임에

2) 독일 정부가 제시하고 있는 행동계획에서 보이는 가장 큰 특징은 중소기업의 사회적 책임 확산을 강조하고 있다는 점이다(Bundesministerium für Arbeit und Soziales, 2010). 그 이유로는 독일 대기업의 경우, 노동조합이 중심이 된 국제기준협약을 통해 기업의 사회적 책임에 대한 사회적 압력이 강하게 작용하고 있는 반면, 중소기업은 기업의 사회적 책임 논의에서 벗어나 있기 때문이라고 할 수 있다.

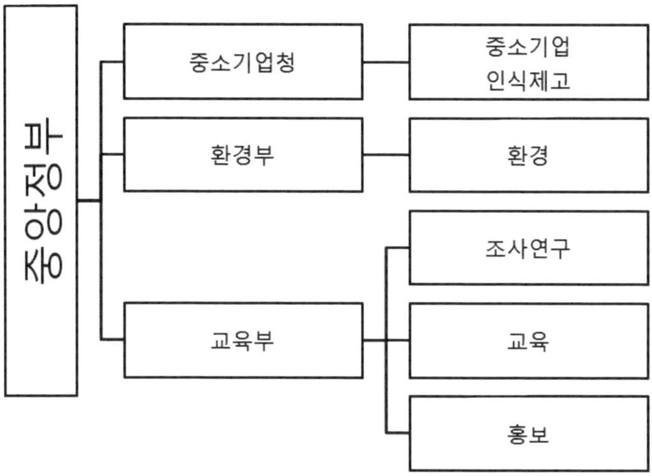

〈그림 6-3〉 독일 기업의 사회적 책임 관련 정부 기관

정부가 적극적으로 나서고 있다. 따라서 특히 기업의 사회적 책임과 관련된 정부의 역할은 지속가능한 성장과 관련된 환경부의 역할이 두드러지고 있다(Filho & Pawlak, 2009: 64).[4)]

독일은 정부 부처의 각 기관이 개별적으로 기업의 사회적 책임과 관련된 정책들을 시행함과 동시에, 산업표준과 관련된 규제기준을 설정하는 산업표준화기구를 적극적으로 활용하고 있다. 즉 기업의 사회적 표준과 관련된 가이드라인은 산업표준화기구에서 마련하고, 이를 홍보와 교육을 통해 기업들에게 확산시키는 역할은 정부 각 부처가 나누어 수행하는 방식의 구조를 갖고 있다(European Commission, 2007).

---

3) 국제기준협약을 통한 다국적기업의 사회적 책임에 대한 노동조합 및 종업원평의회의 역할에 대해서는 이승협의 글 참조(이승협, 2009).

4) 이러한 측면에서 독일에서 정부의 역할은 기업의 사회적 책임보다는 기업의 지속가능성장에 더 초점이 맞추어져 있다고 볼 수 있다.

현재 독일의 산업표준화기구인 독일표준화연구소(DIN)에서 기업인권과 관련해 제정해 놓은 산업표준은 크게 환경과 기업의 사회적 책임의 두 영역이다. 환경보호원칙에 관한 표준화위원회(NAGUS)는 환경상표, 환경관리, 친환경상품 등에 있어서 독일 산업표준을 설정하여 사실상의 규제 기준으로 활용하고 있다. 환경보호원칙에 관한 표준화위원회는 기업, 학계, 환경단체, 환경당국, 소비자연합, 노동조합, 전문가그룹 등으로 구성되어 있다. 이러한 연장선 위에서 독일 연방정부는 기업의 사회적 책임 및 기업 인권과 관련된 투명성을 높이기 위해 ISO26000 표준화 과정에 적극적으로 개입해왔다.

3) 공공정책

독일의 기업의 사회적 책임 지원정책의 특징은 개별 기업에 대한 직접적 지원보다는 보다 근본적인 경제적 구조개편의 전략하에서 정책이 수립되고 지원된다는 점이다. 즉 예를 들어 지역경제구조 개편을 위한 연방정부와 주정부 공동사업을 수행하면서 지역경제를 새로운 지속가능한 발전모델에 입각한 혁신전략에 참여하는 기업들에 대해 집중적인 지원을 해준다(Filho & Pawlak, 2009: 65). 이러한 의미에서 중앙정부보다는 지방정부의 역할이 더욱 강조되고 있다. 이 과정은 생태적 기술혁신–평생학습–일자리 창출의 연계 창출과 밀접히 관련되어 있다.

인식제고를 위한 공공정책으로는 〈공정함은 좋은 느낌을 준다(Fair Feels Good)〉 캠페인 사업을 들 수 있다. 기업의 사회적 책임에 대한 공중의 인식을 제고하기 위한 전국 캠페인 사업인 〈공정함은 좋은 느낌을 준다(Fair Feels Good)〉은 50여 개의 공공프로그램으로 구성된

대규모 프로젝트로 진행되었다. 여기에 소요된 재정만 약 770만 유로로 막대한 재정이 투여되었다.5)

교육부는 우수기업 방문 사업과 더불어 〈새로운 노동세계에서의 혁신을 위한 잠재력〉이라는 연구조사 프로그램을 실시하여, 생태적 기술혁신이라는 새로운 개념을 제시하고, 이를 통해 기업이 환경친화적 기술혁신을 통해 성장동력을 만들어가야 한다고 가이드라인을 제시했다. 생태적 기술, 평생학습, 역량개발을 연계함으로써 기업 경쟁력과 지속가능한 발전을 기업의 사회적 책임을 통해 확보하겠다는 장기적 전략을 설정한 것이다.

두 번째로는 기업의 사회적 책임을 촉진하기 위한 다양한 민관파트너십 사업 역시 기업인권 관련 공공정책의 중요한 영역이다. 기업의 사회적 책임 영역에 민간기업이 자발적으로 참여할 수 있도록 하기 위해 다양한 정책프로그램에 민간기업을 참여시키고 있다. 대표적으로 제3세계에 대한 다국적기업의 책임성이라는 측면에서 독일 자동차기업과 공동으로 전개한 에이즈 퇴치 프로그램을 들 수 있다. 이와 같이 1999년부터 2007년까지 약 1,650여 개의 민관파트너십 사업이 8조 2천억 유로 규모로 실시되어왔다.

보다 직접적인 공공정책으로는 직접적인 인센티브 제공정책을 들 수 있다. 기업의 사회적 책임과 관련된 모범 사례를 발굴하고, 이를 확산시키기 위해 연방 수상의 후원 아래 맥킨지와 같은 일부 기업이

5) 또 다른 대표적인 인식제고 프로그램으로는 교육부는 우수기업 방문 사업과 더불어 〈새로운 노동세계에서의 혁신을 위한 잠재력〉이라는 연구조사 프로그램을 들 수 있다. 생태적 기술혁신이라는 새로운 개념을 제시하고, 이를 통해 기업이 환경친화적 기술혁신을 통해 성장동력을 만들어가야 한다고 가이드라인을 제시했다. 생태적 기술, 평생학습, 역량개발을 연계함으로써 기업 경쟁력과 지속가능한 발전을 기업의 사회적 책임을 통해 확보하겠다는 장기적 전략을 설정한 것이다.

주도해 기업의 사회적 책임과 관련된 다양한 아이디어와 프로젝트를 경연하는 프로그램이 〈사회적 출발(Startsocial)〉이라는 이름으로 실시되고 있다.

〈사회적 출발〉 프로그램은 일종의 경시대회로서, 경연 참가 기업에 대해서는 전문컨설팅, 상금 및 전국 홍보와 같은 인센티브가 주어진다. 또한 독일경영자총연맹도 이와 유사하게 경제주간지인 주간경제(Wirtschaftswoche)와 공동으로 연방대통령 후원하에 "자유와 책임"이라는 경시대회를 개최하고 있다. 이 경시대회는 중소기업과 대기업 부문으로 구분되어 실시되는데, 사업체 직무교육, 직업훈련, 청년노동, 일과 생활의 조화, 소수자 통합, 기업과 생태의 연계 등 기업인권의 핵심 영역으로 구분되어 경연이 진행된다.

4) 법제도

기업의 사회적 책임에 대한 독일의 접근방식이 갖는 특징은 법제도를 통한 직접적 규제 방식보다는 사회적 조합주의에 입각하여 정부, 경영계, 노동계, 시민사회가 참여하는 사회적 대화를 통해 규범화된 가이드라인을 만들어내고, 이를 경제단체와 노동조합을 통해 강제하는 간접적 규제 방식이 주로 사용되고 있다는 점이다.

이와 같은 방식은 기업의 사회적 책임에 대한 사회적 공감대가 형성되어 있고, 사회적 대화를 통해 합리적 전략과 정책 방향을 합의해낼 수 있는 조합주의 전통이 존재하는 사회에서 가능한 방식이라고 할 수 있다.

3. 프랑스: 정부주도형 규제주의

1) 행동계획 및 전략

프랑스는 강한 국가의 규제주의적 전통을 갖고 있다. 이러한 전통은 기업의 사회적 책임에 있어서도 강력한 정부 역할로 나타나고 있다(Antal & Sobczak, 2007: 13-14).[6] 강력한 정부의 역할은 정책과 규제로 나타날 수밖에 없기 때문에, 프랑스에서 기업의 사회적 책임에 대한 논의는 초기부터 정부의 역할과 규제에 대한 관심이 높았다.[7] 따라서 프랑스는 특히 기업의 사회적 책임에 대한 대표적인 규제주의적 사례로 알려지고 있다(Fairbrass, 2008: 9). 프랑스는 이미 1977년과 2001년 입법을 통해 기업의 사회적 책임 보고서 발행을 의무화한 바 있다.[8]

---

6) 프랑스에서는 기업의 사회적 책임에서 책임(Responsibility)이란 단어가 앵글로색슨 국가에서와는 달리 법적 의무(Liability)에 가까운 의미로 받아들여지고 있으며, 사회(Social)이란 단어도 앵글로 색슨 국가에서는 사회(Society 또는 Community)로 받아들여지고 있지만, 프랑스를 포함한 유럽의 사회적 조합주의 국가에서는 노동과 복지(Labor & Welfare)라는 내부 행위자와 관련 있는 것으로 받아들이고 있다(Antal & Sobczak, 2007: 12). 기업과 사회에 대한 이러한 인식, 즉 기업의 사회적 배태성을 강조하는 사회경제적 전통으로 인해 프랑스에서는 기업의 사회적 책임보다는 기업시민권(Corporate Citizenship)이라는 용어를 더 선호한다. 최근 들어서는 영어권 국가에서도 기업의 사회적 책임을 법제도적 책임이라는 의미에서 책무(Accountability)로 구별해서 사용하기도 한다.

7) 이로 인해 프랑스에서는 기업의 사회적 책임과 법적 의무(Legal Liability)를 구분해야 한다는 주장도 제기되고 있다.

8) 1977년에 "사회보고서(bilan social)" 입법을 통해 고용, 임금, 산업안전보건, 교육훈련, 근로기준, 노사관계 등과 관련된 123개 항목 및 지표를 노동자평의회와의 협의를 거쳐 의무적으로 공표하도록 하였으며, 2001년에는 법개정을 통해 보고 내용을 모든 상장회사는 연간보고서에 사회 및 환경에 관련된 사항을 수록하여 제출하도록 의무화하였다(Antal & Sobczak, 2007: 15-16).

프랑스는 2003년 지속가능발전을 위한 국가 전략을 마련하였다. 프랑스는 유럽통합의 틀 내에서 프랑스의 지속가능발전 전략을 만들어 가고 있다. 독일의 경우, 기업의 사회적 책임과 관련된 개별 국가 전략을 수립하지 않고, 유럽의 사회정책 틀 내에서 기업의 사회적 책임과 기업인권 정책을 실시하고 있다.

프랑스는 독일과 마찬가지로 유럽의 사회정책을 따라가지만 내부적으로 지속가능발전 전략을 국가 전략의 차원에서 명확히 하고 있다는 차이점이 있다. 즉 프랑스에서 기업의 사회적 책임은 2003년 마련된 지속가능 발전을 위한 국가 전략의 중요한 하위요소로 다루어지고 있다.

지속가능한 발전의 틀 내에서 추구되는 프랑스의 기업의 사회적 책임 전략은 크게 기업의 자발성과 국가의 규제라는 두 가지 특징을 갖고 있다. 모든 기업이 자발적으로 참여하는 지속가능한 발전과 중소기업이 개별 기업적 차원에서 효과적으로 지속가능한 발전에 적응해갈 수 있도록 지원하는 것이다.

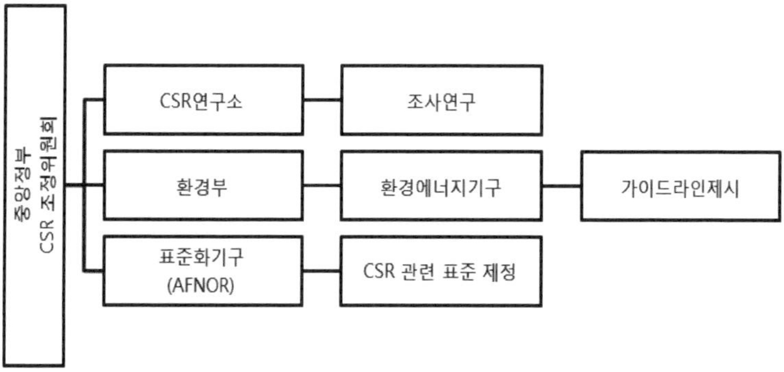

〈그림 6-4〉 프랑스의 기업의 사회적 책임 관련 정부 기관

첫 번째 자발적 참여와 관련해서는 관련된 업종별 전문조직의 자발적 참여를 통해 온실효과, 사회적 및 환경적 책임성, 산업안전보건, 에너지와 물 소비 관리, 배출물, 그리고 혁신에의 접근성 강화 등 환경 및 사회문제에 대한 기업의 역할을 강화하는 것을 목적으로 한다.

두 번째 기업의 지속가능발전 모델에의 적응과 관련해서는 특히 중소기업에 대한 다양한 보조금 지급, 각종 지원을 통해 지속가능발전과 관련된 국제표준인 ISO14001(중소기업 대상의 ISO14005)을 확산시키는 것, 감독기관을 통한 중소기업의 지속가능발전에 대한 인식 제고, 프랑스 환경에너지기구인 ADEME의 역할을 강화하는 것, 환경문제에 대한 집단적 대응방식으로 업종별 가이드라인의 제시 등을 구체적인 목표로 설정하고 있다.

2) 담당조직

프랑스에서 기업의 사회적 책임은 주로 환경부와 CSR 관련 기구에서 담당하고 있다. 환경부와 환경에너지기구는 주로 환경과 관련된 기업의 사회적 책임에 대한 업종별 가이드라인을 제시하는 역할을 수행하고 있다. CSR연구소에서는 기업의 사회적 책임과 관련된 조사 및 연구를 수행하며, 동시에 표준화기구에서는 ISO와 관련된 프랑스 국내 표준을 제정하고 있다.

중앙정부는 산하 부처 및 기업의 사회적 책임 전문기관의 역할 및 활동을 전체적으로 조율하고 조정하기 위한 별도의 기업의 사회적 책임 조정위원회가 설치되어 활동하고 있다.

3) 공공정책

기업의 사회적 책임과 기업 인권을 제고하기 위한 프랑스의 주요 공공정책으로는 기업 네트워크의 구축과 기업의 행동 규범 제시를 들 수 있다.

기업 네트워크는 기업의 사회적 책임에 대한 프랑스의 첫 번째 원칙인 기업의 자발성과 밀접한 관련이 있다. 프랑스는 G8 정상회담의 의장국으로서 UN 글로벌 콤팩트와 다국적기업에 관한 OECD 가이드라인, 1998 기본적 권리와 노동권에 관한 ILO 선언 등에 적극적으로 참여해 왔다. 동시에 이러한 활동이 실제 산업계에 확산될 수 있도록 2003년 글로벌 콤팩트에 가입한 프랑스 기업을 대상으로 대통령이 직접 기업 네트워크를 구축해갔다. 이 과정에서 중소기업의 관리당국이 기업의 사회적 책임과 기업 인권에 대한 중소기업의 인식을 제고하는 데 중요한 역할을 수행했다.

두 번째로는 기업에 대한 정부의 규제 역할을 실현하기 위한 정책으로 기업의 행동 규범 확산 정책을 들 수 있다. 기업의 자발성 원칙과 정부의 규제 역할이 상충되지 않도록 하기 위해, 정부가 기업의 사회적 책임과 관련된 가이드라인을 주도적으로 마련하고, 이에 기업이 자발적으로 참여하도록 하고 있다.

프랑스 정부는 기업 내 차별금지를 핵심 내용으로 하는 다양성 헌장을 작성하고, 프랑스 민간기업총연합과 공동으로 기업의 참여를 독려하여 2007년 3월에 이르면 약 1,500여 개의 기업이 다양성 헌장에 조인한 상태이다.

4) 법제도

기업의 사회적 책임 활동과 관련하여 프랑스 정부는 2005년 중소기업의 공정무역(Fair Trade)을 지원할 수 있는 법적 조항을 마련하였다. 이러한 법적 제도화는 프랑스에서 기업의 사회적 책임 활동과 관련해서 처음으로 이루어진 법적 제도화라고 할 수 있다. 이 법에 따르면 공정무역으로 인정되어 지원 받을 수 있는 국제무역은 남북 사이의 무역거래에만 해당되며, 지속가능한 발전을 근본적 목적으로 해야만 하는 것으로 규정하고 있다.

2001년 제정된 〈신경제규제에 관한 법률〉은 주식시장에 상장된 프랑스 기업은 연례 기업보고서에 사회적 및 환경 관련 정보를 공시해야 한다고 규정하고 있다. 프랑스 정부는 이러한 기업의 사회 및 환경활동과 관련된 보고제도를 도입함으로써 기업들이 자신들의 활동이 사회 및 환경에 미치는 영향을 전략적으로 평가하고 요구되는 다양한 도구들을 마련해가도록 유도하고자 했다. 신경제규제에 관한 법률은 기업의 사회 및 환경과 관련된 책임성과 투명성을 높이기 위해 고용 관련 내용에 대한 보고를 의무화하고 있다. 동시에 기업활동이 환경에 미치는 사항도 반드시 보고해야 할 의무를 갖고 있다.

또한 기업은 공동체 문제에 대해서도 보고할 의무를 갖는다. 특히 기업 활동이 지역발전 및 지역주민에 미치는 영향을 고려할 필요가 있을 경우에는 반드시 보고해야 한다. 동시에 기업이 환경단체, 소비자단체, 교육기관 및 지자체 등 지역 이해관계자 집단과 어떻게 관계를 맺고 있는지도 보고할 의무가 있다.

마찬가지로 앞에서 언급된 하청관계와 관련해서 기업은 외국 자회사가 국제노동기구의 핵심 노동기준을 준수하고 있는지, 그리고 외국

하청업체에게 어떤 방식으로 국제노동기구의 핵심 노동기준을 준수하도록 유도하고 있는지 보고할 의무를 갖고 있다.

이와 동시에 프랑스 정부는 다양한 인증제도를 마련하여 기업이 자신들의 활동에 대해 사회적 검증을 받을 수 있도록 하고 있다 (Harribey, Laurence Eberhard. 2009:43-44). 대표적으로 2004년에 도입된 평등성 마크(Equality Label) 제도를 들 수 있다(Antal & Sobczak, 2007: 19). 양성평등부가 도입한 평등성 마크는 기업 및 공공기관에서 양성평등을 장려하기 위해 만든 인증제도이다. 2006년에는 중소기업에 평등성 마크 제도를 확산시키기 위해 50인 이하 규모의 소기업에 대한 인증 기준을 별도로 마련했다. 또한 Vigeo와 Core Ratings라는 사회적 책임 평가 기관이 설립되어 기업의 사회적 책임 활동에 대한 다양한 평가가 활발하게 이루어지고 있다.[9]

2006년 공공조달과 관련된 법률조항을 신설하여, 프랑스 정부는 정부조달에 참여하는 기업들이 지속가능한 발전을 고려하도록 강제하는 법적 도구를 갖게 되었다. 2007년에는 지속가능한 공공조달을 위한 국가행동계획을 채택함으로써 공적 구매자들이 지속가능한 공적 조달을 고려하도로 의무화했다. 이를 통해 예를 들면, 공적 조달 품목에 환경마크 인증 상품을 강제할 수 있게 됐다.

9) Vigeo는 특정 주제나 기업의 일부 단위에 대해서만 평가를 수행하며, 그 결과를 공표하지 않는 반면, Core Ratings는 특정 기업과 기업의 자회사 등 전체에 대한 평가를 수행하며, 그 결과를 공표하고 있다(Antal & Sobczak, 2007: 25).

4. 스웨덴

1) 행동계획 및 전략

스웨덴은 기업의 사회적 책임과 관련된 별도의 행동계획 및 국가전략을 수립하여 갖고 있지는 않다. 그러나 전체 사회적으로 기업의 사회적 책임을 강조해오고 있다. 오랜 사회민주주의 복지국가라는 정체를 갖고 있는 스웨덴의 사회질서 자체가 이미 기업에 대한 규제적 전통을 갖고 있기 때문에 새롭게 국가가 추구해야 할 정책적 과제로 설정될 필요가 없었다고 볼 수도 있다.

별도의 행동계획이나 국가전략과는 별개로 스웨덴 정부가 2002년 지속가능 성장정책(The Swedish Strategy for Sustainable Development)에는 기업의 사회적 책임도 포괄적으로 포함되어 있다. 2006년에는 지속가능한 발전을 위한 전략적 도전과제에 환경경영, 정도경영, 사회공헌 등의 3대 분야가 포함되어 기업의 사회적 책임에 대한 정부의 역할을 구체화해가고 있다.

스웨덴에서 기업의 사회적 책임과 관련된 정부의 역할은 주로 다국적기업 또는 제3세계와 관련된 국제연대사업에서 적극적으로 수행되고 있다. 스웨덴정부는 GDI의 1%를 사회적 책무와 관련하여 사용하고 있으며, 이 기금은 주로 국제연합의 사업을 지원하는 데 사용된다.

2) 담당조직

스웨덴의 기업의 사회적 책임 정책은 개별 국가를 넘어선 글로벌한 관점에서 전개되고 있다. 이로 인해 특히 인권의 중요성과 지속가능한 발전을 강조하는 개방적이고 자유로운 무역을 위한 적극적 무역 정책을 펼치고 있다.

스웨덴은 기업의 사회적 책임과 관련되어 개별 부처뿐만 아니라 다양한 위원회에서 특정 문제를 전담하도록 하고 있다. 예를 들어, 인식 제고 정책과 관련해서는 스웨덴 소비자위원회를, 조사 및 무역 관련 정책에 대해서는 전지구적 책임성을 위한 파트너십을, 기업에 대한 직접적 지원과 관련해서는 스웨덴 발전위원회를 통해 관련 정책을 시행하고 있다.

3) 공공정책

인권적 무역을 강조하는 스웨덴에서 기업의 사회적 책임에 대한 사회적 인식을 제고하는 데 가장 중요한 기관은 스웨덴 소비자위원회(Swedish Consumer Agency)이다. 스웨덴 소비자위원회는 특히 소비자에게 예를 들어 "더 적은 소비(Consume Less)"와 같은 다양한 교육용 홍보자료를 제공하고 있으며, 스웨덴 국제개발위원회(Sida)와 공동으로 "윤리와 무역"이라는 책자를 발간하고 있다. 스웨덴 소비자위원회는 이러한 자료를 통해 모든 소비자들에게 윤리적 소비를 통해 기업을 인권친화적이고 지속가능한 방식의 생산을 하도록 유도하고 있다. 동시에 스웨덴 소비자위원회는 전지구적 관점에서 지속가능한 소비에 관한 조사를 실시하여 "소비와 윤리"라는 제목으로 보고서를 발표하고 있다.

외무부 산하 기구인 "전지구적 책임성을 위한 파트너십"은 대학으로 하여금 기업의 사회적 책임과 관련된 다양한 학문분과 사이의 학제

간 연구를 지원하는 조사사업을 지원하고, 이를 통해 기업의 사회적 책임과 지속가능한 발전 모델의 사회적 정당성을 마련해가고 있다.

스웨덴 정부는 2004년부터 2007년까지 공정무역기구(Fair Trade Organization)에 재정 지원함으로써 사회적 소비와 관련된 의제를 제시해왔다. 이미 1997년부터 스웨덴은 통합 생산품 정책(Integrated Product Policy)의 틀 내에서 생산물의 환경 영향을 줄이기 위해 이해관계자들이 자율적으로 노력하도록 유도하고자 해왔다. 이러한 노력은 환경관리시스템의 구축, 환경마크제 도입, 환경제품 선언, 환경정보 툴의 개발, 산업계화의 자발적 협약 및 사회적 대화, 환경기술센터 지원 등으로 이어져 왔다.

"전지구적 책임성을 위한 파트너십"을 통해 스웨덴은 스웨덴의 다국적기업들이 OECD 가이드라인 및 인권을 포함한 UN 글로벌콤팩트의 10개 원칙을 준수하도록 유도한다. 또한 다양한 네트워크를 통해 전지구적 책임성 가이드라인과 원칙이 광범위하게 확산될 수 있도록 하고 있다. 동시에 산업계, 노동조합, 비정부기구, 정부 사이에서 다양한 경험과 의견이 유통·조율되고 있다. 이러한 방식으로 양질의 경제사회적 조건, 부패 방지, 환경 및 인권과 관련된 기업의 사회적 책임이 정착될 수 있도록 노력하고 있다. 전지구적 책임성을 위한 파트너십은 정기적으로 특정한 쟁점에 관한 세미나, 워크숍, 교육프로그램을 개발하여 제공하고 있다.

스웨덴 발전위원회인 Sida를 통해서도 스웨덴 정부는 전지구적 책임성과 지속가능한 발전모델의 정착을 위해 필수적인 조건을 마련해가고 있다. 스웨덴 발전위원회는 특히 기업이 빈곤과의 투쟁과 관련된 근로조건에 관한 사회적이고 환경적인 책임성을 갖도록 지원하는 역할을 수행하고 있다. 또한 스웨덴 발전위원회는 공공조달 과정에서 기업의 사회적이고 환경적인 책임성을 평가하는 역할도 맡고 있다. 이러한 활동의 대표적인 사례로는 2006년 신발 및 의류산업의 근로조건을 개선하기 위한 "깨끗한 의복" 네트워크 구축 사업을 들 수 있다.

스웨덴 기업발전위원회(NUTEK)는 특히 중소기업의 사회적 책임과 기업 인권을 장려하기 위해 다양한 기업발전 진단 툴, 사례연구, 지역 기업인큐베이터와 같은 직접적인 기업지원시스템을 구축해 놓고 있다.

4) 법제도

스웨덴의 경우 기업의 사회적 책임과 관련된 법제도는 크게 기업의 사회적 책임 보고 의무와 연기금의 투자원칙이라는 두 가지와 관련되어 있다.

첫 번째로, 스웨덴에서는 1999년 이후 일정 규모 이상의 기업은 모두 자신들의 연례 기업보고서에 환경 영향에 대한 회계정보를 의무적으로 공시해야 한다. 예를 들어, 공기와 물 오염, 화학물질 방출량 등이 포함된다. 이 규정은 약 20,000여 개의 스웨덴 기업에 적용되고 있다. 스웨덴 기업들은 GRI와 같은 사회적 책임보고서 프레임워크에 기초하여 기업의 사회적 책임과 기업 인권에 관한 자율적 보고 시스템을 구축하고 있다.

두 번째로, 스웨덴의 기업 인권 활동 투명화 정책의 특징은 스웨덴 연기금펀드의 활용에 있다. 스웨덴은 임노동자기금과 같이 연대적 성격의 기금을 사회공공적으로 활용하고자 노력해 온 나라이다. 이러한 역사적 경험으로부터 출발하여, 스웨덴은 국가연금펀드의 운용에 있어 책임투자원칙(PRI)을 적용하고 있다. 사회적 책임투자를 위해 2007년에는 윤리위원회가 신설되었다. 사회적 책임투자의 기준으로는 인권, 노동권 및 환경 문제 등이 제시되어 있다. 스웨덴 연금펀드는 외국기업을 포함해 투자한 기업의 주주로서 해당 기업이 인권과 노동권 및 환경권을 존중하도록 결정권을 행사한다.

제2절 앵글로색슨 국가 사례

1. 영국: 친시장적 자율주의

1) 행동계획 및 전략

영국 정부 역시 기업이 모범 관행을 받아들이는 것을 장려하기 위해 기업의 사회적 책임과 관련된 다수의 국제표준을 받아들이고 국제기구에 가입해 있다. 대표적으로 다국적기업을 위한 OECD 가이드라인, UN 글로벌 콤팩트, 국제노동기구의 다국적기업과 사회정책에 관한 노사정 삼자의 기본 원칙 선언 등을 들 수 있다.

영국에서 기업의 사회적 책임에 대한 접근은 전통적으로 기업의 자선활동이나 사회공헌에 가까운 형태를 띠고 있었다(Moon, 2004: 3). 즉 기업의 생산 및 가치창출활동과는 무관한 부가적인 기업 활동으로 받아들여져 왔다.[10] 그러나 기업의 사회적 책임에 대한 논의가 초기

10) 대처 수상의 신자유주의로 국가복지가 줄어들고, 부분적으로 기업의 자선적 복지(Corporate Philanthropy)로 대체되면서 영국에서의 기업의 사회적 책임은 정부보다는 기업 중심의 자율적 행위라는 보편적 관행이 성립되었다(Faribrass, 2008: 7-8).

의 기업의 사회공헌 중심에서 기업의 생산 및 가치창출 활동과 관련된 책무성(Accountability) 중심으로 나아가면서, 영국에서도 기존의 전통적인 이해방식에서 벗어나 유럽과 국제사회에서의 논의를 영국의 기업들이 받아들일 수 있도록 정부의 역할이 활발해졌다.[11)]

2000년 노동당 정부 하에서 정부 부처 사이에서 기업의 사회적 책임과 관련된 정책을 조율하기 위한 기업의 사회적 책임 장관이 공식적으로 임명되었으며, 2000년부터 정기적으로 노동당 정부는 기업의 사회적 책임에 대한 백서를 발간해오고 있다(Fairbrass, 2008: 9).

2000년대 이후 나타난 정부 역할 강화에도 불구하고, 기업의 사회적 책임에 대한 영국 정부의 역할은 유럽의 다른 나라와 달리 여전히 기업에 대한 간접적 접근방식을 택하고 있다. 따라서 기업의 사회적 책임과 기업 인권과 관련하여 정부의 역할은 철저하게 사회적 인식의 제고에 놓여 있다(http://www.csr.gov.uk). 또한 기업의 사회적 책임부 역시 그 목적이 기업이 국내외에서 사회적 책임을 다할 수 있는 경영 관행을 확립하도록 장려하는 데 있었다. 영국과 같은 시장주의적 규제 반대 입장의 국가에서는 정부의 역할을 철저하게 의식제고 및 유인 동기 제공으로 제한하고 있다고 할 수 있다.

2) 담당조직

영국은 토니 블레어 노동당 집권 시기인 2000년 3월 세계에서 처

---

11) 영국 정부 역시 기업이 모범 관행을 받아들이는 것을 장려하기 위해 기업의 사회적 책임 및 기업 인권과 관련된 다수의 국제표준을 받아들이고 국제기구에 가입해 있다. 대표적으로 다국적기업을 위한 OECD 가이드라인, UN 글로벌 콤팩트, 국제노동기구의 다국적기업과 사회정책에 관한 노사정 삼자의 기본 원칙 선언 등을 들 수 있다.

음으로 킴 호웰스 박사(Dr. Kim Howells)를 기업의 사회적 책임 장관(Minister for Corporate Social Responsibility)으로 임명했다(Idowu, 2009: 19). 이는 기업의 사회적 책임의 중요성을 표현하는 상징적 의미를 담고 있다고 볼 수 있다.

영국에서 기업의 사회적 책임 장관이 임명된 배경에는 기업의 사회적 책임에 대한 규제 여부를 둘러싼 내부 논쟁이 중요한 영향을 미쳤다. 1990년대 말 기업의 사회적 책임에 대한 규제필요성에 대한 주장들이 영국 내에서 강하게 제기되고, 이에 대한 기업과 보수당 내부의 반발로 기업의 사회적 책임에 대한 논의가 격렬하게 진행되었다. 이미 1995년 연금법 및 그 이후 기업법 개정을 둘러 싼 논란의 과정에서 영국의 시민사회단체의 연합체인 기업의 책임 동맹(Corporate Responsibility Coalition, CORE)은 기업에 대한 직접적 규제의 필요성을 강하게 주장해 왔다.

이러한 과정에서 당시 영국 정부는 기업의 사회적 책임 장관을 임명함으로써 논쟁의 제도화를 시도하였다. 이를 통해 기업의 사회적 책임과 기업의 사회적 책임에 대한 정부의 역할이 더욱 강조되긴 하였으나, 문제는 논쟁의 해결책으로 제시된 기업의 사회적 책임 장관의 성격에 있었다. 기업의 사회적 책임 장관의 역할에 당시 영국 정부는 철저하게 기업의 자율적 노력을 지원하는 촉진자로 제한하였다. 이는 기업의 생산성과 경쟁력을 강조하던 당시 영국 정부의 관점 하에서는 당연한 귀결이라고 볼 수 있다(Bicha, 2003).

이러한 특성은 기업의 사회적 책임 장관이 영국 상공부(Ministry of Trade and Industry)에 소속되어 있다는 사실에서도 확인된다. 즉 영국의 기업의 사회적 책임 장관은 영국 상공부 여러 장관 중 한 명에 불과하다. 특히, 공식적으로는 현재 안전하고 지속가능한 에너지 자원 확보를 담당하는 에너지자원 장관(Minister of State for Energy)인 말콤 윅스(Malcolm Wicks)의 주요 업무의 하나이다.

영국에서 기업의 사회적 책임과 관련된 관계 부처의 핵심은 상공부 내 기업의 사회적 책임을 담당하는 에너지자원 장관이 기업의 사회적 책임 장관으로 기업의 사회적 책임과 관련된 조정위원회(Steering Committee)를 통해 정책을 추진하며, 이를 시행하기 위한 실무팀(Coordinating Team)이 존재한다.

3) 공공정책

영국 정부는 2001년부터 기업의 사회적 책임과 관련된 정부적 정책적 원칙을 정리하여 다양한 보고서를 발간하고 있다. 이 보고서에는 책임성 있는 기업의 모범적 관행을 소개하는 내용들이 담겨져 있다. 특히 2004년 3월에 발간된 정부 보고서에는 기업의 사회적 책임에 대한 영국 정부의 전략적 의제가 제시된 중요한 내용을 담고 있다(Idowu, Samuel. 2009: 19).

영국 정부는 주로 기업과의 파트너십을 통해 우수 모범 관행을 실시하고 있는 기업들을 대상으로 다양한 표창제도를 실시하고 있다. 또한 영국 정보는 독립적인 인증제도를 마련하여 영국 기업들이 유럽환경기업상과 같은 국제적 경진대회에서 수상할 수 있도록 돕고 있다.[12] 중소기업을 위해서는 2004년 인터넷 기반의 진단도구를 개발

---

12) 영국 정부는 공식적인 환경관리시스템의 도입을 장려하고, 이와 관련된 국제표준인 ISO14001과 영국표준인 BS8555 인증제도를 통해 기업의 환경에 대한 사회적 책임을 강화하는 데 노력하고 있다. 더 나아가 영국 정부는 세계 최초로 지속가능한 발전과 관련된 영국 표준 인증 기준인 BS8900을 도입하는 등 기업들이 자발적으로 진단하고 개선할 수 있는 가이드라인을 제시해주고 있다.

하여 제공하고 있기도 하다. 실용적인 단계적 기업적용 도구와 우수 사례를 제시함으로써 상대적으로 취약한 중소기업도 사회적, 환경적 및 공동체적 영향을 적극적으로 진단하고 적응할 수 있도록 유도하고 있다.

그러나 앞에서 언급한 바와 같이 이러한 정부 정책은 모두 기업의 자발성을 전제로 한 비의무적 성격의 정책 위주로 시행되고 있다. 이와 관련해 영국 정부는 미국 정부와 공동으로 2000년에 사회적 안전과 인권에 관한 자발적 원칙을 제시했다. 이 원칙은 갈등 지역에서 활동하고 있는 광업 및 임업 등의 채취산업 관련 기업들이 인적 측면이나 경영적 측면에서 안정적으로 활동할 수 있도록 하기 위한 최소한 책임 기준을 제시하는 실용적 가이드라인으로 구성되어 있다.

당시 영국 수상이었던 토니 블레어는 2002년 9월 요하네스부르크에서 열렸던 지속가능한 발선을 위한 정상회담에서 채취 산업 투명성 이니셔티브(EITI)를 발족했으며, 영국 정부는 채취산업을 위해 제시된 기본 원칙이 보건 및 건설 산업이나 국방 산업과 같은 다른 산업에도 적용될 수 있도록 다양한 파트너십을 구축하고자 노력하고 있다.

영국 역시 기업들에게 사회적 책임 및 기업 인권과 관련된 기업 활동을 공개하는 것과 관련된 일련의 환경 보고 가이드라인을 핵심성과지표(KPIs)의 형태로 제시하고 있다. 다만 다른 유럽 국가와 달리 영국의 환경 보고 가이드라인은 의무적 보고사항이 아니다.

이해관계자 자본주의가 아닌 주주자본주의로 평가되는 영국의 기업법(2006)은 기업의 사회적 책임과 관련하여 다음과 같이 기업의 지속가능한 장기적 성과를 위해 주주가치를 강조하는 동시에 환경에의 영향과 피용인과 같은 광범위한 문제에도 관심을 갖을 것을 규정하고 있다.

2007년 3월 영국 정부는 공급망과 공공서비스가 보다 자원절약적이고 환경다양성을 인정하고, 지속가능한 발전이라는 목표에 부응할 수 있는 액션 플랜을 제시했다. 영국 정부의 지속가능한 공공조달 행동계획에는 2020년까지 카본 디옥시드를 약 1백만 톤가량 감축하는 내용을 포함하고 있었다. 이를 위해 지속가능한 공공조달 태스크포스가 2005년 5월 구성되어 실질적 이행단계로 나아가기 위해 활동을 개시했다.

영국 정부는 공식적인 환경관리시스템의 도입을 장려하고, 이와 관련된 국제표준인 ISO14001과 영국표준인 BS8555 인증제도를 통해 기업의 환경에 대한 사회적 책임을 강화하는데 노력하고 있다. 더 나아가 영국 정부는 세계 최초로 지속가능한 발전과 관련된 영국표준인 증기준인 BS8900을 도입하는 등 기업들이 자발적으로 진단하고 개선할 수 있는 가이드라인을 제시해주고 있다.

4) 법제도

기업 인권 지원정책으로는 지역사회 투자세 경감정책(Community Investiment Tax Relief, CITR)을 들 수 있다. 지역사회 투자세 경감정책은 영국의 지역사회 재생정책의 일환으로 도입되었으며, 지역사회에 대한 기업의 사회적 책임을 강조하고, 기업의 직접적 행동을 유도하기 위한 세제 지원의 형태를 띠고 있다.

낙후된 지역사회에 존재하는 비영리 내지 영리기업에 투자하는 민간투자에 대해 세제 혜택을 주어 지역투자를 활성화하고, 이러한 활동에 참여하는 기업을 장려하기 위한 목적으로 도입되었다.

지역사회 투자세 경감정책에 따르면, 낙후된 지역사회 개발에 투자한 민간투자에 대해서는 5년에 걸쳐 투자금액의 25%가량을 경감해 주도록 되어 있다. 영국 정부는 지역사회 투자세 경감정책 외에도 다양한 세제 혜택을 통해 기업의 사회적 책임을 촉진시키는 인센티브 정책을 시행하고 있다.

이외에도 기부금 및 기부자산에 대한 다양한 세금 면제제도를 실시하고 있다. 개인사업 및 기업들에 대해서는 Gift Aid 정책 통해 기부금에 대한 세금을 면제해주며, 개인의 기부금에 대해서는 Payroll Giving 정책 통해 세금 면제해준다. 또한 기업이 부동산, 주식 등의 자산을 기부할 경우 해당 소득세 및 자본이득세를 면제해주고 있다.

제3절 함의 및 시사점

기업의 사회적 책임에 대한 서구의 논의 역시 초기 단계에 머물러 있다. 기업의 사회적 책임은 자율주의의 틀을 여전히 벗어나지 못하고 있다. 그러나 최근 기업의 사회적 책임에 대한 논의가 정부의 역할에 대한 논의로 확장되면서 〈기업과 인권〉의 문제에 대한 포괄적인 접근과 정부의 역할에 더욱 관심이 모아지고 있다.

그렇다면 서구 국가의 사례에서 기업의 사회적 책임은 경제 및 사회발전과 어떤 관계로 설정됐으며, 이러한 관계에서 정부의 역할은 어떻게 규정되고 있을까? 서구사례의 함의는 결국 기업의 사회적 책임에 대한 정부의 역할로 모아진다고 할 수 있다. 서구 사례 분석에서 도출할 수 있는 우리나라에의 함의 몇 가지를 다음과 같이 정리해 볼 수 있다.

첫째로, 기업의 사회적 책임의 확산과 관련하여 서구 각국은 정부의 적극적 역할을 강조하고, 이를 정부조직 및 공공정책에 반영해가고 있다. 특히 기업 인권의 정착을 위한 국제기준의 마련 및 개별 국가 내 다양한 원칙 및 가이드라인에 적극적으로 임하고 있다. 따라서 우리나라 정부도 기업의 사회적 책임을 기업 성장과 경쟁력에 저해되는 요인으로 파악하는 부정적 인식을 버리고, 정상적 기업 활동을 위한 환경조건으로 보다 적극적으로 받아들일 필요가 있다.

둘째로, 정부의 역할과 관련하여 정책적 일관성과 부처 간 역할분담이 명확해야 한다. 정책적 일관성을 추구하기 위해 서구 국가들은 행동계획 및 전략과제를 설정해가고 있다. 전략 과제와 행동 계획은 또한 기업의 사회적 책임과 관련된 정부 조직체계의 구성과 공공정책의 조율을 위해서도 중요한 의미를 갖고 있다. 우리나라도 기업의 사회적 책임과 관련된 정부 정책을 시행함에 있어, 전체 정책과 사업을 총괄하는 핵심 단위를 설정하고, 이를 중심으로 사업을 각 부처별로 배분하고 관리하는 사업 방식을 택할 필요가 있다.

셋째, 기업의 사회적 책임의 이해관계자는 기업뿐만 아니라 소비자, 지역주민, 근로자 등 다양한 집단으로 구성되어 있다. 즉 기업의 사회적 책임과 관련하여 이해관계자들의 조율 또는 조정 문제가 중요해진다. 서구 사례에서는 기존의 조합주의적 전통에 기초하여 이해관계자들 사이의 사회적 대화를 이끌어내 기업의 사회적 책임에 대한 책임이 기업에만 있는 것이 아니라 기업을 둘러싼 다양한 이해관계자가 같이 참여하고 함께 문제를 해결해가는 갈등해결 시스템을 구축해가고 있다. 따라서 우리나라와 같이 배타적이거나 배제적 정책 조율이 아니라 관련 당사자 또는 이해관계자들 사이의 충분하고 폭넓은 정책적 조율과 사회적 대화의 과정이 반드시 요구된다.

넷째, 대부분의 국가 사례에서 기업의 사회적 책임에 대한 인식제고를 위해서는 무엇보다 최고경영진의 인식제고가 가장 시급한 과제라고 할 수 있다. 우리나라처럼 기업의 의사결정이 최고경영진에 의해 배타적으로 이루어지는 기업문화에서는 중간관리자나 일반 노동자에 대한 인식제고 프로그램이나 캠페인은 부분적인 효과를 가질 수 밖에 없다.

다섯째, 앞에서 살펴본 각국 사례에서 가장 많은 차이를 보이는 영역은 기업의 사회적 책임과 관련된 기업의 활동을 투명하게 공개하는 일이다. 기업의 사회적 책임 관련 기업의 활동을 위한 가이드라인을 마련한 후 이를 토대로 기업이 관련 정보를 보고서의 형태로 제출하도록 의무화할 필요가 있다.

여섯째, 기업의 사회적 책임 정착을 위한 정책에 있어서 핵심적인 관건은 공공조달과의 연계성 확보이다. 공공조달에 참여하는 기업에 대한 기준을 상세하고 엄격하게 적용함으로써 환경과 기업과의 관계, 노동(고용, 직업훈련, 근로기준)과 기업과의 관계, 차별(여성, 장애인, 이주노동자)과 기업과의 관계 등을 고려하는 기업만이 공공조달에 접근할 수 있도록 함으로써 국가가 제시하는 기업의 사회적 책임 가이드라인이 실질적인 효과를 가질 수 있도록 해야 할 것이다.

‖ 제 7 장 ‖

노동조합의 사회적 책임론

제7장 노동조합의 사회적 책임론

제1절 노동조합의 사회적 책임에 대한 논의

노동조합의 사회적 책임(Union Social Responsibility: USR)이란 개념은 외국에서는 학술적으로나 노동조합 현장 활동에서 거의 다루어지지 않는 개념이다(김준, 2010). 그러나 최근 우리나라에서 노동조합의 경제적 이기주의와 내부 부패의 문제가 대두됨에 따라 일부 노동조합의 사회적 책임이라는 용어로 노동조합의 사회적 역할을 새롭게 제시하려는 움직임이 나타나고 있다.[1]

---

1) 노동조합의 사회적 책임(USR, Union Social Responsibility)란 개념은 학술적 용어라기보다는 실천적인 과정에서 노동조합의 사회적 역할을 강조하기 위해 새롭게 등장한 용어이다. 따라서 노동조합의 사회적 책임에 대한 체계적이고 엄밀한 학술적 검토가 이루어지지 않고 있다. 또한 노동조합의 사회적 책임이라는 용어를 적극적으로 제시하는 학자, 노동조합 및 기업(대표적으로 LG전자 및 LG전자 노동조합)가 있는 반면, 일부에서는 노동조합의 사회적 책임이라는 개념 자체를 거부하기도 한다(김준, 2011). 여기에서는 노동조합의 사회적 책임이라는 용어를 서술의 편의상 사용하도록 하겠다. 그러나 노동조합의 사회적 책임이라는 개념이 기존에 노동계에서 사용되어 온 사회공공적 노동조합주의, 사회개혁적 노동조합주의 및 사회운동적 노동조합주의와는 다른 새로운 내용을 담고 있는지, 노동조합의 사회적 책임이 노동조합에게 부여된 사회적 역할 범위 내에 있는 것인지 등에 대한 체계적이

특히 LG전자가 2010년 1월 노동조합의 사회적 책임 선포식을 가진 이후, 이러한 움직임에 동조하는 노동조합이 부분적으로 늘어가고 있으며, 노동조합의 사회적 책임이란 개념이 조금씩 다루어지고 있다.[2)]

따라서 노동조합의 사회적 책임이란 개념이 정확히 무엇을 의미하는가는 명확하지 않고, 추상적이고 일반적인 의미에서 "노동조합이 생산성 향상과 사회적 책임을 함께 고려하는 새로운 노동운동"(LG전자, 2010)으로 소개되거나, "노동운동의 영향을 받는 다양한 이해관계자의 요구나 기대를 고려하는 노동운동"(김동원, 2009; 배상호, 2010)으로 정의되고 있다. 더 나아가 노동조합이 "사회적 고립의 위기를 극복하기 위한 새로운 전략"으로 기업의 사회적 책임론으로부터 영향을 받은 것(권순원, 2010)으로 정의되기도 한다.

이와 같이 노동조합의 사회적 책임 논의는 매우 새로운 내용인 것처럼 보일 수 있지만, 실제로는 이전에 지속적으로 논의되어 온 노동조합의 사회적 역할을 기업의 사회적 책임과 유사한 형태로 바꾸어 제기한 것에 불과하다. 즉 노동조합의 사회적 책임 논의는 한편으로는 노동조합의 생산성 협력을 강조해 온 노사협조주의와 다른 한편으로 노동조합운동의 (사회)공공성 내지 사회운동적 및 사회개혁적 노동조합주의와 그다지 다르지 않다. 전자의 경우, 노조의 사회적 책임은 회사와의 협력과 사회공헌을, 후자의 경우에는 사회문제에 대한 노동조합의 개입을 의미하기 때문이다.

그렇다면 노조의 사회적 책임이란 개념 자체가 무의미한 것으로

고 엄밀한 검토는 추후에 별도로 이루어져야 할 것이다.

2) 여기에서는 노조의 사회적 책임과 노조의 사회적 책임론을 구분한다. 노조의 사회적 책임은 노동조합이 갖는 사회적 영향력을 공공의 이익을 위해 활용해야 한다는 일반적인 의미이지만, 노조의 사회적 책임론은 노동조합운동의 새로운 패러다임으로 노동조합의 성격, 활동방식 등에 새로운 대안적 이론으로 제시되고 있다.

보아야 할 것인가? 노조의 사회적 책임이란 개념이 갖는 합리적 핵심, 즉 기존 노동조합 활동이 갖는 경제적 이기주의에 대한 반성이라는 측면에서 노동조합이 갖고 있는 조직적 자원을 기업의 사회적 책임 가이드라인과 마찬가지로 일정한 기준하에서 사회적으로 동원하는 데 사용될 수 있다면 그 자체로서 일정한 의미를 갖는다고 할 수 있다.

이러한 과정에서 노동조합의 사회적 책임은 세 가지로 보다 자세하게 구분해 볼 수 있다. 첫째는 노동기본권과 관련된 기업 내부적 책임이다. 사용자와 단체교섭을 통해 조직 대상인 노동자들이 노동기본권을 누릴 수 있도록 하는 노동조합의 책임이다. 노동기본권의 확보는 노동조합의 전통적인 목표이며 기본적인 존재 이유라고 할 수 있다. 보다 중요한 것은 노동기본권의 확보와 관련한 노동조합의 활동이 투명하고 공정하게 그리고 민주적으로 이루어지는 조직적 지배구조를 통해 이루어져야 한다는 점이다.

둘째는 노동조합이 조직대상인 노동자뿐만 아니라 해당 기업이 사회적 책임을 제대로 수행하고 있는지를 기업 내부에서 지속적으로 감시하는 사회적 책임을 들 수 있다. 특히 기업의 다국적화로 인해 개별 국민국가의 경계를 넘어 생산이 이루어지는 발전도상국 생산현장의 인권 및 노동기본권에 대한 개입은 노동조합의 국제적 연대를 통해서 보다 효과적으로 이루어질 수 있다. 국제산별노조를 중심으로 이루어지고 있는 국제기준협약(International Framework Agreement, IFA)는 대표적인 노동조합의 사회적 책임 사례라고 할 수 있다.

셋째로, 노동조합이 조직적 역량을 동원해 지역 및 환경에 공헌하는 지역사회적 책임 역시 중요한 노동조합의 사회적 책임 영역이라고 할 수 있다. 지역농산물 소비, 환경보호 등 노동조합이 노사의 영역을 넘어 지역사회에 공공성의 관점에서 다양한 조직적 사회공헌 활동을 함으로써 노동조합의 사회적 정당성을 확보하고 지역사회에 대한 기여도를 높일 수 있다.

이러한 관점에서 노동조합의 사회적 책임을 포괄적으로 재정의하면, 서구 노동조합이 이론적으로가 아니라 실천적으로 추구하고 있는 활동 속에서도 그 합리적 핵심을 추출해 낼 수 있다. 또한 더 나아가 기업의 사회적 책임과 ISO26000이 다루고 있는 핵심 내용과 적용범위 문제가 초국적 기업의 문제와 밀접하게 관련되어 있음을 고려하면, 노동조합의 사회적 책임에서도 초국적기업의 문제가 중요한 의미를 갖는다.

초국적기업은 신자유주의적 세계화의 핵심 주체로서, 자본의 초국적화를 주도해왔다.[3] 기존의 모든 사회적 관계를 경제적 환원시키는 초국적기업의 생산활동은 특히 개발도상국과 저개발국가에서 노동기본권, 환경문제, 여성문제, 인종문제, 사회적 차별, 아동노동 및 강제노동 등의 문제를 일으키고 있다. 더 나아가 이와 같은 노동인권의 배제와 환경파괴를 통해 달성된 기업경쟁력은 주요 산업국가 노동자의 실업, 비정규직, 임금 압박으로 작용하고 있다(Moody, 1997: 180-200).

노동조합, 특히 선진국 노동조합을 중심으로 한 국제노동조합이 이와 같은 문제에 관심을 갖고, 기업에 대해 사회적 책임을 내부적으로 강제하는 시스템을 구축하기 시작한 것은 당연한 귀결이라 할 수 있다. 초국적기업의 생산 네트워크의 재편이 발생할 때마다, 개별 국가의 노동조합은 자본에 대한 투쟁과 동시에 다른 나라의 노동자에 대

3) 그 결과 1990년대 후반부터 신자유주의적 세계화의 주체인 초국적기업에 대한 논의를 기존의 종속이론적 관점에서 벗어나 새로운 성장의 주체로 설정하는 일종의 신근대화론이 급속히 확산되고 있다.

한 상대적 경쟁 우위를 강조함으로써 초국적기업의 생산 기지를 유지하기 위한 경쟁에 몰두하게 된다. 이로 인해 기존 노동조합운동이 달성해 온 시장에 대한 정치적 규제, 사회적 기본권, 노동권, 건강권, 복지에 대한 권리 등과 같은 제반 사회적 권리를 시장 경쟁의 논리 하에서 하나씩 해체하거나 축소해가고 있다.

이러한 측면에서 볼 때, 현실에서의 노동조합의 사회적 책임은 단체교섭을 중심으로 개별 사업장 또는 개별 국가 단위로 조직대상인 노동자들을 위한 임금 및 근로조건을 확보하는 데에서 나아가 조직 사업장의 사용자가 국내외 협력업체 및 하청업체에 행하는 노동기본권 위반, 환경 파괴, 인권침해에 대응하는 것을 중심으로 전개된다.

국제기준협약은 노동조합이 경제적 이기주의에서 벗어나 노동조합의 사회적 영향권하에 있는 이해관계자의 이해과 요구에 부응한다는 측면에서 노동조합의 사회적 책임의 핵심적인 내용을 구성하고 있다.

제2절 노동조합의 사회적 책임론 비판

노동조합의 사회적 책임론은 노동조합의 사회적 책임(이하 USR)을 기업의 사회적 책임과 마찬가지로 하나의 가이드라인으로 제시하고 있다. 노조의 사회적 책임론은 크게 이론적 검토와 실천적 전략으로 구분해 볼 수 있다. 노조의 사회적 책임론은 현재 이론적 모형으로서보다는 LG전자 중심의 실천적 전략으로 먼저 제기되었고, 그 후 LG전자의 사례를 토대로 이론화되어가고 있다. 해외에서도 노조의 사회적 책임에 대한 이론적 논의는 거의 이루어지지 않고 있다. 따라서 노조의 사회적 책임론은 한국에서의 노동조합의 역할에 대한 새로운 모색과정에서 등장한 노동조합의 실천적 행위를 이론적으로 검토하는 과정에서 등장한 논의라고 볼 수 있다.

개별 노조의 실천적 전략의 이론화 과정에서 등장한 노조의 사회적 책임론에 대해서는 분석을 위해 노조의 사회적 책임을 이론적 모형 측면에서 검토한 후, LG전자 노조의 실천적 행위를 분석하도록 하겠다.

우선 노조의 사회적 책임론에 대한 이론적 검토는 일부 노사관계 학자를 중심으로 이루어져 왔으며, 최근 국책 연구기관인 노동연구원에서도 노조의 사회적 책임을 본격적으로 분석한 바 있다(권순원, 2010; 이장원, 2008; 정승국 외, 2010). 노조의 사회적 책임론을 주장하는 학자들은 주로 도킨스과 츄 및 벵의 글을 이론적 자원으로 활용하고 있다(Dawkins, 2009; Chew & Beng, 2010). 반면 노조의 사회적 책임론에 대한 비판적 문제제기도 존재한다(김준, 2010).

이와 같이 노조의 사회적 책임론에 대한 논의는 현재 진행형이며, 노조의 사회적 책임에 대한 정의 또한 명확하지 않다. 따라서 여기에서는 노조의 사회적 책임론에 대한 비판적 검토를 통해 노조의 사회적 책임을 ISO26000을 토대로 재구성하도록 하겠다.

1. 노조의 사회적 책임론에 대한 이론적 근거

노조의 사회적 책임론을 이론적으로 제기한 대표적 학자로는 세드릭 도킨스를 들 수 있다. 도킨스는 "임금과 노동조건을 넘어서: 노동조합 사회적 책임의 개념화"라는 논문에서 경제적 평등, 작업장 민주주의, 사회정의를 통합시키는 활동을 그 내용으로 하는 노동조합의 사회적 책임을 개념적으로 제시하고 있다(Dawkins, 2009: 129). 경제적 평등은 경제공동체 영역, 작업장 민주주의는 작업장공동체 영역, 사회정의는 사회공동체 영역에서 이루어져야 하며, 노동조합은 노사관계를 통해 이들 영역에 영향을 미칠 수 있다고 주장한다.

이러한 도킨스의 논의는 CSR에서 일반적으로 제시되어 왔고, ISO26000에서 특히 강조되는 영향권(sphere of influence)의 논의를 노동조합을 중심으로 재구성한 것이라고 볼 수 있다. 이를 통해 노동조합의 활동 영역을 조합원을 넘어 전체 기업과 사회에 대한 일반적 영향력의 행사로 재규정한다.

그러나 이러한 도킨스의 논의는 몇 가지 문제를 안고 있다. 우선 노동조합이 영향력을 행사할 수 있는 권력자원은 기업과 달리 방어적 자원에 기초하고 있다. 즉 기업은 기업의 경영전략을 통해 경제공동체와 작업장공동체에 직접적인 영향력을 행사하며, 기업의 생산활동의 결과는 고용, 환경, 소비자 등 사회공동체에 다양한 영향력을 갖게 된다. 기업의 사회적 책임은 이와 같이 능동적인 행위자로서의 기업이 갖는 영향력의 확대에 기초해 있다. 그러나 노동조합은 기본적으로 도킨스가 언급한 세 가지 영역 모두에서 적극적이고 능동적인 권력자원을 갖고 있지 않다. 오히려 기업의 경제사회적 영향력의 확대는 노동조합의 조직자원인 노동자들의 사회경제적 지위를 하락시키고 있다. 따라서 일반적인 CSR의 논의를 노동조합에 적용하는 도킨스의 주장은 노동조합과 기업의 영향력을 동일시하는 오류를 범하고 있는 것으로 보아야 한다. 즉 도킨스의 논의는 노동조합이 아닌 노동계급의 사회운동에 적합한 이론이라고 볼 수 있다.

오히려 도킨스가 동시에 지적한 바와 같이 노조의 사회적 책임론은 노조에게 상당한 위험요인으로 작용할 수 있다. 노동조합의 사회적 책임은 조합원의 이해관계 대변이라는 노동조합의 일차 목적을 상실하게 하여 조직력을 약화시키고, 사회적 책임을 강조하면서 노사협조주의에 빠져 이해대변조직으로서의 성격을 상실하게 될 위험이 있다.

두 번째로 츄 & 벵은 “노조의 사회적 책임: 전 지구적 세계에서 필수적인 공공재”라는 논문을 통해 노동조합이 사적 이해관계보다 공적 이해관계를 우선시하는 조직으로 변화해야 한다고 주장한다(Chew & Beng, 2010). 이들은 싱가포르의 사례를 통해 노동조합의 역할을 개별적 이해관계를 추구하기보다는 전체 사회적 이해관계를 추구해야 하며, 이를 위해 노사협조주의를 적극적으로 받아들여야 한다고 주장한다. 즉 일자리 창출을 위해서는 기업경쟁력 강화와 정부의 산업 및 경제정책에 협조함으로써 장기적 관점에서 노동조합의 활동을 조정해야 한다고 말한다.

이와 같은 츄 & 벵의 논의 역시 사적 이해집단인 노동조합에게 공적 조직으로서의 역할을 부여한다는 점에서 노동조합 역할을 잘 못 설정하는 오류를 범하고 있다. 이에 대해 김준은 이러한 노조의 사회적 책임론은 합리적 노동자의 무임승차 문제를 가져와 노동조합의 조직력에 문제가 발생할 수 있고, 국가의 물질적 지원에 기초한 노동조합의 존재가 노동조합의 존재 이유를 상실시키는 결과를 가져온다고 비판한다(김준, 2010).

우리나라에서 노조의 사회적 책임론의 이론적 자원으로 활용되는 논의는 기업의 사회적 책임을 기계적으로 노동조합에 적용하거나, 노사협조주의의 새로운 이론적 자원으로 노조의 사회적 책임론을 제시하고 있다. 따라서 노동조합의 본연의 역할과 기능을 유지하면서, 즉, 노동조합의 활동 범위와 활동 영역 내에서 사적 이해대변 조직으로서의 성격을 유지하면서 노동조합이 사회적 책임을 수행하는 방식으로 노조의 사회적 책임에 대한 논의를 재구성할 필요가 있다.

2. 우리나라에서의 노조의 사회적 책임에 대한 기존 논의

기존에 우리나라에서 노조의 사회적 책임은 노동조합운동의 전략적 방향과 관련하여 제시되어 왔다. 한국노총의 사회개혁적 노동조합주의나 민주노총의 사회공공적 또는 사회운동적 노동조합주의 등이 내용적으로 노조의 사회적 책임을 포괄한다고 할 수 있다. 이러한 논의는 주로 국가의 정책에 노동조합이 직접적 또는 간접적으로 영향력을 행사함으로써 사회공공성을 실현하는 방향으로 이루어졌다. 즉 작업장을 중심으로 한 노동조합의 이해대변과 별도로 노동조합이 사회정책적 개입을 통해 사회양극화, 비정규직 문제, 사회보장제도의 확충, 사회비리 및 부패의 척결 등을 도모함으로써 노동조합이 사회적 책임을 수행해야 한다는 것이다. 이러한 방식은 사적 이해관계의 실현과 공적 이해관계를 상이한 영역으로 설정하고 있으며, 특히 노동조합의 주된 공간인 기업에 있어서 노조의 사회적 책임이 사실상 방기되는 문제를 가져왔다.

그러나 최근 기업의 사회적 책임에 대한 논의가 본격화되면서, 노동조합이 기업의 사회적 책임에 어떻게 대응해야하는가를 두고 다양한 논의가 전개되었다. 노동조합의 차원에서 기업의 사회적 책임에 적극적으로 대응하고 활용해야 한다는 최초 논의를 제시한 노광표가 대표적이다(노광표, 2007). 노광표는 기업의 사회적 책임을 노동조합의 사회공공성 운동과 결합시켜 기업의 영향권에 있는 작업장 내외의 다양한 사회적 의제를 해결하는 데 활용해야 한다고 주장한다. 즉 노동조합은 단체교섭 등 노동조합 고유의 활동 영역 내에서 기업의 사회적 책임을 강제하고 감시 및 감독하고, 다른 한편으로는 작업장 외부의 지역사회적 의제에 대해서는 시민사회와의 연대를 통해 기업이 사회적 책임을 다할 수 있도록 노력해야 한다고 주장한다.

다른 한편으로 기업의 사회적 책임과 관련된 국제표준규범에 기초하여 노동과 관련된 기업의 사회적 책임 지표를 작성하고, 이를 통해 기업의 노동 영역에서 사회적 책임을 다하고 있는지를 감시하기 위한 다양한 실천적 활동들이 이루어졌다. 참여연대의 노동지표가 대표적이라고 할 수 있다.

3. 노조 사회적 책임론의 문제점

최근에 우리나라에서 사회적으로 많은 주목을 받고 있는 노조의 사회적 책임론은 이와 같이 기업의 사회적 책임에 대한 논의 확산에 따른 노동조합의 역할에 대한 문제제기를 적극적으로 받아들여, 노동조합운동의 패러다임을 새롭게 구성하기 위한 전략적 방향으로 제기되고 있다. 대표적으로 권순원은 노조의 사회적 책임을 노동운동의 패러다임 전환으로 제시한다. 노조의 사회적 책임은 기존 "노동조합주의(unionism)의 새로운 대안"이며, "기존의 전통적 노동조합주의 노선에서 탈피해 사회 속의 노동조합으로서 다양한 사회적 역할을 모색하고 이를 실천"해야 한다고 주장한다(권순원, 2012).

이러한 주장의 근거로는 주주중심주의 기업에서 이해관계자 중심의 기업으로의 변화와 노동조합의 위기가 제시되고 있다. 우선 첫 번째 근거를 살펴보자. 기업의 사회적 책임 논의로 주주의 이윤극대화에 있던 기업의 목적과 기능이 이해관계자의 다양한 또는 상충하는 이해를 수렴해 조정하고 공통의 선을 극대화하는 이해관계자 중심의 기업으로 기업이 변화하고 있다고 주장한다. 이와 같은 이해관계자 중심의 기업에서는 노동자 및 노동자의 대표인 노동조합이 기업 주체로서 협력적이고 동반자적 관계로 재정의되기 때문에, 노동조합도 통합적 사회책임을 져야 한다고 주장한다.

이러한 논의에 대해 주주중심주의 기업에서 이해관계자 중심의 기업으로 기업이 변화해가고 있느냐, 이해관계자 중심의 기업에서 노동조합이 기업 주체로서 동반자적 지위를 획득하고 그에 걸맞은 권한을 행사할 수 있느냐라는 문제제기를 할 수 있다. 기업의 사회적 책임 논의는 여전히 기업의 경영권과 사적 이윤 추구를 전제하고 있다. 기업의 사회적 책임이 노동조합에게 기업의 파트너로서 권한을 부여하고 있는 것도 아니다. 노동조합에게 권한이 주어지지 않은 상태에서 통합적 사회책임을 강조하는 것은 결국 또 다른 노사협조주의 이데올로기로 노조의 사회적 책임이 악용될 소지가 있다.

또한 유럽의 독일, 네덜란드, 프랑스, 스웨덴과 같이 이해관계자 자본주의하에서 경영참여제도를 통해 노동조합이 이해관계자로서 영향력을 행사하고 있는 경우에도, 노동조합의 영향력은 고용 및 복지 등 노동자의 임금 및 노동조건과 관련된 영역으로 제한되어 있다. 더구나 우리나라와 같이 주요 산업 및 경제를 지배하고 있는 가족자본주의 구조하에서 노조의 사회적 책임론은 노동조합에게 권한 없는 기업의 주체로서 노사협조주의를 부추길 위험성이 크다고 할 수 있다.

노조의 사회적 책임론의 근거로 제시되는 두 번째는 노동조합의 위기이다. 노동조합은 조직력 약화, 노조 내부의 분열, 노사간 이념대립, 경영자의 역할 증대 등으로 위기를 겪고 있으며, 노동조합의 전통적 역할로서는 이러한 위기를 극복할 수 없고, 노동조합운동의 새로운 패러다임이 필요하다고 제시되고 있다. 문제는 이러한 위기의

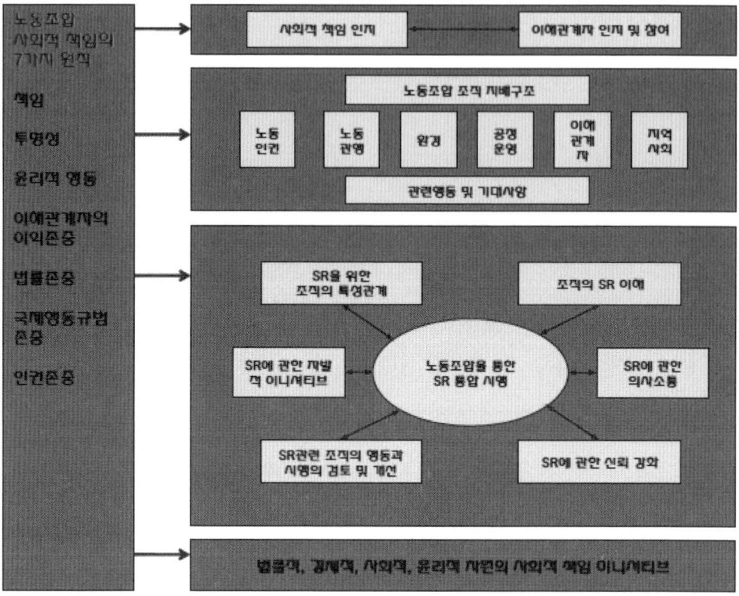

출처: 권순원, 2010.

〈그림 7-1〉 노조의 사회적 책임 프레임

진단이 아니라 노동조합의 위기 극복 방향에 있다. 노조의 사회적 책임론에서는 글로벌화된 기업경쟁하에서 노조의 조직적 위기를 극복하기 위해서는 경영자의 주도적 역할을 인정하고, 노동조합이 기업경쟁 패러다임을 받아들여 기업의 경영가치를 노동조합이 수용해야 한다고 주장하고 있다.

이러한 주장은 노동조합의 대안적 모델을 제시함에 있어서 논리적 추론의 오류를 범하고 있다. 노조의 사회적 책임론은 기본적으로 노동조합이 사회적 역할과 책임을 수행해야 함을 전제하고 있다. 그런데 노동조합의 대안적 모델은 결국 노동조합의 조직적 위기를 극복하기 위해 경영에 협력하는 노사협력주의로 귀결된다. 노사협력주의를 통해 개별 기업의 노동조합은 조직력을 보존할 수 있을 것이다. 그런데 노동조합의 조직력은 결국 정규직 노동자의 배타적 보호를 통해서 가능하다. 그렇다면 결국 이러한 노조의 사회적 책임론은 노조의 조합이기주의와 다를 바 없게 된다.

노조의 사회적 책임론이 제시하는 구체적인 노조의 사회적 책임 프레임은 ISO26000에서 제시하는 조직의 사회적 책임 프레임을 그대로 차용한 것이다. 즉 노조의 사회적 책임 활동은 지배구조, 노동인권, 노동관행, 환경, 공정운영, 이해관계자, 지역사회와 같은 7개의 영역으로 구성되어 있다.

이와 같은 노조의 사회적 책임 프레임에 적용된 ISO26000은 조직의 사회적 책임이라는 이름으로 모든 조직에 적용될 수 있지만, 기본적으로 기업의 사회적 책임을 염두에 두고 제시된 프레임이다. 따라서 노동조합에게 그대로 적용될 경우 상당한 문제가 발생한다. 즉, 적극적이고 능동적인 조직의 주체가 조직적 행위를 수행할 경우에 어떠한 영역에서 사회적 책임을 수행해야 하는지를 담고 있는 ISO 26000은 수동적인 조직인 노동조합에 그대로 적용할 수 없고, 적용해서는 안 된다. ISO26000을 노동조합에게 적용할 경우, 적용 대상은 기업공동체가 아니라 노동조합 조직이 된다. 즉 노동조합 조직 내부의 노동인권은 노동조합 위원장, 간부 및 조합원의 노동인권에 대한 노동조합의 사회적 책임이다. 그런데 노동조합 조직은 임노동관계를 전제로 하지 않는 특수 목적 조직이므로, 일부 고용직 노조간부를 제외하면 노동인권에 대한 사회적 책임이 발생하지 않는다. 마찬가지로 공정운영 역시 노동조합의 내부 민주주의의 차원에서 노조의 사회적 책임이 논의되어야 한다. 환경 역시 노동조합이 생산활동에 관여하지 않기 때문에, 환경을 직접적으로 책임질 수 있는 대상이 존재하지 않는다.

이와 같이 노조의 사회적 책임에 ISO26000을 적용한다는 것은 기업이나 국가의 공적 조직에 ISO26000을 적용하는 것과는 전혀 다른 접근이 필요하다. 그런데 노조의 사회적 책임론에서는 노조의 사회적 책임에 ISO26000을 적용하여 노조의 사회적 책임 프레임워크를 구성하면서, 노조 조직의 특수성에 대한 고려 없이 기계적으로 ISO26000을 적용하는 오류를 범하고 있다.

4. LG전자의 사회적 책임 사례

기업의 사회적 책임 논의가 확산될 수 있었던 계기는 LG전자에서 실시되고 있는 노조의 사회적 책임 사례라고 할 수 있다. LG전자 노조는 2010년 조합원의 권익뿐만 아니라 사회에 대한 노조의 책임을 '노조의 사회적 책임 헌장'으로 선포하는 등 노조의 사회적 책임 활동을 활발하게 전개하는 대표적 사례로 소개되어 왔다(배상호, 2010)[4].

LG전자 노조가 제시하는 노조의 사회적 책임은 노동조합의 지속가능성에 토대를 두고 있다. 대기업 노조로서의 사회적 책임에 대한 사회적 요구가 높아지고 있으며, 글로벌경쟁 같은 노경환경의 변화로 인해 노동조합도 지속적 생존 및 발전을 도모하기 위해서는 노동조합 이해관계자들의 기대를 충족시킬 수 있는 사회적 책임을 수행할 필요가 있다는 것이다. 이러한 LG전자 노조의 사회적 책임은 "노동운동을 함에 있어서 조합원(노조의 shareholder)뿐만 아니라 지역사회, 글로벌 고객 등 다양한 이해관계자(stakeholder)의 요구나 기대를 함께 고

4) 배상호는 LG전자 노조 사무처장이다.

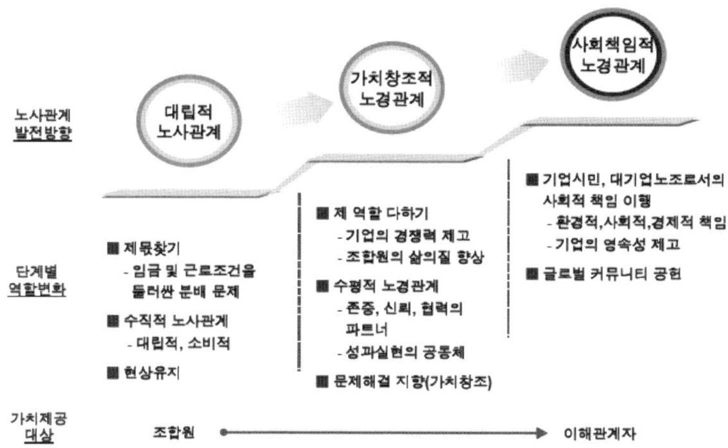

출처: 배상호, 2010.

〈그림 7-2〉 LG전자 노조의 미래 노동조합 역할 변화

려해야 하는 노동운동"으로 조합원을 넘어선 이해관계자 중심의 노동조합운동이라고 규정하고 있다.

이러한 노조의 사회적 책임규정에 따라 LG전자 노조에서는 노동조합의 역할을 사회책임적 노경관계에서 대기업노조로서 사회적 책임을 이행하고 글로벌 커뮤니티에 공헌하는 것으로 설정하고 있다.

위의 그림에서 이해관계자란 다양한 층위로 구성되는데, LG전자가 제시하는 이해관계자의 범주에는 조합원 및 구성원, 비정규직 및 협력업체, 지역사회, 글로벌 커뮤니티가 해당된다. 이들 이해관계자를 중심으로 LG전자 노조는 경제적 측면에서는 현장경영자로서, 사회적 측면에서는 협력사 및 사회적 약자를 위해, 환경적 측면에서는 작업장 환경 및 생태계 등을 위해 활동하는 것으로 되어 있다.

이러한 활동 영역에서의 구체적인 활동은 추진 체계, 추진 과제, 실행 및 점검 체계의 구축과 함께 주요 추진 활동으로 제시되고 있다.

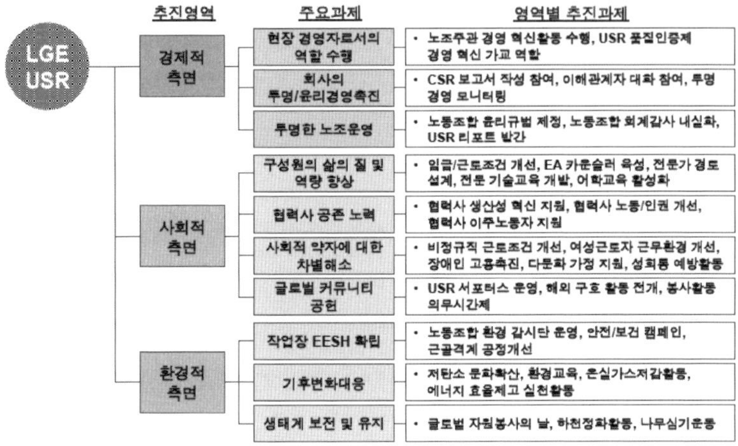

자료: 배상호, 2010.

〈그림 7-3〉 LG전자의 기업의 사회적 책임 활동 내역

2009년에서 2010년 사이에 실행된 LG전자의 노조의 사회적 책임 활동 현황을 보면 〈그림 7-3〉과 같다. 주요 활용 내역을 살펴보면, LG전자 지속가능보고서 작성, 사업장 작업환경 점검, 식목 및 환경 보호활동, 자선 및 구호활동, 소외계층 지원활동 등 다양한 활동을 경제적, 사회적 및 환경적 측면으로 구분하여 실시하고 있다.

LG전자 노조의 사회적 책임 활동은 매우 다양한 영역에서 적극적으로 이루어지고 있다. 이러한 노조의 활동에 대해 LG전자 역시 적극적으로 지원하고 협조하고 있다. 그런데 이러한 LG전자 노조의 사회적 책임 활동이 새로운 노동조합운동의 패러다임으로서의 대안이라고 하기에는 몇 가지 문제점이 존재한다.

우선, LG전자 노조가 노조의 사회적 책임에서 제시하고 있는 이해관계자의 의미가 명확하지 않다. 노동조합은 조직의 특성상 조합원에게 서비스를 제공하는 특수 목적의 조직이다. 그런데 노동조합의 가치 제공 대상이 조합원이 아니라 이해관계자라고 한다면, 조합원이 노동조합에 가입해야 할 이유가 더 이상 존재하지 않는다. 즉 사적 이해를 목적으로 조직된 조직이 더 이상 사적 이해를 대변하지 않는다면 조직의 존재 이유가 사라지게 된다. 즉 김준이 지적한 무임승차의 문제가 발생하게 된다.

또한 일반적으로 기업의 사회적 책임이나 ISO26000에서 이해관계자는 조직거버넌스의 구축과 관계가 있다. 조직의 전략적 의사결정에 이해관계자를 참여시키고, 이해관계를 조정하기 위해 영향권과 이해관계자를 설정하는 것이다. 그런데 LG전자 노조의 사회적 책임에서 이해관계자는 조직거버넌스에 참여하여 이해관계를 반영시키는 주체이기 보다는 노사로 구성된 노조의 사회적 책임의 사업 대상에 머무르고 있다.

이해관계자와 관련하여 글로벌 커뮤니티 또한 모호하다. 4차 이해관계자로 칭해지는 글로벌 커뮤니티라는 이해관계자는 구체적인 실체도 모호할 뿐더러 글로벌 커뮤니티를 대상으로 특정 기업의 노조가 어떤 방식으로 사회적 책임을 질 수 있는지도 명확하지 않다.

마지막으로 LG전자 노조의 사회적 책임 관련 영역별 활동 내역을 살펴보면, 대부분 사회공헌 및 사회봉사 활동으로 구성되어 있다. 지속가능보고서 작성 참여를 제외한 나머지 사업은 환경과 사회적 측면으로 구분되어 있지만, 식목활동 및 청소, 자선 및 구호활동이 대부분이다.

기업의 사회적 책임 논의에서 가장 중요한 사항은 기업이 강한 영향력을 갖는 핵심 영역인 생산 영역에서 사회적 책임을 적극적으로 실천해야 한다는 것이다. 즉 기업 조직 내부에 이해관계자의 이해관계를 대변하고 협의하는 거버넌스를 구축하고, 작업장에서 노동과 인권규범을 준수하는 것이다. 이러한 논리의 연장선상에서 생산활동의 결과 발생하는 환경문제에 대한 책임, 소비자에 대한 책임, 지역사회에 대한 책임이 영향권이라는 핵심적 개념으로 제시된다. 즉 기업의 이윤활동과 무관한 영역에서의 기업의 사회적 책임을 사회공헌활동이라고 별도로 구분한다. 기업의 사회적 책임은 이윤활동의 영역에서부터 시작되며, 영향권의 가장 먼 곳에 사회공헌활동이 위치한다.

동일한 논리를 LG전자 노조의 사회적 책임에 적용하면, LG전자 노조 및 노조의 사회적 책임론자들이 주장하는 노조의 사회적 책임은 이론적인 노동조합운동의 새로운 패러다임과는 무관한 노조의 사회공헌 활동에 불과하다고 할 수 있다.

이러한 문제는 기업의 사회적 책임에 대한 논의를 기계적으로 노조에 적용하면서 발생하는 것으로 보아야 한다. 노조의 사회적 책임은 노조의 사회적 책임론에서 주장하는 것처럼 노동조합운동의 새로운 패러다임이라기보다는 노동조합의 조직 특성으로부터 출발해야 한다. 노동조합은 자본주의적 생산조직의 이윤활동으로부터 불이익을 받는 임금노동자의 조직이다. 따라서 노조의 사회적 책임은 노동조합이 조합원을 넘어 노동자들의 기본적인 권리가 보장받을 수 있도록 하고, 더 나아가 기업에 대한 감시자로서 기업이 사회적 책임을 다하도록 강제하는 데 있다.

‖ 제 8 장 ‖

국제기준협약과 노조의 사회적 책임

제8장 국제기준협약과 노조의 사회적 책임

제1절 국제기준협약과 노동조합의 사회적 책임 전략

1. 국제기준협약의 구조와 내용

노조의 사회적 책임론에 대한 비판을 통해 노동조합의 사회적 책임은 기업의 사회적 책임을 강제하고, 감시하여 작업장 내외의 다양한 사회적 문제에 개입하는 것으로 정의하였다. 이러한 측면에서 대표적인 노조의 사회적 책임 활동으로 국제기준협약(IFA, International Framework Agreement)을 들 수 있다. 국제기준협약은 노조가 자신의 영향력을 활용하여 조합원이 아닌 전체 노동자와 지역사회에 어떻게 사회적 책임을 질 수 있는가를 보여준다.

국제기준협약은 초국적기업의 전 세계 모든 작업장을 대상으로 초국적기업과 노동조합 차원에서 노동의 권리에 대한 협약을 체결하는 것이다. 우선 이 협약은 초국적기업이 활동하고 있는 전 세계 모든 작업장을 포괄한다. 다시 말해 협약 내용은 선진국이든 후진국이든 나라와 상관없이 협약이 체결된 초국적기업의 모든 세계적인 작업장에 적용된다. 게다가 대부분의 협약에서는 하청 관계를 맺고 있는 협력업체에도 적용된다. 따라서 이 협약은 초국적기업의 국내외 생산 네트워크 모두에 적용되는 것으로 초국적기업 내 작업장의 모든 노동자들을 포괄하는 협정이다.

또한 앞으로 살펴보겠지만 이 협약에서는 초국적기업에 고용된 모든 노동자들의 기본적인 권리, 노동조합의 권리, 단결권, 기회 균등, 안전과 보건, 최저 임금 기준, 아동 노동과 강제 노동의 폐지 등과 같은 최소 노동 기준과 각 초국적기업의 현실적 조건에 맞는 조항이 포함되어 있다. 이 조항은 국제노동기구(International Labor Organization: 이하 ILO)의 핵심노동기준(core labor standards)을 포함하고 있으며 일자리 재배치, 환경, 노동자 훈련, 지역 사회와 관계 등에 대한 내용도 들어가 있다.

국제기준협약은 신자유주의적 세계화와 기업의 초국적화가 급격하게 진행되기 시작하는 1980년대부터 논의가 진행되었고 1980년대 중반에는 첫 번째 국제기본협약 협약이 체결되었다. 국제기준협약은 각 산업별 및 세계 노동조합연맹과 초국적기업 사이에서 체결된 노동협약이다(ILO, 2005: 101). 1988년 프랑스 초국적기업인 다농과 국제식품연맹(International Union of Food, Agricultural, Hotel, Restaurant, Catering, Tobacco and Allied Workers' Associations, IUF) 사이에 최초로 국제기준협약이 체결된 이후[1], 2008년 현재 55개의 국제기준협약이 체결되어 있다(Graham & Bibby, 2002: 4; Rudikoff, 2005; IMF & ICFTU,

---

1) 국제식품연맹과 다농 사이의 국제기준협약에 대한 협상은 1985년에 시작되었다. 이 최초의 국제기준협약은 노동조합의 권리, 숙련 형성, 신기술 도입, 조직 재편, 심대한 생산량 조절, 생산 기지 이전, 부분적 또는 전면적 폐업에 대한 조치 등 노동자들의 노동 기본권을 폭넓게 규정하고 있다(Graham & Bibby, 2002: 4; Miller, 2004: 215).

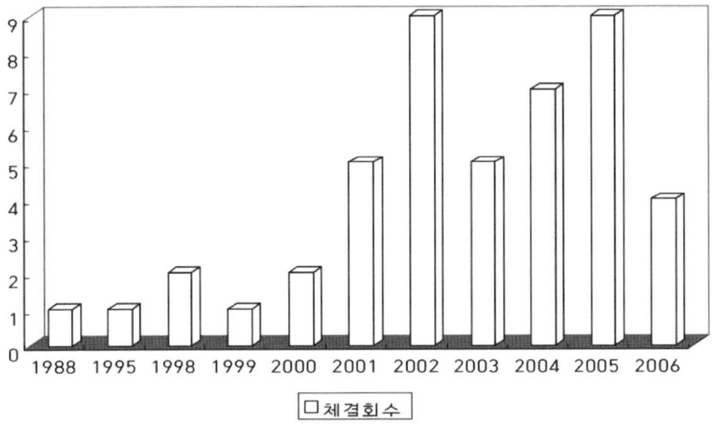

자료: www.imfmetal.org.

〈그림 8-1〉 국제기본협약 체결 추이

2008; Stevis & Boswell, 2008: 112).

이 중에서 핵심 산업인 자동차 산업만을 보면 전체 국제기준협약의 1/5인 10개의 국제기준협약이 체결되어 있다(〈표 8-1〉). 자동차 산업에서 체결된 국제기준협약은 국제화학에너지광산일반노조연맹(ICEM)과 체결된 프로이덴베르크(Freudenberg) 사례를 제외하면 모두 국제금속노련과 체결되어 있다. 국가별로는 스웨덴과 프랑스이 각 1개이며, 나머지 8개는 모두 독일계 기업들이다. 폭스바겐, 다임러크라이슬러, BMW 및 푸조 등 주요 유럽 완성차 업체가 모두 국제기준협약을 체결했다. 자동차 산업 초국적기업들이 체결한 국제기준협약은 기업의 사회적 책임 및 행동 규범, 노동 기본권 보장, 노사 간 사회적 대화 등을 규범적으로 선언하는 내용을 담고 있다.

자동차 산업에 국제기본협약 체결이 많은 이유는 한편으로는 자동차 초국적기업이 세계적 자본 축적을 가장 크게 확대하고 있고 규모

〈표 8-1〉 자동차 산업의 국제기준협약 현황(2008년)

기업	국가	생산품	국제노동연맹	연도
Freudenberg	독일	Chemicals (auto parts)	ICEM	2000
Volkswagen	독일	Auto assembly	IMF	2002
DaimlerChrysler	독일	Auto assembly	IMF	2002
Leoni	독일	Wires and cables(auto parts)	IMF	2003
SKF	스웨덴	Rolling balls (auto parts)	IMF	2003
Rheinmetall	독일	Defence, auto parts, elec.	IMF	2004
Robert Bosch	독일	Electronics, auto parts	IMF	2004
BMW	독일	Auto assembly	IMF	2005
Röchling	독일	auto parts, plastic	IMF	2005
PSA Peugeot Citroën	프랑스	Auto assembly	IMF	2006

출처: IMF(www.imfmetal.org) & ICFTU(www.icftu.org).

가 거대한 산업에 속하기 때문이다. 다른 한편으로 국제기본협약을 체결하는 노동조합이 강력한 조직력을 가지고 있고 국제금속노련(International Metal Federation)[2)]의 영향력이 아주 크기 때문이다.

자동차 산업 이외에 독일의 프로이덴베르크(Freudenberg), 프랑스의 로디아(Rhodia)와 같은 화학 초국적기업, 독일의 호크티이프(Hochtief), 네덜란드의 발라스트 네담(Ballast Nedam), 뉴질랜드의 임프레질로(Impregilo), 노르웨이의 바이덱케(Veidekke)와 같은 건설 초국적기업, 그리스의 오티이 텔레콤(OTE Telecom), 포르투갈 텔레콤(Portugal Telecom)과 같은 통신 초국적기업 등 매우 다양한 산업에서 국제기본협약이

2) 국제금속노련은 1893년 8월 오스트리아, 벨기에, 프랑스, 독일, 영국, 헝가리, 스위스, 미국 등 사회주의 인터내셔널회의 참석차 스위스 취리히에 모인 8개국 30명의 노동조합 대표들이 세계 금속 노조 간의 국제 협력과 상호 지원을 위해 국제 사무국을 설치하기로 합의함으로써 창립되었다. 국제금속노련은 최대 규모의 국제 산별 노조로 중 하나로 세계 금속 노동자들의 이익을 대변하고 있다. 현재 100여 개국 200여 개 노조의 2,500만 명의 회원을 두고 있다.

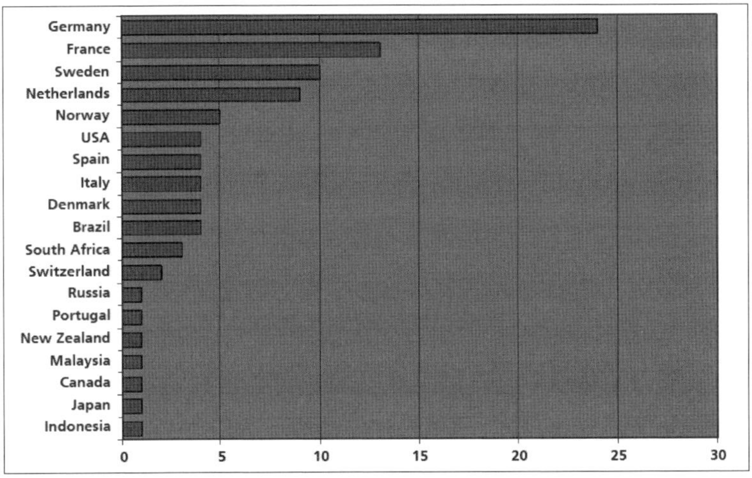

자료: www.imfmetal.org

〈그림 8-2〉 국가별 국제기본협약 체결 추이

체결되었다.

지역적인 측면에서 국제기본협약을 체결한 초국적기업의 본사는 대부분 유럽에 집중되어 있다. 〈그림 8-2〉에서 알 수 있는 것처럼, 국제기본협약 중 유럽의 비중은 83.33%에 달한다. 이 중 독일에 본사를 둔 초국적기업이 체결한 국제기본협약이 13건으로 가장 많았고 뒤이어 프랑스(8건), 스웨덴(6건) 순으로 국제기본협약을 많이 체결했다. 국제기본협약에서 유럽이 압도적인 우위를 점하는 것은 국제기본협약이 가진 가장 큰 특징이자 한계이기도 하다.

그런데 유럽에 국제기본협약이 집중된 이유는 유럽 통합과 깊은 관련이 있다. 특히 1994년 10월 영국을 제외한 11개 나라들의 노동사회 장관 이사회에서 통과된 입법 지침이 결정적인 계기가 되었다. 이 지침은 유럽 노동자들의 참여권을 보장하기 위해 노동자에 대한 정보 제공 및 협의를 위한 유럽종업원평의회(European Works Council) 구성을 담고 있다.

이 지침에 따르면 "최소한 2개국에서 150명 이상을 고용하는 기업 또는 150명 이상을 고용하고 다수 국가에서 사업을 하는 그룹을 포함하여 회원국에서 1,000명 이상을 고용하는 기업이나 그룹"은 유럽종업원평의회를 구성해서 한 나라에 경영 결정에서 발생하는 문제가 다른 나라에 영향을 주는 경우 이를 기업의 경영진이 노동자에게 알리도록 되어있다. 그런데 이러한 유럽종업원평의회에서는 유럽을 중심으로 한 초국적기업을 대상으로 노동자의 기본적 권리를 인정하는 협약을 추진했고, 그 결과로 국제기준협약이 가속화되었다.

2000년 들어서는 유럽 이외에 본사를 둔 초국적기업에서도 국제기본협약이 체결되는 경우가 나타났다. 비유럽 초국적기업이 국제기본협약을 체결한 경우는 총 4건으로 미국(우미코어, Umicore), 뉴질랜드(임르페질로, Impregilo), 러시아(유럽 항공 방위 우주 산업, EADS), 남아프리카 공화국(뢰클링, Röchling)에 본부를 둔 초국적기업에서 체결된 것이다. 2000년까지 유럽 이외 초국적기업이 국제기본협약을 맺은 경우가 없었다는 점을 감안할 때, 유럽 이외 지역에 본부를 둔 초국적기업에서 국제기본협약의 체결이 증가하는 것은 고무적인 현상이라고 할 수 있다. 또한 이러한 현상은 앞으로 국제기본협약이 유럽을 중심으로 한 협약에서 벗어나 점차 세계적으로 확산될 가능성이 존재한다는 사실을 보여주는 것이라고 할 수 있다.

국제기준협약은 세계화와 더불어 자본의 초국적 활동이 활발해진 2000년대 이후 본격화되었다. 주로 자동차 업종을 중심으로 한 금속 산업의 유럽 초국적기업들이 국제기준협약을 체결하고 있다. 특히 독일 기업을 모회사로 하는 초국적기업이 국제기준협약 체결의 실질적 대상이 되고 있다.

국제기준협약의 체결 주체는 개별 국가 수준과 국제 노동운동 네트워크 수준으로 나뉘어진다. 개별 국가 수준에서는 개별 초국적기업의 종업원평의회(Works Council)와 관련 업종 및 산업의 노동조합이 중심이 되며, 이 두 조직을 토대로 하여 초국적 노동자네트워크인 유럽종업원평의회(European Works Council)와 세계종업원평의회(World Works Council)가 조직된다. 노동조합과 노동자 대표조직인 유럽종업원평의회 및 세계종업원평의회는 협약의 주체로서 각 업종 및 산업단위의 국제노동조합조직(Global Unions)을 통해 개별 초국적 기업과 국제기준협약을 체결하게 된다. 이와 같이 국제기준협약에는 다양한 노동조합 및 노동자 조직이 직간접적으로 관여하고 있다(Rudikoff, 2005).

국제기준협약은 한시적인 협약의 성격을 갖고 있다. 따라서 효력기간이 끝나기 전에 재협상을 해야 한다. 재협상을 통해 국제노동조

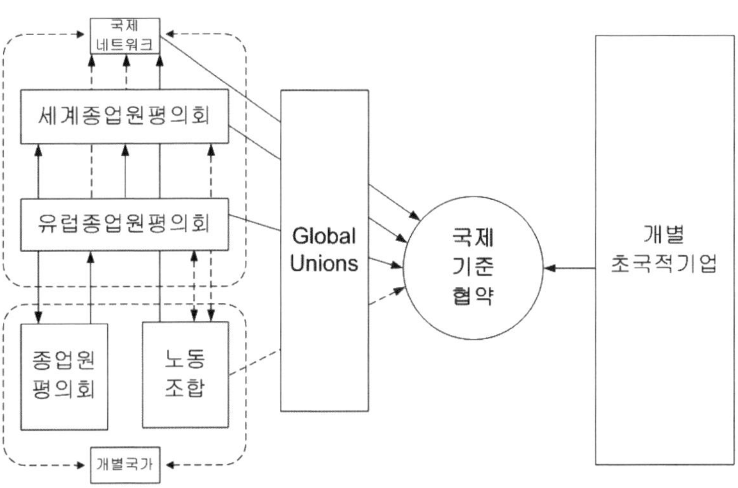

〈그림 8-3〉 국제기준협약의 체결 주체 및 구조

합과 초국적기업은 지속적인 관계를 유지하고 사회적 대화와 협약의 현실 적합성을 검토할 수 있다. 국제노동기구의 기본 협약에 준하여, 초국적기업의 해외 생산 공장 및 관련 하청 업체에 핵심적 노동 기본권을 보장하도록 하는 내용을 담고 있다.[3)]

국제기준협약이 국제노동기구의 핵심 노동기준과 다른 점은 국제노동기구가 국민국가를 대상으로 노동기본권 보장을 추구하는 데 반해, 국제기준협약은 초국적기업을 대상으로 자회사, 하청기업 및 거래기업에 종사하는 노동자의 실질적인 노동기본권을 노동조합이 직접 확보하기 위해 나섰다는 점에서 차이가 있다(ILO, 2005).[4)] 국제노동기구의 핵심 노동기준이 국가에 의한 제도적 보장을 강조하기 때문에, 국가에 의해 자본이 동원되는 개발도상국과 저개발국에 있어서는 실질적인 효과가 없다는 비판이 존재한다(Singh and Zammit, 2000; Stevis & Boswell, 2008: 84-88). 이러한 점에서 국가를 통하지 않고 이해당사자인 노동조합이 직접 초국적기업을 상대로 노동기본권 관련 핵심 조항을 강제한다는 점에서 국제기준협약은 개발도상국과 저개

---

3) 국제기준협약은 국제노동기구의 핵심 노동기준에 기초해 있다. 노동기본권의 보장, 단결권, 산업안전과 보건, 최저 임금 기준, 아동 노동과 강제 노동의 폐지 등과 같은 최소 노동기준을 포함하고 있다. 국제노동기구의 최소기준이 규정하고 있는 핵심적인 최소 노동 기준은 결사의 자유(87조), 단체 교섭권(98조)이다. 국제기준협약은 이 외에도 정보 및 자문권, 평등권, 산업 안전 및 보건, 최소 임금 기준, 아동 노동 및 강제 노동의 금지 등의 조항들을 포괄하고 있다.

4) 국제금속노련은 국제기준협약 표준안을 통해 초국적기업의 협력업체 관련된 규정을 다음과 같이 제시하고 있다. "협력 업체 관련 규정: 많은 경우에 노동권의 최악의 남용은 국제기준협약을 체결한 회사에서 발생하는 것이 아니라 그 회사와 공급계약을 맺은 회사에서 발생한다. 이러한 이유로 국제기준협약 모형은 협약을 체결한 회사는 그들의 계약자, 그들의 하청 업체, 주요 공급자와 라이선스(프랜차이즈 보유자)에게 협약 체결 회사의 생산물이나 부품을 생산하거나 분재하는 경우에 협약의 조건들을 제공하고 국제기준협약의 기준을 감시할 것을 요구하는 조항을 포함하고 있다."(Holdcroft, 2006).

〈표 8-2〉 기업 행동 규범과 국제기준협약의 차이

행동 규범	국제기준협약
1. 일방적 선언	1. 노동과 기업 경영 측과의 협의
2. 핵심노동기준의 부분적 인정	2. 모든 핵심적 노동 기준의 인정
3. 하청 기업 미적용	3. 일반적으로 하청 기업 포괄
4. 기업에 의한 이행 여부 자체 감시	4. 이행 여부에 대한 노동조합의 감시 및 감독
5. 노동조합의 배제	5. 노동조합과 경영 측과의 지속적인 사회적 대화

출처: ILO, 2005: 107.

발국 노동자의 기본권 보장에 보다 효과적이라고 할 수 있다(Rudikoff, 2005).

또한 국제기준협약은 기업의 사회적 책임을 강조하면서, 초국적기업과 관련 하청 및 거래 기업의 기본적 인권과 시민권의 보장을 이끌어낸다는 점에서, 기업이 자발적으로 행하는 기업 행동 규범과 유사한 측면이 있다. 일부 초국적기업이 자발적인 선언을 통해 제시하고 있는 기업 행동강령 역시 기업의 사회적 책임에 기초하여, 노동 기본권 및 환경에 대한 기업의 윤리의식과 책임성을 강조하기 때문이다. 그러나 국제기준협약과 행동 규범은 여러 가지 측면에서 상당한 차이를 갖고 있다(Graham & Bibby, 2002: 4-5; Stevis & Boswell, 2008: 111-141).

우선 행동 규범은 사회적 대화라는 상호 협의적 관계를 강조하는 국제기준협약과는 달리 기업의 일방적인 선언의 형태를 띠고 있다. 따라서 기업 내에 종사하는 노동자들의 이해관계가 제대로 반영되지 못하고 있다. 또한 국제기준협약이 국제노동기구 기본 협약의 핵심적 내용들[5)]을 충실히 반영하고 있는 반면, 행동 규범은 기업 경영자 측

5) 국제노동기구의 기본협약이 규정하고 있는 핵심적인 최소 노동 기준은 결사의 자유(87조), 단체 교섭권(98조)이다. 국제기준협약은 이 외에도 정보 및 자문권, 평등권, 산업 안전 및 보건, 최소 임금 기준, 아동 노동 및 강제 노동의 금지 등의 조항들

의 필요에 따라 핵심적 노동 기준이 부분적으로만 적용되고 있다.

특히 자본의 초국적화가 가져오는 사회적 악영향을 통제하기 위해 가장 중요한 측면인 초국적자본의 하청 기업 및 거래 기업이 위치한 개발도상국과 제3세계에 대한 핵심노동협약의 적용 문제에 있어서 행동 규범은 커다란 한계를 갖고 있다. 행동 규범은 적용 대상에서 하청 기업과 거래 기업을 제외하고 해당 초국적기업에만 적용된다. 대부분의 하청기업이 노동기본권이 보장되지 않는 제3세계 및 개발도상국에 생산 기지를 갖고 있다는 점에서 행동 규범은 실질적인 현실 적합성을 갖고 있지 못하다고 볼 수 있다. 반면, 국제기준협약은 하청 기업뿐만 아니라 거래 기업 또한 사업 관계의 전제로 핵심노동기준을 준수할 것을 요구하고 있다.

또한, 행동 규범은 행동 규범의 제정, 선언, 이행 및 감시감독의 과정에서 노동조합을 철저하게 배제하고 사용자 측이 주도한다. 반면 국제기준협약은 노동조합이 기업의 협상 파트너로 협약의 이행여부에 대해 지속적으로 감시할 수 있는 권한을 부여하고 있다. 따라서 노동조합의 조직역량은 국제기준협약의 이행가능성에 영향을 미치는 가장 중요한 요소라고 할 수 있다. 초국적기업의 본사가 위치한 지역의 노동조합이 주도적으로 초국적기업 노동자네트워크를 구축하고 조정하고 조직화하지 않으면 국제기준협약은 선언적 문서 이상의 의미를 갖지 못하게 된다.

국제기준협약은 노사 협약의 형태를 띠고 있기 때문에, 이행에 대한 감시 및 감독이 핵심 사안이라고 볼 수 있다. 국제기준협약과 유사하게 핵심적 노동 기본권 보장을 규정하고 있는 다양한 국제적 논

을 포괄하고 있다.

의나 제도들이 사회적 논의의 핵심으로 떠오르지 못하고 있는 이유도 바로 이행에 대한 감시 및 감독과 관련된 한계와 관계가 있다. 최근 들어 부상하고 있는 기업의 사회적 책임이 대표적인 경우라고 할 수 있다. 기업의 사회적 책임론에 기초하여 노동 기본권 보장을 명문화하고 있는 국제 기준이나 제도로는 UN 글로벌 임팩트(Global Impact), 지속가능 보고서 가이드라인(Globla Reporting Initiative, GRI), 기업의 사회적 책임표준 인증체계(SA8000), 사회적 책임에 대한 가이드라인(ISO26000), 기업의 사회적 책임에 기초한 행동 규범 등이 있다. 이들 국제 기준들은 자율적 선언과 자기 규제의 형태에 기초한 인증 체계이기 때문에, 객관적 외부 평가 체계가 결여되어 있다. 또한 기업이 자신의 활동을 스스로 평가·보고하기 때문에, 기업 홍보 내지는 이미지 관리에 더 많은 초점이 놓여 있다고 할 수 있다.[6] 따라서 실질적 이해관계를 갖고 있는 노동조합이나 노동자 조직이 협약의 주체로서 참여하고, 협약 이행을 실질적으로 감시하고 감독하는 국제기준협약은 여타의 국제 기준이나 제도보다 훨씬 더 실효성이 있다고 할 수 있다.[7]

---

6) 대표적으로 반노조기업의 대표적 사례인 삼성 SDI에서 매년 제출하고 있는 지속가능 보고서에는 노동 및 인권, 즉 노동조합 및 노사관계 영역과 정경 유착 등 자신에게 불리한 영역은 제외되어 있다(노광표·이명규, 2007). 각종 기업의 사회적 책임과 관련된 보고서 작성에 있어서 외부 전문가로 참여하는 일부 시민단체나 학계 성원과 기업 사이의 유착 관계도 기업의 사회적 책임이 최소한 우리나라에서는 여전히 기업의 홍보 수단으로 활용되는 현실에 책임이 있다고 할 수 있다. 여기에서 말하는 유착 관계란 외부 시민 단체 명망가의 참여와 적당한 비판을 통한 사회적 정당성 부여, 그리고 그에 따른 기업의 시민 단체에 대한 물질적 지원을 말한다.

7) 독일 금속 노조에서는 국제기준협약의 이행에 관한 실무적 감시 및 관리를 위한 매뉴얼을 다양한 언어로 제작하여, 관련된 노동조합 및 노동자 조직 활동가들이 활용할 수 있도록 하고 있다(IG Metall, 2006).

2. 국제기준협약의 체결 주체: 유럽종업원평의회

유럽종업원평의회는 세계화 및 유럽 통합의 영향으로 유럽 내에서 점증하고 있는 자본의 초국적화에 대응하기 위한 유럽 위원회에 의해 구상되고 제도화된 노동자들의 이해 대변 기구이다. 1994년 유럽 통합이 본격화되면서 자본의 탈국가적 이동성이 높아지고, 반면 국가의 시장 통제 능력은 약화되어 갔다. 시장에 대한 유럽 복지 국가의 조합주의적 통제에 기초한 일국 단위의 제도화된 노사관계라는 특징을 갖고 있던 유럽 노사관계는 세계화와 유럽 통합이라는 새로운 환경 하에서 가속화된 탈국가화된 자본의 탈출(exit) 전략으로 노동조합의 약화와 노동조합 운동의 침체 상황에 놓이게 된다. 노동조합 조직률의 지속적인 하락, 단체 교섭 적용률의 하락, 노동조합의 노동 시장에 대한 통제력 약화, 일방적 양보 교섭의 허용, 노사관계의 분권화 및 개별화 등 자본과 노동의 세력 균형이 급속하게 자본 주도로 재편되어 갔다.

여기에서 핵심적인 문제는 국경을 넘나드는 초국적자본의 운동에 일국 단위의 제도화된 노동조합이 효과적인 대응전략을 마련할 수 없었다는 사실이다. 〈표 8-3〉에서 보듯이 2002년에서 2006년 사이에 다양한 방식으로 초국적자본의 기업 구조 조정이 이루어졌다. 이 기간 동안 유럽에서 구조 조정 과정에서 약 127만여 개의 일자리가 상실된 반면, 창출된 새로운 일자리 수는 58만여 개에 불과하다. 약 70여만 명의 노동자가 일자리를 잃게 된 것이다. 초국적기업의 경영 전략에 따른 생산 기지의 재배치, 아웃소싱, 하청 관계의 재구조화 및 인수합병은 국민 국가의 국경을 자유롭게 넘나들며 이루어지고 있는데 비해, 기업 구조 조정의 대상이 되어 일자리 상실의 위협을 받는 노

〈표 8-3〉 유형별 기업구조조정의 고용효과(2002-2006.03)

구조조정 유형	예상 고용감축 (비율, %)	예상 고용창출 (비율, %)	사례 수 (비율, %)
내적 구조조정	1,295,578 (75.02)	21,847 (3.75)	1,832 (44.95)
사업 확장	950 (0.06)	552,914 (95.00)	1,011 (24.8)
파산/공장폐쇄	235,186 (13.62)	837 (0.14)	7261 (7.81)
역외 외주화/탈지역화	79,024 (4.58)	21 (0.00)	240 (5.89)
인수 및 합병	66,478 (3.85)	3,985 (0.68)	145 (3.56)
사업재배치	25,202 (1.46)	1,225 (0.21)	81 (1.99)
외주화	20,035 (1.16)	0 (0.00)	24 (0.59)
기타	4,477 (0.26)	1,210 (0.21)	17 (0.42)
총계	1,726,930 (100)	582,039 (100)	4,076 (100)

* 자료: ERM Database of Restructuring Fact Sheets at www.emcc.eurofound.eu.int/erm/accessed 29 March 2006(Carley & Hall. 2006: 3에서 재인용).

동자들과 노동조합은 국민 국가의 제도적 틀에 묶여 실질적인 대응책을 마련하지 못하고 있다.

유럽 통합의 진전으로 유럽 내 국민 국가의 시장과 경제에 대한 통제력이 약화되고, 자본의 초국적화가 급격히 진행되어 실업 및 사회 양극화와 같은 사회적 문제들이 심각해지자, 경제 통합 중심의 유럽 통합을 사회적으로 보완해야한다는 필요성이 제기되었다. 그 결과, 유럽의 사회적 통합을 제도적으로 촉진시키기 위한 조치로 유럽위원회는 유럽종업원평의회를 제안했다.

유럽위원회의 유럽종업원평의회에 관한 1994년 지침(Council Directive 94/45/EC 1994/09/22 on the establishment of a European Works Council)[8]은 초국적 노사관계의 발전에 새로운 전기를 가져왔다. 1994년 지침은 유럽종업원평의회의 구성 및 활동에 관한 자발적 협약을 확장하는 내용을 담고 있다. 이러한 움직임은 유럽 전역에 걸쳐 존재하는 초국적기업의 정보 공개 및 협의를 촉발시키고 동시에, 초국적 기업의 종업원 대표 사이의 연대를 강화하는 기업 단위 노동자 수준에서의 국제 노동 운동을 위한 시도라고 볼 수 있다.

1994년 유럽종업원평의회에 관한 지침은 1996년 9월까지 1,000인 이상 대기업이면서 2개국 이상에 각각 150인 이상의 노동자를 고용하고 있는 기업은 노동자의 이해관계를 대변하기 위한 대의기구를 설치할 것을 권고했다.[9] 이에 따라 현재 유럽 전역에는 약 800여 개의 유럽종업원평의회가 구성되어 있다(Carley & Hall. 2006: 2). 2007년 현재 유럽 내에서 활동 중인 2,204개의 초국적기업 중에서 35.6%인 784개만 유럽종업원평의회가 설치되어 있다(EFfILWC. 2007: 1). 특히, 초국적 기업 자동차 회사들은 완성차 업체와 부품 업체 모두 1996년 9월 이전에 대부분 유럽종업원평의회를 설치했다(〈표 8-4〉 참조).

그러나 다른 한편, 유럽위원회의 유럽종업원평의회에 관한 지침에

---

8) 1994년 유럽종업원평의회에 관한 유럽 지침에 대한 논의는 소위 정보 및 자문을 위한 유럽 지침을 위한 "브레들링 제안(Vredeling initiative"으로부터 시작되었다 (ILO, 2005). 1994년 지침에 대해 유럽 국가로는 영국과 포르투갈이 반대했으며, 유럽의 사용자 단체인 UNICE 또한 도입에 반대했다(Waddington, 2003: 303-304).

9) 유럽종업원평의회의 설치를 위해서는 모기업 사용자 측의 제안 또는 최소 100인 이상 노동자의 문서화된 요구, 또는 최소 유럽 2개국 이상의 자회사 또는 사업장 노동자 대표의 요구가 있어야 한다(European Commission, 2004, Directive Article 5.1).

〈표 8-4〉 유럽 내 주요 자동차 기업의 유럽종업원평의회 현황(계속)

기업	본사 소재지	설립일자 및 EWC의 지위
완성차 회사		
BMW	Germany	11 December 1995, article 13 agreement
Caterpillar	United States	20 December 1996, article 6 agreement
DaimlerChrysler	Germany	25 July 1996, article 13 agreement
Fiat	Italy	18 March 1996, article 13 agreement
Ford Motor Company Europe	United States	16 September 1996, article 13 agreement
General Motors Europe	United States	16 September 1996, article 13 agreement
Saab Automobile (GM)	Sweden/ United States	1 January 1997, article 6 agreement
Honda	Japan	1 March 1995, article 13 agreement
MAN	Germany	30 May 1996, article 13 agreement
Paccar	United States	1996, article 13 agreement
Porsche	Germany	No EWC, not covered by Directive
PSA Peugeot-Citroëen	France	10 July 1996, article 13 agreement
Renault	France	5 April 1993, article 13 agreement
Nissan (Renault-Nissan Alliance)	France/Japan	11 June 1998, article 6 agreement
Rover	United Kingdom	No EWC, not covered by Directive
Scania	Sweden	5 November 1998, article 6 agreement
Toyota	Japan	10 July 1996, article 13 agreement
Volkswagen	Germany	7 February 1992, article 13 agreement
Volvo	Sweden	2 December 1996, article 13 agreement
부품 회사		
American Standard	United States	29 May 2001, article 6 agreement
Arvin Meritor	United States	20 January 1998, article 6 agreement
Autoliv Asp	United States/ Sweden	16 May 2000, article 6 agreement
Behr	Germany	17 September 1996, article 13 agreement
Benteler	Germany	7 May 2002, article 6 agreement
Bilia	Sweden	26 September 1997, article 6 agreement
Cummins Engine	United States	8 December 1999, article 6 agreement
Dana	United States	22 June 2000, article 6 agreement

기업	본사 소재지	설립일자 및 EWC의 지위
Delphi Automotive Systems	United States	10 April 1996, article 13 agreement
Donnelly Europa	United States	5 November 1999, article 6 agreement
Edscha	Germany	6 February 2001, article 6 agreement
Epcos	Germany	26 April 2002, article 6 agreement
Fag Kugelfischer Georg Schaefer	Germany	6 April 1995, article 13 agreement
Faurecia	France	24 June 2003, article 6 agreement
Federal-Mogul	United States	9 July 1996, article 13 agreement
GKN	United Kingdom	1 November 1995, article 13 agreement
Hella Kg Huck & Co	Germany	18 September 1996, article 13 agreement
Honeywell	United States	13 June 1997, article 6 agreement
Ingersoll-Rand	United States	17 October 1997, article 6 agreement
Invensys	United Kingdom	28 June 2000, article 6 agreement
ITT Cannon	United States	19 September 1996, article 13 agreement
Johnson Controls	United States	2 May 1996, article 13 agreement
Knorr-Bremse	Germany	1 May 1995, article 13 agreement
Lear Seating Corporation	United States	6 April 1998, article 6 agreement
Leoni	Germany	7 April 2000, article 6 agreement
Mahle	Germany	20 September 1996, article 13 agreement
Mann & Hummel	Germany	31 July 1996, article 13 agreement
Metso	Finland	21 September 1996, article 13 agreement
Miba	Austria	1 December 2002, article 6 agreement
Mitsubishi Electric	Japan	21 June 1996, article 13 agreement
Norsk Hydro	Norway	11 August 1994, article 13 agreement
Partek	Finland	2 February 1996, article 13 agreement
Raufoss	Norway	(no date)
Rautaruukki	Finland	2 April 1996, article 13 agreement
Rheinmetall	Germany	27 April 2000, article 6 agreement
Rieter	Switzerland	28 March 1999, article 6 agreement
Robert Bosch	Germany	12 May 1998, article 6 agreement
Röochling Gruppe	Germany	6 December 1999, article 6 agreement
Schmitz Cargobull	Germany	31 October 2003 (agreement in principle)
Tenneco	United States	22 May 2002, article 6 agreement

기업	본사 소재지	설립일자 및 EWC의 지위
Thyssen-Krupp	Germany	3 November 1999, article 6 agreement
Tomkins	United Kingdom	20 September 1996, article 13 agreement
TRW	United States	10 December 1998, article 6 agreement
Tyco	United States	17 May 2000, article 6 agreement
Valéeo	France	21 September 1999, article 6 agreement
Visteon	United States	7 March 2001, article 6 agreement
Wagon Automotive	United Kingdom	5 July 1999, article 6 agreement
Zf Friedrichshafen	Germany	14 September 2000, article 6 agreement

자료: ILO, 2005: 97-99.

대한 비판이 지속적으로 제기되고 있다. 비판의 초점은 유럽종업원평의회의 실효성에 집중되어 있다. 가장 많은 비판은 유럽종업원평의회에게 주어진 권한에 대한 것이다.[10] 1994년 유럽종업원평의회에 관한 지침에 따르면, 유럽종업원평의회는 기본적으로 정보 및 자문을 통한 협의 및 사회적 대화를 수행하는 경영 참여 기구로 설정되어 있다. 일부 논자들은 유럽종업원평의회에는 독일 공동결정제도에서 볼 수 있는 바와 같은 실질적인 공동결정권[11]이 주어져 있지 않다고 비판한다(Ramsay, 1997: 318-319; ILO, 2005: 97).

유럽종업원평의회에 대한 사례 분석은 기업 지배 구조, 노사관계의 국민 국가적 전통, 초국적기업 본부 사용자의 노사관계 태도, 공동결

10) 마긴슨은 유럽종업원평의회의 실효성이 초국적자본의 기업 지배 구조 모델에 따라 상이하게 나타나고 있음을 지적한다(Marginson et al.. 2003).

11) 유럽종업원평의회의 기본 모델인 독일 종업원평의회는 협의 사항에 따라 정보, 청문, 자문 및 공동 결정이라는 4가지 권리를 갖고 있다. 일본의 노사 협의회가 노사 협의에 의해 설치되는 임의적 경영 참여 기구임에 비해 독일의 종업원평의회는 종업원평의회법에 따라 의무적으로 설치되는 강제적 경영 참여 기구이다(이승협 2006a; 2006b).

정과 노동자 참여 제도의 존재 여부 등의 변수에 따라 유럽종업원평의회에 대한 회의론이나 비판이 상이하게 나타나고 있음을 지적하고 있다. 마긴슨은 유럽종업원평의회의 실효성이 초국적자본의 기업 지배 구조 모델에 따라 상이하게 나타나고 있음을 제시한다(Marginson et al., 2003). 반면 왜딩튼은 노동자 참여 제도가 존재하는 대륙형 노사관계 국가의 노동자 대표들은 유럽종업원평의회의 정보 제공 및 자문 권한에 대해 노동자 참여 제도를 갖고 있지 않은 앵글로 색슨형 노사관계 국가의 노동자 대표들보다 훨씬 비판적임을 6개국 유럽종업원평의회 사례 연구를 통해 주장하고 있다(Waddington, 2003: 313).

이러한 비판이 나오게 된 배경에는 프랑스 초국적 자동차회사인 르노가 1997년 단행한 벨기에 빌보르데(Vilvoorde) 공장 폐쇄 조치가 있다. 3,000여 명의 노동자를 고용한 빌보르데 공장 폐쇄 조치는 유럽그룹위원회(European Group Committee)라고 불리는 르노 유럽종업원평의회에 아무런 사전 정보 제공이나 자문 없이 사용자측에 의해 일방적으로 내려졌다. 노동자에게 아무런 고지 없이 이루어진 르노의 구조 조정 조치는 유럽종업원평의회가 존재했음에도 불구하고 사실상 아무런 영향력도 행사할 수 없다는 현실을 부각시키게 되었다.

벨기에 노동조합은 즉각적으로 일방적인 공장 폐쇄 조치를 비판하고 파업을 조직해갔다.[12] 빌보르데 르노 공장 사건은 전 유럽 차원의 문제로 확대되었고, 르노 공장이 들어서 있던 프랑스, 벨기에 및 스페인 등 최초의 전 유럽 차원의 "초국적 파업"이 이루어지게 된다. 동시에 벨기에에 위치한 폭스바겐, 볼보, GM오펠 및 포드 공장에서도 빌보르데 공장 폐쇄 조치의 철회를 요구하는 노동자들의 동조 시

12) 유럽종업원평의회는 협의를 위한 사회적 대화 기구이기 때문에 파업권이 부여되어 있지 않다.

위가 벌어졌다. 이 사건은 벨기에의 법원에 따라 1997년 4월 단체 교섭과 정보 제공 및 자문 의무를 준수하지 않았기 때문에 효력이 없다는 판결을 받고, 르노가 공장 폐쇄 조치를 철회하게 된다.

빌보르데 르노 공장 사례가 갖는 중요한 의미는 이러한 일련의 과정을 거치면서 르노가 1998년 유럽종업원평의회 규정에 의거해 향후 초국적 단위에서 노동자에게 영향을 미치는 기업 경영 의사결정 사안에 대해서는 르노의 유럽그룹위원회와 협의하겠다고 약속을 했다는 사실이다. 결국 빌보르데 사건은 한편으로는 유럽종업원평의회의 실효성에 대한 회의적 시각과 비판을 불러 일으켰지만(Ramsay, 1997: 319), 다른 한편으로는 유럽종업원평의회가 실질적인 기능을 발휘하기 위해서는 각국의 노동조합과 유럽 노조[13]가 국민 국가 내부와 초국적 단위에서 적극적으로 개입하여 지원을 해야 한다는 사실을 일깨워준 상징적 사례라고 볼 수 있다(ILO, 2005: 99).

이 사건으로 유럽 차원에서 다시 한 번 초국적 기업의 탈국가적 자본 운영 전략이 노동자들의 상태에 미치는 영향과 유럽종업원평의회의 의미, 역할 및 기능에 대한 논의가 사회적 쟁점으로 부상하게 되었다. 경제 통합을 보완하는 사회 조항(Social Clause)으로 제시한 유럽종업원평의회가 유럽 노동 운동 차원에서 주목을 받게 되고, 그 실효성에 대한 논란이 일어나자, 유럽위원회는 2002년 다시 한 번 피고용인의 정보 및 자문에 관한 기본권 확립에 관한 지침(Directive 2002/14/EC on the establishing a general framework for informing and consulting employees)을 통해 1994년 지침을 수정하게 된다.

두 번째로 유럽종업원평의회를 이끌어가는 노동자 대표의 전문성

13) 빌보르데 사례에서는 유럽금속노조(Europena Metalworkes' Federation, EMF)가 중요한 역할을 수행했다.

과 활동력에 대한 비판이 제기되었다(ILO, 2005: 97). 체계적인 교육 및 훈련을 통해 전문적인 자격과 능력을 갖춘 노동조합 전임 간부들과 달리 기업의 노동자들 사이에서 직접 선출된 노동자 대표는 회사 측이 제공하는 전문적인 회계 및 기업 경영 정보 및 경제 자료를 이해하고, 해석하고, 노동자의 관점에서 활용할 수 있는 능력이 부재하여, 정보 및 자문에 관한 사회적 대화에서 실질적인 의제를 만들어내고 이끌어가지 못한다는 점이 지적되었다. 또한 유럽종업원평의회의 운영적인 측면에 있어서도 여러 국가의 노동자 대표가 모여 자본의 초국적화가 노동자들에게 미치는 영향을 논의하는 데 있어 지리적 거리나 언어 장벽이 실질적인 노동자 사이의 정보 교환이나 공동 대응을 어렵게 한다는 사실이 제시되었다.

이러한 문제를 해결하기 위해, 유럽종업원평의회의 평의원들에게 회계, 기업 경영 정보 및 경제 자료를 다룰 수 있는 교육 훈련의 기회를 제공하도록 하였으며, 동시에 언어 장벽의 문제를 해결하기 위해 유럽종업원평의회의 회의에 기업 부담으로 전문 통역사를 활용할 수 있도록 하는 해결 방식이 제시되었다. 그럼에도 불구하고, 유럽종업원평의회의 평의원의 경우 선출직이기 때문에 인적 구성의 연속성이 보장되지 않으며, 통역을 통한 각국 노동자 대표 사이의 교류 및 협력이 갖는 한계는 여전히 문제점으로 남아 있다.

마지막으로 유럽종업원평의회가 기본적으로 개별기업단위로 조직되어 있기 때문에, 개별 기업에 존재하는 다양한 직종 간 이해관계를 조정하는 데 근본적인 한계가 있다고 지적된다(ILO, 2005: 97). 대표적으로 피아트 유럽종업원평의회의 사례를 보면, 30명의 유럽종업원평의회 평의원 중에서 6명만이 자동차 부문에 속해 있다. 자동차 생산 기업임에도 불구하고, 초국적기업의 일반적 전략인 사업 다각화로 다양한 직종의 대표가 평의원으로 선출되고 그 과정에서 핵심 부문인 자동차 부문이 과소 대표되는 결과로 나타나고 있다. 따라서 실제적인 노사 간 협의 과정은 매우 일반적인 수준에서 기업 정보 및 경제 환경, 기업 경영 전략에 대한 논의 위주로 흘러가는 문제점을 보이고 있다.

유럽종업원평의회는 기본적으로 정보 교류 및 자문을 위한 사회적 대화기구로 설정되고 운영되도록 제도화되어 있다. 그러나 그럼에도 불구하고 노동조합의 개입 여부와 방식에 따라 경우에 따라서는 초국적기업의 구조정책에 대해 각국 노동조합이 교섭을 위한 조정 단위로 활용될 수 있는 가능성을 제공하고 있으며, 실제로 그러한 사례가 존재한다. 가장 대표적인 사례로 2001년 GM의 유럽 생산 공장 구조조정을 둘러 싼 논란을 들 수 있다(ILO, 2005: 100).[14)]

2001년 GM은 영국 복스홀(Vauxhall)의 루톤(Luton) 공장의 생산 중단을 포함하여 6,000여 명의 노동자를 감축하기 위한 유럽 자동차 생산 공장의 구조 조정 조치를 유럽종업원평의회와의 사전 협의나 정보 제공 없이 일방적으로 발표했다. GM 유럽종업원평의회와 유럽금속노조는 2001년 1월 25일을 유럽 행동의 날로 정해 파업과 시위를 조직해갔다. 노조와 유럽종업원평의회의 공동 행동의 결과 유럽 행동의 날에 전 유럽에 걸쳐 약 4만여 명의 노동자들이 GM의 일방적 구조조정 조치에 반대하는 시위에 참여했다. 2001년 3월 GM 유럽종업원평의회와 GM은 인위적 정리 해고를 하지 않고 복스홀 루톤 공장을 유지하기 위한 방안과 관련된 협정을 맺게 된다. 이에 기초해

14) 이 외에도 포드 유럽종업원평의회도 2000년 포드 경영진과 포드의 비스톤(Visteon) 부품 자회사의 주식 분배가 가져 올 노동자의 지위 및 이해 대변에 미칠 영향에 대한 조치를 담고 있는 협정을 체결한 바 있다(ILO, 2005: 100).

GM은 GM 종업원평의회와의 협의를 거쳐 GM의 유럽 자회사인 오펠의 생산 공장을 구조 조정하는 올림피아 방안(Olympia plan)을 발표한다. 올림피아 방안은 일자리 상실 및 공장 폐쇄를 최소화하고 "사회적으로 책임 있는" 고용 감축 계획을 담고 있다.

GM 사례에서 볼 수 있듯이 일부 유럽종업원평의회는 기존에는 노동조합의 독점적 영역이었던 고용과 기업 구조조정과 같은 사안에 대해서 초국적기업을 상대로 사실상의 단체교섭 기능을 수행하고 있다. GM 사례가 갖는 의미는 노동조합과 유럽종업원평의회의 관계 설정에 따라 유럽종업원평의회가 제도적으로 부여받는 의미 이상의 역할을 수행할 수 있다는 점이다. 즉, 노동조합이 유럽종업원평의회에 대해 어떠한 전략적 방향을 설정하고 어떠한 방식으로 개입하느냐에 따라, 그리고 실제로 유럽종업원평의회를 활용하고 견인할 수 있는 실질적인 노동조합의 능력에 따라 초국적기업의 활동과 관련된 단체 교섭의 일부 내용을 비공식적으로 유럽종업원평의회를 통해 해결할 수 있다. 유럽위원회의 지침에 기초한 유럽종업원평의회의 제도적 발전과 단체행동권을 독점하고 있는 노동조합과의 연계를 통한 활동 영역의 확대 등 유럽종업원평의회는 유럽이라는 공간 내에서 자본의 초국적화 문제에 대한 대응 능력을 확대해가고 있다.

그러나 그럼에도 불구하고 유럽종업원평의회는 몇 가지 중요한 구조적 한계를 갖고 있다. 위에서 지적한 바와 같이, 정보 제공 및 자문 활동을 위한 사회적 대화 기구로 제도화됨에 따라, 각국 종업원평의회가 각국 노동자들의 지위 및 상태에 영향을 미치는 초국적기업의 경영 행위에 보다 적극적으로 대처할 수 있는 권한을 가질 수 없다는 점이다. 일부 사례에서 유럽종업원평의회가 초국적기업의 구조 조정 전략에 일정한 역할을 수행하는 모습을 보여주고 있지만, 이 경우에도 실질적인 행동력과 전문성을 가진 노동조합의 개입이 매개되지 않았다면 전혀 다른 결과를 가져왔을 것이다. 따라서 유럽종업원평의회에게 있어서 노동조합과의 연계는 중요한 의미를 갖는다.

노동조합은 유럽종업원평의회가 개별 국가의 노동조합이 수행할 수 없는 자본의 초국적화에 좀 더 적극적인 역할을 수행할 수 있기를 바란다. 이러한 노동조합의 기대는 유럽종업원평의회의 노조화(unionization of EWCs)로 요약할 수 있다(ILO, 2005: 100). 유럽 노동조합은 유럽종업원평의회가 초국적 문제에 대해 실질적인 교섭 단위로서의 역할을 해주기를 기대하고 있다. 동시에 이러한 역할을 수행하기 위해서는 유럽종업원평의회가 조직적으로 노동조합과 연계되어야한다고 주장한다. 유럽종업원평의회가 노동조합과 조직적으로 분리되어 존재하면서 동시에 기존의 단체 교섭 역할을 수행하면, 교섭이 제대로 이루어질 수 없으며 오히려 노동조합의 독점적 권리인 단체 교섭권에 대한 노동조합의 장악력이 떨어질 수 있기 때문이다.[15)]

15) 독일의 노동조합과 종업원평의회 사이의 관계는 이러한 측면에서 시사점을 제공한다. 독일의 경우, 독립된 노동자 이해 대변 기구로서의 노동조합과 종업원평의회가 한편으로는 협력적인 관계를 다른 한편으로는 갈등적 관계를 형성하고 있다. 특히 최근 들어 노동자에 대한 개별적 관리로서 인적 자원 관리가 강화되고, 기업 차원에서 집단적 노사관계를 종업원평의회를 통해 직접 해결하려는 움직임이 강화되면서 종업원평의회의 부각되고 있다. 그 결과 종업원평의회에 대한 노동조합의 통제력이 약화되어 양자 사이의 긴장 관계가 심화되고 있다(이승협, 2006b).

제2절 노동조합의 IFA 적용 사례

1. GM/UAW 사례

GM은 미국을 대표하는 초국적기업이다. GM은 사업부 제도라는 기업조직의 혁신을 통해 자동차의 대량 생산을 최초로 실현시킨 포드 자동차를 누르고 세계 1위의 자동차 기업으로 성장해 왔다(Chandler, 1977). 그 이후 GM은 막강한 자본력을 바탕으로 전 세계적인 확장을 지속해왔다. 기술보다는 조직 혁신과 경영 전략을 통해 주로 성장해 온 GM의 경영 방식은 초국적자본의 전형적인 약탈 자본주의적 속성을 보여준다(LabourNet, 1999). 우수한 기술력을 갖고 있는 외국 기업을 인수한 후 GM 본사의 주력 차종을 강화한 후 인수 기업의 수익률이 떨어지면 매각 후 철수하는 행태를 많이 보여 왔다.

신자유주의적 세계화가 전면화된 이후 GM은 초국적자본의 이동성을 최대로 활용하여 노동조합에 대한 협박을 일삼아 왔다. 생산 공장의 해외 이전, 해외 공장의 확장, 물량 조절, 공장 폐쇄 등은 신자유주의적 세계화 시대에 초국적자본이 일반적으로 활용하고 있는 노동조합에 대한 협박 전략이다.[16] GM과 전미자동차노조 사례는 이러한 측면에서 많은 시사점을 제시하고 있다(Herod, 2001). 세계화 시대 초국적자본의 노동에 대한 압박 전략에 대한 노동조합의 대응이 해당 초국적기업 종사 노동자의 지위나 상태에 결정적인 영향을 미친다는 함의를 보여주고 있다.

16) GM 자동차 공장의 생산의 정치(Politics of Production)에 대해서는 멕시코와 위스콘신 공장을 비교한 로트슈타인의 글을 참조(Rothstein, 2004).

1980년대 이후 전미자동차노조는 사용자에게 협조적인 모습을 보여 왔다. 1980년대 중반 이후 미국 경제, 특히 자동차 산업 경쟁력이 약화되어 갔다. 전미자동차노조는 미국 자동차 기업의 경쟁력 강화와 조합원들의 고용 유지를 위해 자본 주도의 새로운 생산 방식 도입에 따른 작업장 재조직화에 협력해왔다(Greer & Hauptmeier, 2008: 80).[17] 그러나 1990년대 후반 작업장 재조직화의 부정적 효과가 증가하고 미국 자동차산업의 전 세계적 구조 조정이 강화되어 가자 노동자들의 불만이 높아졌으며, 사용자에 대해 협조적인 태도를 견지해 온 전미자동차노조에 상당한 압력으로 작용하였다.

1998년 6월 5일 전미자동차노조 지부인 미시간 주의 GM 플린트 주형 공장에서 3,400명의 조합원들이 파업에 들어간 것도 이러한 기업의 작업장 재조직화에 대한 노동자들의 불만 때문이었다. 직접적인 계기는 여유 시간(bank time)[18]을 가져왔던 공장 노동자들의 작업 규칙을 사용자 측이 일방적으로 제한하면서이다(Herod, 2001: 414-415). GM은 신형 SUV 및 소형 트럭 차량에 부품을 공급하는 주요 생산 입지로 플린트 공장이 남아 있을 수 있기 위해서 이러한 조치는 필수 불가결하다고 주장했다. 노동자들은 회사의 여유 시간제한이 노동자

17) 1980년대 이후 지속되어 온 양보 교섭은 GM 노동자에게 일자리 보장이 아닌 지속적인 고용감축을 가져다주었고, 그 결과 2007년 GM/UAW 단체 협약의 적용을 받는 조합원은 7만 8천여 명 수준으로 대폭 감소하게 되었다.

18) 여유 시간이란 일종의 조기 작업 완료에 따라 발생한 노동자들의 휴식 시간을 말한다. GM 플린트 공장에서는 각 교대제에서 작업하는 교대조에게 일정한 작업량이 할당되는 방식으로 작업이 진행된다. 노동자들은 따라서 자기들에게 할당된 작업량이 교대 시간 이전에 끝났을 경우에는 관행적으로 일찍 작업을 끝내고 휴식을 취해 왔다. 그러나 사용자는 할당된 작업이 일찍 완수되었더라도 노동자들은 교대 시간이 될 때까지 계속해서 작업을 해야 한다고 생각했다. 따라서 기업 내부의 생산 조직적 유연성을 확보하기 위해선 여유 시간에 대한 제한을 가하고자 했던 것이다.

들의 기본권을 과도하게 제한하는 조치라고 판단하여 즉각적인 파업에 들어가게 된다.

파업이 계속되자 파업의 효과는 플린트 공장에 국한되지 않고 전 세계 GM 공장에까지 미치게 된다. 6월 8일에 이르자 오리온과 온타리오의 조립 공장을 포함하여 5개의 최종 조립 공장이 부품 소진으로 임시 휴업에 들어가게 된다. 파업 1주일 후에는 GM의 71개 조립 및 부품 공장에서 총 50,429명의 노동자가 임시 휴업 상태에 놓이게 된다. 그 결과 동 기간 동안 GM의 미국 시장 내 점유율은 31.9%에서 21.6%로 떨어졌고, 약 50만 대의 생산 손실이 발생한 것으로 나타났다. 결국 GM은 문제가 되었던 조치를 철회하게 된다. 헤로드는 플린트 공장 파업이 눈덩이 효과(snowballing effect)를 보이며 GM의 전 세계 자동차 생산을 급격하게 마비시켜갈 수 있었던 이유에는 1990년대 이후 새로운 생산 방식의 일환으로 도입된 적기 생산 방식(Just-in-time)의 영향이 크다고 분석하고 있다(Herod, 2001: 415). 무재고 운동에 기초한 부품의 적기 납품 방식은 재고 운용의 유연성이 낮기 때문에 전체 생산 물류 로지스틱의 부분적 마비가 전체 생산 체계의 마비로 확장되었다고 할 수 있다.

6월 11일에는 점화기, 속도계 및 오일 필터를 생산하는 플린트의 제2공장인 델파이 자동 시스템 (Delphi Automotive Systems)공장[19]에 속해 있던 5,800여 명의 조합원이 파업에 합류하면서, 파업의 영향력은 더욱 커져 갔다. 7월 23일에 이르면 GM의 29개 북미 생산 공장 중 27개에 속해 있는 193,517명의 노동자들의 임시휴업 상태에 놓였으며, 캐나다, 미국, 멕시코 및 싱가포르에 있는 117개의 자동차

19) 1998년 파업 이후 GM은 델파이를 매각한다.

부품 공장들이 전면 휴업 내지 부분 휴업에 들어갔다. 그 결과 동 기간 동안 GM의 미국 시장 내 점유율은 31.9%에서 21.6%로 떨어졌고, 약 50만 대의 생산 손실이 발생한 것으로 나타났다. 결국 GM은 문제가 되었던 조치를 철회하게 된다.

GM 플린트 공장 파업이 갖는 의미는 두 가지이다. 첫 번째로는 초국적기업의 세계적 생산 연관 체제의 구축으로 지역적 파업의 전 지구적 생산 체계에 직접적인 영향을 갖게 된다는 점이다. 둘째로는 GM의 1998년 파업에서 보인 노동자들의 연대 행위, 즉 플린트 공장 설비를 이전 설치하여 생산 활동을 계속하고자 했던 사용자 측의 시도를 다른 공장 노동자들이 거부했던 연대 행위가 파업의 성공에 중요한 역할을 했다.

그러나 보다 근본적인 문제는 GM 플린트 공장 파업의 과정에서 초국적기업인 GM을 담당하는 전미자동차노조가 GM의 전 지구적 생산 네트워크에 대항할 수 있는 조직적 역량을 전혀 보유하고 있지 않다는 사실이다. GM 플린트 공장 파업이 성공할 수 있었던 이유는 전미자동차노조의 조직력과 동원력에 있었다기보다는 초국적기업의 복잡한 전 지구적 생산 체계로 인한 자본의 생산 조직화 내부의 문제가 드러났기 때문이었다. 오히려 GM의 유럽 본부인 GM 유럽은 2002년 10월 국제금속노동자연맹 및 유럽종업원평의회와 기업의 사회적 책임에 관한 원칙을 협약으로 체결했다. 물론 이 협약은 다른 국제기준협약과는 달리 국제노동기구나 국제 연합의 기본 협약을 기준으로 삼지 않고 별도의 전 지구적 설리반 원칙(Global Sullivan Principles)[20]을 구체화한 내용을 담고 있다는 차이가 있다.

---

20) 단체 협약권, 노동자 조직에 참여함을 이유로 불이익을 당하지 않을 권리, 노동조합과의 건설적 협조 지원 등의 내용으로 구성되어 있다.

미국 노사관계는 사업장 중심의 극히 분권화된 노사관계 구조를 지니고 있다. 배타적 교섭 대표제에 의한 특정 노조의 배타적 단체 교섭권이 인정되지만, 단체 협약은 해당 사업장에만 적용될 뿐 산업 전체에 대한 효력 확장 제도가 존재하지 않는다. 이러한 구조로 미국 노사관계 있어 사용자의 반노조주의가 주요한 경영 전략의 하나로 자리잡아가고 있다. 전미자동차노조는 무노조 기업의 노조 조직률을 높이기 위한 방안의 하나로 국제기준협약에 주목하고 있다. 미국에 사업장을 갖고 있는 외국 초국적기업이 국제기준협약을 체결하고 있을 경우, 국제기준협약에 따라 노동조합을 조직화할 수 있는 가능성이 높아지기 때문이다. 실제로 세인트 고베인 사례에서 프랑스 노조의 도움과 플로리다의 영국 항공 시스템 사례에서 영국 노조의 도움을 통해 사용자의 반노조 전략에 대응해 노동자들을 노동조합으로 조직화해낼 수 있었다(Moberg, 2006: 22). 이러한 점에서 전미자동차노조는 국제기준협약이 좀 더 강한 강제력을 행사할 수 있기를 기대하고 있다.

2. 다임러크라이슬러(DaimlerChrysler) 사례

2001년 현재 다임러크라이슬러는 37만 명의 종업원을 고용하고 있는 세계 제4위의 자동차 생산 초국적기업이다. 전통적으로 고급차 시장에 주력해왔던 다임러 벤츠는 1950년대와 1970년대 두 차례의 확장 국면을 거치면서 초국적기업으로 성장해왔다. 다임러 벤츠는 1980년대에 다각화 전략을 본격적으로 구사하면서 글로벌 기업 집단으로 자리잡게 된다. 1990년대에는 고급차 시장 위주에서 SUV, 소형차(Smart, A-Class) 등 모든 차종에 걸친 세계적인 자동차 전문 기업 집단으로의 성장을 도모하며, 이 과정에서 1998년 크라이슬러를 인수합병하고[21], 2000년과 2001년에는 미쓰비시 자동차와 현대 자동차의 지분을 각각 34%, 10% 인수하는 등 공격적 세계 경영에 나서게 된다.[22]

다임러 벤츠의 초국적화가 1980년대 이후 본격화됨에 따라, 노동자들의 이해를 대변하기 위한 시도가 이미 1990년대 초반에 유럽영업노동회의(europäischer Vertriebsarbeitkreis)라는 비공식 조직의 형태로 이루어진다.[23] 1996년 7월에 이르면 독일 종업원평의회와 벤츠 그룹 사이에서 유럽위원회의 유럽종업원평의회 지침 13조에 따라 자발적 협약을 통해 유럽종업원평의회가 설립되고 유럽영업노동회의는 유럽종업원평의회의 위원회로 통합된다.

다임러 벤츠 유럽종업원평의회는 다임러 벤츠와 크라이슬러의 인수합병 과정에서 주어진 유럽종업원평의회의 권한을 활용하여 노동자들의 이해관계를 실현시키기 위해 일정한 역할을 수행했다. 다임러 벤츠와 크라이슬러의 인수합병 직후 유럽종업원평의회의 주도 하에 독일종업원평의회 대표, 독일금속노조, 전미자동차노조 및 캐나다자동차노조 대표로 구성된 실무 모임(working group)이 만들어졌다. 그 결과 전미자동차노조에서 다임러크라이슬러의 감독 이사회에 대표

21) 다임러 벤츠는 1998년 미국 제3위의 자동차 생산 기업인 크라이슬러를 370억 달러에 인수하였으나, 2007년 사모펀드인 서버러스 캐피탈 매니지먼트(Cerberus Capital Management)에 74억 달러를 받고 매각했다. 그렇지만 이 글에서는 초국적기업인 다임러 벤츠의 다각화 전략에 따른 자본의 초국적화가 활발하게 진행되는 90년대 중반 이후를 대상으로 하여 자본의 초국적화와 노동자 국제 연대를 살펴보기 때문에 다임러 벤츠가 크라이슬러를 매각하기 이전인 다임러크라이슬러를 대상으로 하여 분석하였다.

22) 다임러 벤츠는 주식상호보유를 통한 미쯔비시와 현대와의 협력 관계를 청산한 상태이다.

23) 비공식 조직이긴 하지만 실제로는 다임러 벤츠의 사용자 측에 의해 암묵적으로 용인된 벤츠 그룹 최초의 초국적 노동자 이해 대변 조직이라고 할 수 있다.

1인을 참석할 수 있게 되었다. 또한 감독이사회 산하에 노동 위원회를 설치하여 감독 이사회의 노동자 대표와 전미자동차노조 및 캐나다 자동차노조에서 파견된 노조 대표들이 각 지역 노동자들의 이해관계를 기업 경영 차원에 반영할 수 있는 구조를 만들어갔다.

이러한 노력은 1998년 다임러크라이슬러 노동자 세계 실무모임으로 발전하여 유럽 및 북미 노동자 대표 이외에도 브라질과 남아프리카 대표를 포괄하는 세계종업원평의회, 즉 세계노동자위원회(World Employee Committee, WEC)를 2002년에 설치하였다. 이를 통해 다임러 벤츠의 초국적기업 활동에 대한 노동자들의 국제적 연대를 위한 기반이 마련되었다(Greer & Hauptmeier, 2008: 81-84). 다임러 벤츠 세계노동자위원회는 특히 초국적 차원을 대상으로 이루어지는 다임러크라이슬러의 기업 경영 정책에 대한 정보 교환 및 자문을 통해 적극적으로 노동자들의 이해관계를 반영시키고 있다. 그 결과 2002년 다임러 벤츠 세계노동자위원회는 다임러크라이슬러와 기업의 행동 규범에 합의하여 기업의 사회적 책임에 다임러크라이슬러가 적극적으로 나서도록 하였다(DaimlerChrysler, 2002).

다임러크라이슬러 세계노동자위원회는 국제금속노동자연맹을 대신하여 2002년 9월 다임러크라이슬러와 국제기준협약을 체결하였다. 이 국제기준협약은 기존에 합의된 기업의 사회적 책임을 인정하고 다임러크라이슬러는 인권과 노동권 및 환경과 관련된 국제 기준을 준수하고 지원할 것을 규정해놓고 있다(IG Metall, 2004: 30-33). 국제기준협약은 다임러크라이슬러 그룹에만 적용되는 것이 아니라 관련 하청업체들 내지 거래기업들도 다임러크라이슬러와 거래를 함에 있어서 중요한 동일한 원칙을 받아들고 준수하도록 지원할 것을 명시하고 있다(EFfILWC, 2006b).

〈표 8-5〉 다임러크라이슬러의 국제기준협약 내용

ILO 기준 협약	공식 구조 및 절차	하청 및 거래 기업	체결 주체
ILO와 기타 핵심 기본협약 인정	전 세계 다임러크라이슬러 기업 조직에 적용. 협약 위반 시에 문제 해결을 위한 조치를 위할 중앙기구를 포함한 기업 감시 기준 규정. 노동자에게 이행 준수에 관한 정규 보고 실시.	다임러크라이슬러에 적용되는 기본협약과 동일한 내용을 하청 기업들이 준수하도록 적극적으로 권장하며, 이러한 원칙의 준수를 원하청 관계 및 사업 거래의 전제로 삼음.	(국제금속노련을 대신하여) 다임러크라이슬러 세계노동자위원회

출처: ILO(2005: 105).

국제기준협약의 모범 사례도 다임러크라이슬러와 폭스바겐과 같은 독일 기업에서 나타나고 있다.[24] 다임러크라이슬러는 국제기준협약에 기초해 터키의 하청 업체에게 노조를 인정하도록 압력을 넣어 국제금속노련에 의해 대표적인 모범 사례로 꼽히고 있다.

다임러크라이슬러의 유럽종업원평의회와 세계노동자위원회는 다임러 벤츠의 초국적화에 대한 노동자들의 국제적 연대를 위한 노력의 일환이라고 할 수 있다. 유럽종업원평의회와 세계노동자위원회는 다임러 벤츠와 크라이슬러의 인수합병 과정에서 노동자들의 이해관계를 제도적으로 실현시킬 수 있는 기본적인 참여기제를 획득해냈다. 북미 노동자들의 이해관계를 반영하기 위해 전미자동자노조의 간부를 다임러크라이슬러 감독이사회에 노동자 측 대표로 참석시키고 있다. 또한 다임러크라이슬러의 해외생산입지를 포괄하는 다임러크라이슬러 노동자 국제네트워크를 세계노동자위원회라는 조직적 단위로 묶어내는 성과를 이끌어 냈다.

24) 다임러크라이슬러와 폭스바겐의 국제기준협약에 직접적으로 포괄되는 노동자만 30만 명, 하청 및 거래기업 등 관련 노동자는 약 2백만 명에 달한다.

3. 폭스바겐 사례

폭스바겐은 독일 볼프스부륵에 본부를 둔 유럽 최대 자동차 초국적기업이다. 2002년 현재 유럽 내 시장 점유율은 17.7%이며, 전 세계 자동차 시장의 12.1%를 차지하고 있다. 1990년대 초반 독일 자동차 산업의 위기를 극복한 후 1990년대 후반부터 고속 성장을 구가하고 있다.

폭스바겐은 승용차 부문에서 특히 높은 경쟁력을 유지하고 있다. 폭스바겐의 승용차 사업 부문은 2개의 브랜드 그룹으로 나눠진다. 아우디 그룹은 아우디(Audi), 세아트(Seat), 람보르기니(Lamborghini)로 구성되어 있으며, 스포티한 젊은 세대를 겨냥한 차종을 주로 생산한다. 반면 폭스바겐 그룹은 폭스바겐, 스코다(Skoda), 벤틀리(Bentley), 부가티(Bugatti) 등 고전적인 스타일의 차종을 주로 생산한다. 기타 상용차 부문은 폭스바겐 상용차 브랜드로 시장에 진출해있다. 자동차 금융 서비스 및 렌터카(Europcar) 부문은 금융 서비스 부문이 총괄한다.

지역적으로 폭스바겐은 유럽 지역, 북미 지역, 남아메리카/아프리카 지역 및 아시아-태평양 지역으로 구분된다. 유럽 내 11개 국가와 미국, 아시아 및 아프리카 7개 국가에 모두 44개의 생산 공장을 갖고 있다(http://www.volkswagen-ag.de). 국내 자동차 생산량은 1989년 170만 대에서 2002년 현재 170만 대로 거의 유사한 수준을 유지하고 있지만, 해외 자동차 생산량은 1989년 116만대에서 2002년 324만대로 해외 생산이 급격하게 증가해 왔다.

그 결과, 고용 노동자 수도 국내 부문과 국외 부문의 증가율이 1990년대 중반 이후 국외 부문을 중심으로 급격하게 증가하고 있다. 2002년 현재 총 고용된 총 노동자는 32만 4천 명이다. 독일 내 고용

〈표 8-6〉 폭스바겐의 국제기준협약 내용

ILO 기준 협약	공식 구조 및 절차	하청 및 거래 기업	체결 주체
핵심노동기준협약 인정 (결사의 자유, 차별 금지, 최소 임금 및 노동시간 기준, 산업안전 및 보건, 아동노동 및 강제노동 금지)	폭스바겐 세계종업원평의회의 규정에 따라 논의	폭스바겐은 국제기준협약을 하청 및 거래 기업의 기업 정책에 반영하도록 적극적으로 권장함. 폭스바겐은 이러한 내용이 반영될 경우에 상호 관계에 지속에 도움이 되도록 반영함.	폭스바겐 세계종업원평의회; 폭스바겐 주식회사 국제금속노동련

출처: ILO(2005: 105).

자 수가 16만 8천 명이고 독일 이외 고용자 수가 15만 6천 명으로 독일 내 고용자 수가 많지만, 1990년대 중반 폭스바겐 그룹의 초국적화가 급격한 진행된 이후 외국 생산 기지의 고용자 수가 급격하게 증가하고 있다.

폭스바겐은 1990년 유럽종업원평의회(Europäischer Volkswagen Konzern-Betriebsrat)를 설치하였으며, 1992년 정식 협약으로 명문화하였다. 폭스바겐의 유럽종업원평의회에 관한 협약은 기업의 인수·합병이 있을 때마다 지속적으로 새로운 환경을 반영하기 위해 개정되어 왔다. 유럽위원회의 유럽종업원평의회에 관한 1994년 지침이 내려지기 이전에 노사에 의해 자발적으로 설치되었다.

이 국제기준협약은 ILO의 핵심 노동기준 준수, 결사권, 단체교섭권, 아동 노동 및 강제 노동의 금지, 차별 금지, 보수, 보건 안전 및 노동 시간(IG Metall, 2004: 34-35)에 관한 사항을 포함하고 있다. 체결된 국제기준협약은 전체 폭스바겐 그룹(폭스바겐, 아우디, 세아트, 스코다, 벤틀리, 람보르기니, 부가티 및 자동차-유럽)에 적용된다.

폭스바겐 국제기준협약의 특징은 광범위한 정보공유와 중앙집권적 연대라고 할 수 있다. 폭스바겐 국제기준협약에 따르면, 사측은 세계종업원평의회 및 산하 위원회에 경영보고를 하며, 협약사항의 위반에 대해서는 문제해결을 위해 양측이 다양한 방식으로 노력하도록 규정되어 있다. 또한 폭스바겐을 담당하는 국제금속노동자연맹의 조정위원은 분쟁해결과정에 참여하여 국제금속노동자연맹 및 산하 노동조합의 입장을 반영할 수 있다.

일반적으로 세계종업원평의회를 설치하는 방식에는 3가지가 존재한다. 첫 번째는 SKF와 같이 국제금속노동자연맹의 세계종업원평의회 규정을 적용하여 초국적기업의 사용자를 포섭하는 방식이다. 두 번째 방식은 폭스바겐 방식으로 기존에 존재하는 유럽종업원평의회 모델을 확장하여 세계종업원평의회를 설치 및 운영하는 방식이다. 세 번째로는 국제기본협약을 통해 세계종업원평의회를 설치하도록 명문화하는 방식이다(ILO, 2005: 109).

이 중에서 두 번째 방식의 대표 사례인 폭스바겐은 1999년 최초로 폭스바겐 세계종업원평의회를 설치하여 운영하고 있다.[25] 폭스바겐은 이전부터 존재하던 브라질, 멕시코, 남아프리카 및 아르헨티나 해외생산공장 노동자대표회의를 공식화하여 세계종업원평의회로 제도화했다. 폭스바겐 세계종업원평의회는 의장, 사무총장 및 집행위원회의 조직 체계를 갖고 있다. 노조간부는 세계종업원평의회 및 집행위원회 회의에 참여할 수 있다. 모든 자회사 및 지역은 집행위원회에 최소 1인을 갖고 있다.

폭스바겐 세계종업원평의회는 폭스바겐의 초국적 경영전략과 관련된 사안에 정보 및 자문을 위한 포럼 형태를 띠고 있다(Greer & Hauptmeier, 2008: 89-91). 세계종업원평의회 협약은 초국가적 영향력

25) 르노는 2000년에, 다임러크라이슬러는 2002년에 세계종업원평의회를 설치했다.

〈표 8-7〉 폭스바겐 그룹 세계종업원평의회의 구성 비율

국가	평의원 수	자회사
Germany	11	8 VW, 2 Audi, 1 VW Sachsen
Spain	3	2 SEAT, 1VW Navarra
Belgium	1	1 VW Brussels
Czech Republic	1	1 Skoda
Slovakia	1	1 VW Slovakia
Poland	1	1 VW Poznan
United Kingdom	1	1 Bentley
Portugal	1	1 Autoeuropa
Total (European)	20	
Mexico	1	1 VW de Mexico
Brazil	4	4 VW do Brazil
Argentina	1	1 VW Argentina
South Africa	1	1 VW South Africa
Total (non-European)	7	

자료: ILO, 2005: 108.

을 미치는 사안과 관련된 생산재배치 계획에 대해 정보 및 자문권을 상세하게 규정하고 있다. 즉 회사 측은 이러한 사안에 대해 집행위원회에 사전적으로 정보를 제공해야하며, 세계종업원평의회의 입장을 개진할 수 있다. 또한 생산재배치가 결정된 이후에도 공식적으로 자문을 요구할 수 있다.

제3절 IFA의 의의와 한계

국제 노동운동이 국제기준협약을 통해 달성하고자 하는 사회적 책

임은 크게 2가지 정도로 정리해볼 수 있다. 첫 번째는 자본 운동의 세계화로 인해 확장된 초국적기업의 세계적적 생산 네트워크를 따라 취약 지역 노동자의 노동 기본권을 보장하고, 노동 조건의 악순환을 가져오는 노동자들 사이의 경쟁을 규율하는 것이다(IG Metall. 2004; 2006). 국제 노동조합 운동은 국제기준협약이 열악한 노동 환경에 처해있는 개발도상국 노동자들의 노동 기본권 및 노동 환경을 상향평준화시킬 수 있는 계기로 작용하기를 바라고 있다. 국제기준협약이 초국적기업의 국내외 하청 기업과 거래기업에 대한 노동 기본권의 확장을 명문화하는 이유가 바로 여기에 있다.

둘째로는 초국적기업의 세계적 생산네트워크를 따라 노동조합 조직화를 활성화시킬 수 있는 수단으로 국제기준협약을 설정하고 있다. 개발도상국 노동자의 임금과 노동 조건을 개선하기 위해서는 초국적기업의 생산 현장에서 노동자의 노동 기본권을 지속적으로 감시하고 이행 여부를 촉진시키는 핵심적 노동자 조직인 노동조합이 중요한 의미를 갖는다.

다국적기업의 핵심 노동조합의 역할이 노동자 국제네트워크의 형성과 성공적 활동에 중요하다고 할 수 있다. 앞에서 살펴본 다임러크라이슬러 및 폭스바겐의 사례가 대표적이라고 할 수 있다. 두 사례 모두 국제기준협약 체결에 이르기까지 독일종업원평의회와 독일 금속산별노조의 역할이 절대적이었다고 할 수 있다(Greer & Hauptmeier, 2008: 82). 주요 핵심 생산기지인 독일의 금속산별노조와 종업원평의회의 강력한 조직력은 국제기준협약의 체결에 중요한 요인으로 작용했다.[26]

26) 다임러크라이슬러 유럽생산물량의 95%가 독일에서 생산된다.

실제로 국제기준협약이 체결된 사례를 초국적자본의 국적별로 분류해보면 유럽 자본, 특히 독일 자본이 두드러진다. 강력한 노동조합과 기업 지배 구조에의 개입이라는 요인들이 독일 초국적자본으로 하여금 국제기준협약을 체결하는 물적 강제로 작용했다고 할 수 있다.[27) GM과 같은 미국자본이 국제기준협약에 저항적 태도를 보이고 있는 것도 본국의 전미자동차노조가 경제주의적 실리주의에 매몰되어 탈지역적 연대의 상시적 노동자 국제네트워크에 소극적이기 때문이다. 결국 다국적기업의 핵심 노조의 지향과 전략적 방향은 노동자 국제네트워크 형성에 중요한 요인으로 작용하고 있다.

현재까지 체결된 국제기준협약을 통한 노동조합의 사회적 책임은 기본적으로 개별 기업을 기초로 하고 있다(Rudikoff, 2005; Stevis & Boswell, 2007). 기존에 안정적이고 합리적인 노사관계가 정착되어 있는 기업들이 그 중심이 되고 있다. 따라서 국제적 최소노동기준의 전세계적 적용을 위해서는 개별 기업이 아닌 업종 및 산업별 노동자 연대가 본격적으로 모색될 필요성이 제기된다. 경영 여건이 좋지 않으며 동시에 노동자들의 노동 기본권에 적대적인 기업들에 대한 국제적 압력을 높이기 위해서는 업종 및 산업별 국제노동조합과 업종 및 산업별 사용자 단체 사이의 국제기준협약이나 사회적 대화가 필요하다고 할 수 있다.[28)]

27) 독일 금속노조는 국제기준협약의 이행 여부를 감시하기 위해서는 이행 과정에 노동조합 내지는 노동자 대표의 참여가 필수적이며, 초국적기업 본부의 경영진이 국제기준협약의 이행 과정을 적극적으로 추진하도록 이끌어내야 한다는 구체적인 행동 지침을 제시하고 있다(IG Metall, 2006: 17).

28) 1999년 국제화학노조연맹(ICEM)과 국제화학협회연합(International Council of Chemical Associations, ICCA) 사이에서 화학 산업 차원의 산업 안전 및 보건을 위한 협약을 체결하기 위한 교섭이 시작되어, 2001년 협약 체결 직전에 무산된 사례가 있다(Graham & Bibby, 2002: 6).

‖ 제 9 장 ‖

공유가치창출

제9장 공유가치창출

제1절 CSR에 대한 새로운 접근

여태까지 살펴본 기업의 사회적 책임에 관한 논의는 기업이 사회에 갖는 자율적 책임성의 문제를 기업 외부에서 제기하고, 기업에게 책임을 부과하는 사회적 규범이라는 공통점을 갖고 있다. 다양한 국제조직이 사회 내에서 기업이 활동하는데 있어서 지켜야할 책임성을 국제규범이라는 형태로 제시하고, 이러한 국제규범에 기초하여 일정한 기업의 사회적 책임 가이드라인이 ISO26000의 형태로 표준화된 것이다. 이와 같은 기업의 사회적 책임 가이드라인을 실제로 기업이 어느 정도 준수하고 있는지를 스스로 확인하고 개선하기 위한 자율적 보고체계가 GRI라고 할 수 있다. 다른 한편으로 기업인권 역시 다양한 국제규범을 보편적 가치인 인권의 관점에서 재정의하고, 기업과 국가에게 인권침해에 대한 제도적 구제책을 마련할 것을 기업 외부의 관점에서 제시하고 있다. 노동조합이 주도하고 있는 국제기준협약 역시 노동조합의 조직적 힘을 토대로 사용자인 기업에게 핵심 노동기본권을 준수할 것을 외부에서 제시하고 있다.

지금까지의 기업의 사회적 책임과 관련된 논의는 기업의 시장활동에서 발생하는 사회적 문제에 대해 기업이 스스로 점검하고 해결책을 모색할 것을 외부에서 촉구하는 방식으로 기업의 입장에서는 일종의 기업의 시장활동에 대한 사회적 규제 및 강제로 받아들여지는 측면이 있었다. 공유가치창출은 기업의 시장활동의 사회적 책임에 대해 외부 관점이 아니라 기업 활동이라는 내부 관점에서 기업의 사회적 책임론을 재해석한다. 이러한 측면에서 여타 기업의 사회적 책임 논의와는 전혀 다른 접근을 시도한다. 공유가치창출(Creating Shared Value; CSV)은 마이클 포터와 마크 크래머가 2006년 전략과 사회에서 경쟁우위와 기업의 사회적 책임의 통합을 주장하면서 등장하였고, 2011년에 새로운 상황에 맞는 기업의 전략적 시장활동으로 정식으로 제시되었다(Porter & Kramer, 2006; 2011).

마이클 포터는 이미 1990년대에 경쟁 우위에 기초한 기업전략을 제시함으로써 기업의 시장활동에 있어서 기업전략의 중요성을 강조한 바 있다. 공유가치창출은 이와 같은 기업전략론의 연장이라고 할 수 있다. 포터와 크래머는 기업전략에 있어서 중요한 요인인 기업 외부환경의 변화를 지적하고, 기업의 사회적 배태성이라는 경제사회학적 개념을 받아들인다. 기업은 건강한 사회를 벗어나서 존재할 수 없으며, 따라서 기업의 성공적 시장활동은 사회적 참여와 사회진보와 맞물려 있음을 강조한다. 이러한 관점에서 기업과 사회의 동반 성장이 기업의 시장적 성공에 중요하며, 이를 위해 기업이 사회적 발전에도 직접적인 기여를 해야 한다고 주장한다. 공유가치란 이와 같이 기업이 자신의 시장적 가치를 극대화하기 위해 수행하는 사회적 활동이며, 이러한 사회적 활동은 기업의 시장가치 극대화 활동을 사회가 필요로 하는 사회적 수요에 연계시키는 방식으로 달성할 수 있다고 말

〈표 9-1〉 공유가치창출에 따른 기업 활동 영역과 가치사슬

지원활동	기업 하부구조(재무, 기획, 투자자 관계) 인적자원관리(채용, 훈련, 보상) 기술발전(제품디자인, 공정디자인, 시장조사) 구매(서비스, 설비, 광고, 데이타)					이윤 창출
핵심활동	조달물류 (소비자 접근, 자료수집, 자재관리)	생산활동 (사업부 활동, 조립, 부품생산)	판매물류 (주문처리, 재고관리, 보고준비)	마케팅 & 판매 (영업인력, 판매촉진, 제안서작성 홈페이지)	판매후 서비스 (설치, 고객지원, 불만처리, 수리)	

자료: Porter & Kramer, 2011: 52.

한다. 즉 기업의 시장활동과 사회문제 해결이 유기적으로 맞물려야하며, 이를 통해 기업은 혁신, 생산성 향상 및 경쟁우위를 달성할 수 있는 것으로 보았다. 즉 사회적 수요 영역에서 기업의 생산활동이 이루어지면, 기업과 사회 사이에 공유되는 가치가 창출되는 것이며, 기업과 사회 양자에게 도움이 될 뿐만 아니라 기업의 지속적인 경쟁 우위를 만들어 갈 수 있을 것이라고 주장하고 있다.

포터와 그래머에 따르면, 공유가치창출을 위한 기업의 활동은 3가지 경로를 통해 이루어진다. 첫 번째로는 사회적 수요를 충족시키는 것이다.[1] 두 번째로는 지역사회의 문제 해결에 기여하는 것이다. 세 번째로는 생산가치사슬의 개선이다. 특히 세 번째 생산가치사슬의 개선을 통해 기업은 생산성 향상과 비용절감 등 효율성을 높이고 동시에 사회적 효용과 기업의 부정적 영향을 최소화할 수 있다. 공유가치창출을 위한 기업 활동은 크게 핵심 활동과 지원 활동으로 구분되며,

1) 예를 들어, 화석에너지 자원의 고갈에 따른 대안에너지에 대한 사회적 수요가 존재할 경우, 태양광이나 풍력과 같은 대안적 에너지 영역에서 기업의 시장활동을 확장함으로써 공유가치를 창출할 수 있다.

이에 대한 조정을 통해 생산성 향상을 도모할 수 있으며, 동시에 공유가치의 창출을 통해 소비자의 효용과 소비증진이 동시에 발생할 수 있다. 이를 통해 기업은 경제적 경쟁우위를 확보하고, 동시에 사회적으로 환경 및 사회문제 해결이라는 기업과 사회의 윈-윈(Win-Win) 경제가 구축될 수 있다고 보고 있다.

제2절 공유가치창출과 기업의 사회적 책임

공유가치창출론이 등장하면서, 공유가치창출과 기업의 사회적 책임의 차이에 대한 논쟁이 제기되었다. 특히 공유가치창출을 지지하는 관점에서는 기존의 기업의 사회적 책임론을 비판하면서 공유가치창출의 정당성을 주장하고 있다(김성규, 2016; 이남식, 2012). 공유가치창출을 지지하는 관점에서 제기하는 기업의 사회적 책임론에 대한 비판은 크게 2가지로 정리할 수 있다.

첫 번째는 기업의 사회적 책임론이 기계적이고 반강제적이라는 주장이다. 앞에서 살펴본 바와 같이, 기업의 사회적 책임론은 기업의 이윤추구 중심의 시장활동이 사회적 악영향을 미치고 있으며, 이로 인해 법적, 윤리적 및 사회적 영향을 고려한 기업의 시장활동 중심으로 기업의 시장활동을 재정립해야한다는 주장을 기업 외부에서 제기하여 기업에게 자율적 이행을 제기하고 있다. 이러한 논의에 대해 공유가치창출론은 기업의 원래 목적인 시장 영역 내부에서 기업이 사회에 기여해야 한다는 주장을 내세우고 있다.

두 번째는 기업의 사회적 책임론은 기업활동과는 무관하게 기업에

〈표 9-2〉 공유가치창출론의 기업의 사회적 가치 비판

항목	기업의 사회적 책임	공유가치창출
지향	사회적 가치	사회경제적 통합가치
활동범위	자선 활동	시장가치창출
예산	별도 비용	시장활동에 통합
전담부서	있음	없음
주도 주체	기업 외부	기업
목적	마케팅, 이미지제고	이윤창출

게 강요되는 강제적 기부활동이라고 주장하며, 비즈니스모델과 무관하게 기업에게 강요되는 단순한 기업의 기부 행위는 기업 활동을 위축시킨다고 주장한다. 실제로 대기업 중심으로 이루어지는 기업의 사회적 책임 활동은 주로 기부와 사회공헌 활동으로 구성되어 있다.

공유가치창출론은 크게 보면, 기업의 생산 활동과 무관한 사회적 책임론의 무용성을 주장하면서, ① 기업의 생산 영역 내에서 상품과 서비스에 반영할 수 있는 사회적 수요와 사회문제를 기업의 생산 영역에 통합하며, ② 사회적 문제의 해결을 위해 기존 생산 활동과 관련된 가치사슬의 재구성함으로써 기업의 생산성을 향상시키고, ③ 이를 위한 지역 내 생산클러스트를 구축함으로써 사회문제의 해결과 기업의 수익성을 동시에 확보할 수 있다고 주장한다.

이러한 관점에서 보면, 기존의 기업의 사회적 책임론은 기업의 생산활동과 무관한 영역에서 기업으로 하여금 별도의 비용을 들여 사회적 가치의 실현을 목적으로 자선 활동을 반강제적으로 수행하게 하기 때문에 기업의 생산 활동을 위축시키며 결과적으로 사회문제 해결에도 실질적인 도움이 되지 않는다. 기업의 사회적 책임이 기업에게 주는 효용은 자선활동으로 인한 기업의 이미지제고와 같은 일종의 마케

팅 효과에 불과하다.

기업의 사회적 책임과 공유가치창출 논의가 이와 같이 대립적인 관계로 설정된 연유에는 마이클 포터가 자신의 공유가치창출 논의를 강조하기 위해 기업의 사회적 책임을 사회공헌 활동으로 간주하는 오류를 범했기 때문이다. 포터와 크래머는 기업의 사회적 책임을 도덕적 책임, 지속가능성, 기업과 이해관계자 사이의 관계, 기업 평판 등으로 정리하고, 이와 같은 기업의 사회적 책임 활동에 문제가 있음을 지적하고 있다(Porter & Kramer, 2006).

그러나 기업의 사회적 책임에 대한 이러한 이해는 기업의 사회적 책임의 실질적 의미를 정리한 것이라기보다는 기업의 사회적 책임을 받아들인 기업의 관점 및 실제 활동 내용을 정리한 것이라고 보아야 할 것이다. 기업의 사회적 책임은 다양한 국제규범을 거쳐 ISO26000으로 집대성되었다. ISO26000을 포함한 기업의 사회적 책임 논의는 기업에게 단순한 사회공헌활동을 요구하는 것이 아니라 기업 조직이 시장활동의 과정에서 발생시키는 사회, 경제 및 환경 문제를 스스로 해결할 것을 요구하는 것을 핵심 내용으로 하고 있다. 이러한 내용은 기업이 창출한 수익의 일부를 사회에 환원하는 사회공헌 활동과 같이 기업 활동의 결과로 발생한 수익 일부를 사회에 환원하는 방식으로는 달성될 수 없다.

ISO26000은 기업의 사회적 책임 실현을 위해서 핵심 영역으로 기업의 지배구조, 인권, 노동, 환경, 공정운영, 소비자 및 지역사회와 같이 기업 외부뿐만 아니라 기업 조직 내부의 경영 전반에 걸친 사회적 책임성을 요구하고 있다. 기업의 사회적 책임 활동에 대한 자체보고 시스템인 GRI 역시 기업의 지배구조 및 경제성 및 생산가치사슬과 관련된 기업의 사회적 책임을 강조하고 있다. 이와 같이 기업의 사회적 책임은 단순한 사회공헌활동이 아니라 기업이 사회의 보편적 가치를 내재화하고, 이를 바탕으로 책임 있는 기업활동을 해야 한다는 내부적 책임성을 강조하는 접근이다.

그럼에도 불구하고, 공유가치창출은 기업의 사회적 책임론이 강조하고 있는 합리적 핵심을 이해하지 않고, 오히려 대부분의 기업들이 자신들에게 부과된 사회적 책임을 회피하기 위해 기업의 사회적 책임을 단순한 사회공헌활동으로 축소함으로써 오히려 기업의 사회적 책임을 회피하기 위한 활동을 기업의 사회적 책임 논의의 합리적 핵심으로 오해하거나 비난하는 오류를 범하고 있다.

기업의 사회적 책임을 담당하는 대부분의 대기업 부서가 홍보팀 내에 있거나 별도의 독립 부서로 존재하더라도 사회공헌팀의 이름을 갖고 있는 것은 이와 같이 기업들이 기업의 사회적 책임논의를 사회공헌의 수준으로 축소함으로써 실제로는 사회적 책임 논의를 진지하게 받아들일 의지가 없다는 것을 보여주고 있다. 기업의 사회적 책임 논의는 사회공헌활동에 해당되는 자선적 책임뿐만 아니라 윤리적 책임, 법적 책임 및 경제적 책임 등 기업의 사회적 책임의 범위가 다양하며, 자선적 책임은 기업의 사회적 책임의 한 부분에 해당될 뿐이라는 사실을 이미 오래전부터 명확히 하고 있다. ISO26000은 이와 같은 논의를 받아들여 기업의 사회적 책임이 기업의 경영 전반에 걸쳐 수행되어야 함을 분명히 하고 있다.

두 번째로 공유가치창출론은 기업의 사회적 책임론이 기업에게 반강제적으로 부과됨으로써 기업의 시장 활동을 위축시키고 있다고 주장하고 있다. 반면 공유가치창출은 기업의 사업모델로서 기존의 시장활동과 연계될 수 있기 때문에, 기업의 사회적 창출론은 기업이 실질적 주체로서 사회적 기여를 할 수 있다고 주장한다.

그러나 기업의 사회적 책임론에 대한 가장 큰 비판의 하나가 기업의 사회적 책임이 제도화되지 못하고, 기업의 자율적 참여에 기초하고 있기 때문에, 기업들이 기업의 사회적 책임을 수행하지 않고, 오히려 홍보성 수단으로 악용되고 있다는 주장이다. 실제로 많은 기업들이 UN의 글로벌 컴팩트나 GRI 등에서 제시하는 가이드라인을 자발적으로 받아들이거나, 지속가능보고서를 자발적으로 발간하겠다고 하지만, 실제로는 참여기업에 대한 외부적 감시나 감독이 전혀 이루어지지 않고 있다. 대부분의 기업들은 GRI 보고서에 해당 기업이 실제로 발생시킨 사회적 및 환경적 악영향과 관련된 불리한 내용은 적시하지 않고 있다.

제3절 함의 및 시사점

공유가치창출론은 기업의 관점에서 기업의 사회적 책임론을 재해석함으로써 기업의 관심과 상당한 지지를 받고 있다. 이로 인해 많은 기업들이 포터와 크래머의 공유가치창출론을 적용하려는 시도를 하고 있다. 그러나 다른 한편으로는 지나치게 기업의 이윤활동을 공유가치로 포장하여 오히려 기업의 사회적 책임을 회피하려는 기업에 정당성을 부여해주고 있다는 비판도 제기되고 있다.

공유가치창출론은 경영계 관점에서 기업의 사회적 책임의 문제를 기업의 전략적 경영행위로 인지하기 시작했다는 측면에서 상당한 의미가 있다. 더욱이 공유가치창출론이 기존 기업의 사회적 책임 활동이 주로 기업의 이윤창출 활동의 결과의 일부를 사회에 환원하는 일회적이고 분배적 행위였음을 비판하면서, 기업의 본원적 활동의 영역 내에서 기업의 사회적 책임 활동이 이루어져야 함을 주장한다는 점에서 더욱 그렇다. 물론 사회공헌 활동을 기업의 사회적 책임 활동과 동일시하면서 공유가치창출 논의가 출발한다는 점은 현재 논의되고 있는 기업의 사회적 책임론의 합리적 핵심을 제대로 이해하지 못하고 있기 때문이라고 할 수 있다. 이와 같이 공유가치창출이 기존의 기업의 사회적 책임 논의를 잘못 이해하고 있는 측면을 제외하면, 결과적으로 공유가치창출과 기업의 사회적 책임 논의는 모두 기업의 사회적 영향력이 기업의 본원적 활동 영역에서 실현되어야 한다는 공통점을 갖는다.

그럼에도 불구하고, 공유가치창출론은 공유가치창출의 궁극적 목적을 기업의 수익성 제고를 위한 새로운 전략으로 설정하고 있다는 점에서 위험할 수 있다. 즉 기업의 사회적 책임이 제시하고 있는 기업의 시장 활동 과정에서 발생하는 윤리적 책임과 사회적 책임을 사회문제 해결을 위한 새로운 시장 활동으로 대체하여 이해할 가능성이 높다. 기업의 사회적 책임은 특정한 사회문제 해결을 위한 것이 아니라 기업의 시장에서 활동하는 구조와 과정, 그리고 결과 모두의 인권과 기본권, 생태적 지속가능성을 고려함으로써 기업의 사회성을 강화하기 위한 목적을 갖고 있다. 단순히 이윤창출을 위한 사회적 시장의 창출이 그 목적이 아니다. 공유가치창출이 단순히 사회문제와 관련된 비즈니스 모델로 이해된다면, 공유가치창출론은 새로운 시장가치 창출을 위한 기업의 전략적 접근으로 제한될 것이고, 과정 중심의 논의에서 결과 중심의 논의로 변질될 가능성이 높다. 예를 들어, 대표적인 공유가치창출 사례로 제시되고 있는 네슬레의 코코아 공정무역 사례를 들 수 있다. 공정무역에 대해 공유가치창출은 단순히 구입가를

10% 정도 높게 책정하는 것은 의미가 없으며, 현지 생산자에게 생산과 관련된 기술 이전을 통해 양질의 원료 확보와 현지 농부의 수입 증대라는 공유가치창출이 가능한 긍정적 사례로 제시되고 있다. 그러나 기업의 사회적 책임은 단순히 양자의 이윤증대라는 측면이 아니라, 현지 코코아 생산과정에서의 생태적 책임과 원주민 인권, 생산노동자의 노동권 등 기업의 사회적 책임과 관련된 다양한 핵심 이슈를 제기하고 있으며, 이 과정에서 기업이 어떠한 사회적 책임을 갖고 사회적 및 환경적 악영향을 사전에 파악하고, 이를 통제할 것인가의 측면이 중요하게 제기된다.

이와 같이, 공유가치창출은 기업의 사회적 책임과 관련된 한 부분이 될 수 있지만, 기업의 사회적 책임 전체를 대체할 수는 없다. 만약 공유가치창출이 새로운 사회적 시장, 생산성 및 생산비용 절감, 거래처의 수익성 제고와 같은 경제적 논리로만 공유가치에 접근한다면, 기업의 사회적 책임론이 문제 삼고 있는 사회적 및 보편적 가치의 실현이라는 근본적 문제를 회피하는 논의로 전락하게 될 것이다.

‖ 제 10 장 ‖

결 론

제10장 결 론

기업의 사회적 책임에 대한 기존의 논의는 대부분 초기 단계에 머물러 있으며, 정도의 차이는 있지만 자율주의의 틀을 여전히 벗어나지 못하고 있다. 그러나 최근 기업의 사회적 책임에 대한 논의가 정부의 역할에 대한 논의로 확장되고 있다. 이러한 논의의 확장은 한편으로 기업의 사회적 책임을 국제적인 표준으로 제시하는 ISO26000과 다른 한편으로는 기업과 인권이라는 포괄적인 사회적 권리에 대한 기업의 책임 문제로 모아지고 있다.

우리나라에서의 기업의 사회적 책임 논의는 더욱 일천하다. 이제 기업들이 기업의 사회적 책임이 중요한 사회적 의제로 형성되기 시작했다는 것을 인식해가는 단계에 접어들었을 뿐이다. 기업의 사회적 책임에 대한 기업의 인식은 대부분 여전히 사회공헌의 틀을 벗어나지 못하고 있다. 기업의 사회적 책임 논의가 기업의 영리활동의 결과 중 일부를 사회에 환원하는 사회공헌 논의로 집중되면서 기업의 사회적 책임 범위가 매우 한정된 지역사회에 대한 기업의 사회적 책임으로 오해되고 있는 것이다. 그러나 기업의 사회적 책임은 가치사슬, 즉 기업의 영리활동 과정 및 영리활동의 직접적 결과에 대한 논의이다.

생산활동에서의 기업 내부의 노동기본권의 문제, 환경문제, 고용문제, 에너지문제, 차별 문제를 비롯하여, 기업 외부의 원하청 문제, 해외생산거점에서의 노동문제, 환경문제, 원주민문제 등 기업의 생산활동과 직접적인 영역이 바로 기업의 사회적 책임 영역이다.

앞에서 살펴본 바와 같이, 선진국들은 이미 기업의 사회적 책임을 지속가능한 경제 및 사회발전과 직접 연계시키고 있으며, 이를 위한 정부의 역할을 본격적으로 모색해가고 있다. 기업의 사회적 책임과 관련된 다양한 국제규범의 발전과 ISO26000의 등장, 정부의 역할을 강조하는 기업인권론의 부상은 향후 기업 환경의 중요한 요인으로 기업의 사회적 책임이 작용할 가능성이 높아지고 있음을 의미한다.

더 나아가 선진국에서는 기업의 사회적 책임을 일종의 비관세장벽으로 활용할 가능성이 높아지고 있다. 수출 주도의 경제구조를 가진 우리나라는 해외시장에의 접근성이 중요하다. 따라서 선진국들이 자국시장에서 기업의 사회적 책임을 시장접근의 주요 요인을 활용하고, 더 나아가 세계시장의 시장 규범으로 확대시켜간다고 할 때, 우리나라 기업들이 기업의 사회적 책임 논의를 소홀히 한다면 커다란 난관에 봉착하게 될 것이다. 대표적으로 최근 선진국들은 소위 사회적 책임 조달 및 환경조달이라는 새로운 접근을 강화해가고 있다. 국가의 공공정책 중에서 기업들이 직접적인 물질적 이해관계를 갖는 공공조달시장에 대한 접근을 기업의 사회적 책임과 연계시키고자 하는 것이다. 공공조달시장의 특성에 따라 사회적 책임의 준수 여부 또는 친환경 여부를 공공조달시장에의 접근 기준으로 활용하고 있다. 따라서 우리나라 기업들이 기업의 사회적 책임을 단순히 재단설립, 불우이웃돕기, 식목일 나무심기 등의 사회공헌으로 접근한다면, 전 지구적인 시장경쟁에서 배제될 가능성이 높다.

기업의 사회적 책임과 관련된 다양한 논의 및 사례로부터 도출할 수 있는 몇 가지 우리나라에의 함의를 다음과 같이 정리해볼 수 있을 것이다.

첫째로, 기업의 사회적 책임의 확산과 관련하여 서구 각국은 정부의 적극적 역할을 강조하고, 이를 정부조직 및 공공정책에 반영해가고 있다. 특히 기업 인권의 정착을 위한 국제기준의 마련 및 개별 국가 내 다양한 원칙 및 가이드라인에 적극적으로 임하고 있다. 따라서 우리나라 정부도 기업의 사회적 책임과 기업 인권을 기업 성장과 경쟁력에 저해되는 요인으로 파악하는 부정적 인식을 버리고, 정상적 기업 활동을 위한 환경조건으로 보다 적극적으로 받아들일 필요가 있다.

둘째로, 정부의 역할과 관련하여 정책적 일관성과 부처 간 역할분담이 명확해야 한다. 정책적 일관성을 추구하기 위해 서구 국가들은 행동계획 및 전략과제를 설정해가고 있다. 전략과제와 행동계획은 또한 기업의 사회적 책임과 관련된 정부 조직체계의 구성과 공공정책의 조율을 위해서도 중요한 의미를 갖고 있다. 우리나라도 기업 인권과 관련된 정부 정책을 시행함에 있어, 전체 정책과 사업을 총괄하는 핵심 단위를 설정하고, 이를 중심으로 사업을 각 부처별로 배분하고 관리하는 사업 방식을 택할 필요가 있다. 현재와 같이 기업의 사회적 책임과 관련된 전담이나 총괄부서가 존재하지 않으면서, 조정 역할을 할 수 있는 부처도 정해져 있지 않은 상태에서는 기업의 사회적 책임과 관련된 일관된 정책을 기대하기 힘들다고 할 수 있다.[1)]

---

1) 현재 OECD 다국적기업 가이드라인에 따라 가이드라인을 수락한 국가는 가이드라인의 이행과 관련된 업무를 담당할 국내연락사무소(National Contact Point, NCP)를 설치하도록 되어 있다. 우리나라도 가이드라인에 국내연락사무소를 설치하고 있다. 그러나 문제는 국내연락사무소가 외국인투자촉진법에 따라 구성된 외국인투자실무위원회에서 담당하고 있으며, 사무국은 지식경제부 투자정책과에 설치되어 있

셋째, 기업의 사회적 책임의 이해관계자는 기업뿐만 아니라 소비자, 지역주민, 근로자 등 다양한 집단으로 구성되어 있다. 즉 기업의 사회적 책임과 관련하여 이해관계자들의 조율 또는 조정 문제가 중요해진다. 서구 사례에서는 기존의 조합주의적 전통에 기초하여 이해관계자들 사이의 사회적 대화를 이끌어내 기업을 둘러싼 다양한 이해관계자가 같이 참여하고 함께 문제를 해결해가는 갈등해결시스템을 구축해가고 있다. 따라서 우리나라와 같이 배타적이거나 배제적 정책조율이 아니라 관련 당사자 또는 이해관계자들 사이의 충분하고 폭 넓은 정책적 조율과 사회적 대화 과정이 반드시 요구된다고 하겠다. 이를 위해서는 현재의 사외이사제 중심의 기업지배구조를 노동자의 경영참여와 같이 확장된 방식으로 개편할 필요가 있다.

넷째, 대부분의 국가 사례에서 기업의 사회적 책임에 대한 인식제고를 위해서는 무엇보다 최고경영진의 인식 제고가 가장 시급한 과제라고 할 수 있다. 우리나라처럼 기업의 의사결정이 최고경영진에 의해 배타적으로 이루어지는 기업 문화에서는 중간관리자나 일반 노동자에 대한 인식제고 프로그램이나 캠페인은 부분적인 효과를 가질 수 밖에 없다.

다섯째, 앞에서 살펴본 각국 사례에서 가장 많은 차이를 보이는 영역은 기업의 사회적 책임과 관련된 기업의 활동을 투명하게 공개하는 일이다. 기업의 사회적 책임 관련 기업의 활동을 위한 가이드라인을 마련한 후 이를 토대로 기업이 관련 정보를 보고서의 형태로 제출하

다. 투자촉진과 다국적기업의 사회적 책임 업무가 중첩된 조직구조에서 다국적기업의 사회적 책임에 대한 감시가 제대로 될 수 있겠느냐는 시민사회단체의 비판이 제기되고 있다. 실제로 국내연락사무소의 다국적기업의 사회적 책임 관련 실적은 전무한 상태이다.

도록 의무화할 필요가 있다.

여섯째, 기업의 사회적 책임 정착을 위한 정책에 있어서 핵심적인 관건은 공공조달과의 연계성 확보이다. 공공조달에 참여하는 기업에 대한 기준을 상세하고 엄격하게 적용함으로써 환경과 기업과의 관계, 노동(고용, 직업훈련, 근로기준)과 기업과의 관계, 차별(여성, 장애인, 이주노동자)과 기업과의 관계 등을 고려하는 기업만이 공공조달에 접근할 수 있도록 함으로써 국가가 제시하는 기업 인권이 실질적인 효과를 가질 수 있도록 해야 할 것이다.

일곱째, 노조의 사회적 책임은 일차적으로 단체협약에 사회적 의제를 담아내는 것이다. 단체교섭은 노동기본권의 핵심적인 내용이자 노동조합이 지속가능한 사회적 발전에 기여할 수 있는 효과적인 수단이다. 특히 우리나라와 같이 기업의 사회적 책임에 대한 기업의 인식이 낮은 상황에서, 노동조합은 단체교섭을 통해 적극적으로 사회적 의제를 추진할 필요가 있다. 국제노동조합이 추진하고 있는 국제기준협약은 노조의 사회적 책임이 어떤 방향을 추구해야 하는가를 잘 보여주고 있다. 노조의 사회적 책임론과 같이 노동조합의 단결권 및 단체교섭권을 대신하는 노사협조주의는 노조의 사회적 책임을 잘못 이해하는 것이라고 할 수 있다.

| 참고문헌 |

강기홍. 2011. “EU와 독일법상 공공조달 제도: 건축 하도급의 공정성 제고와 관련하여”. 『공법학연구』. 13(1): 495-521.

고동수. 2011. 『기업의 사회적 책임 이슈와 대응 방안: ISO 26000을 중심으로』. 산업연구원.

김대인. 2011. “공공기관의 운영에 관한 법률상 공공조달법제의 현황과 발전방안”. 『행정법연구』. 31: 195-219.

김동원. 2009. 노동조합의 사회적 책임, 매일노동뉴스.

김성규. 2016. CSR현황과 공유 가치 창출(CSV). 『국제개발협력저널』, 14(1): 11-30.

김성수. 2009. “기업의 사회적 책임(CSR)의 이론적 변천사에 관한 연구”. 『기업경영연구』. 16(1): 1-25.

국가인권위원회. 2009. 『국내 주요 기업의 인권경영 실태 조사와 가이드라인 연구』. 국가인권위원회

국가인권위원회. 2010a. 『기업과 인권을 위한 정책 프레임워크: 보호, 존중, 구제』. 국가인권위원회.

국가인권위원회. 2010b. 『인권경영의 이해: 2010년 기업과 인권포럼 보고서』. 국가인권위원회.

국가인권위원회. 2011. 『기업과 인권 이행지침: 유엔 보호, 존중, 구제 정책프레임워크의 실행』. 국가인권위원회.

권순식. 2008. “기업의 사회적 책임(CSR)운동에 대한 노동조합의 입장 연구.” 이장원 편. 2008. 기업의 사회적 책임과 노동: 2007 CSR 노동포럼 논문집. 서울: 한국노동연구원.

권순원. 2010. “변화하는 기업경영과 USR: USR의 이론과 효과, 한국노동경제학회 하계학술대회 발표논문. 2010.

김대인. 2011. “공공기관의 운영에 관한 법률상 공공조달법제의 현황과 발전방안”. 『행정법연구』. 31: 195-219.

김성수. 2009. “기업의 사회적 책임(CSR)의 이론적 변천사에 관한 연구”. 『기업경영연구』. 16(1): 1-25.

김정수. 2008. “기업의 사회적 책임과 거버넌스”. 오수길 편, 『미래국가로 가는 길, 뉴거버넌스』. pp. 103-138. 서울: 대영문화사.

김 준. 2010. 노동조합의 ‘사회적 책임’론에 대한 비판적 검토 , 2010년 가을 산업노동학회 발표문.

노광표・이명규. 2007. 『노동운동의 미래 의제: 기업의 사회적 책임』. 한국노동사회연구소.

노한균. 2011a. “ISO 26000과 인권 기준”. 『기업과 인권에 관한 국제적 최신동향과 국내적 함의』. 한국인권재단.

노한균. 2011b. 『ISO26000을 통해 사회책임 살펴보기』. 박영사.

배상호. 2010. LG전자노동조합의 미래. Union Social Responsibility. LG 전자노동조합.

오동진. 2010. 공기업 노조의 사회적 책임과 역할, 제3차 공기업 정책포럼 발표 자료.

유엔인권고등판무관실. 2008. 기업의 인권통합 경영을 위한 안내서.

이상수. 2012. “공공조달을 통한 사회환경적 가치의 구현: EU의 공공조달 관련 법제를 중심으로”. 『행정법연구』. 33: 123-146.

이상수. 2014. “다국적기업에 의한 인권침해와 OECD 다국적기업 가이드라인”. 『서울대학교 法學』. 55(3): 221-255.

이상윤. 2011. “헌법적 관점에서 본 기업의 노동자인권 존중의무” 『기업과 인권 학술발표대회 자료집』. 한국헌법학회 · 국가인권위원회. pp. 45-73.

이승협. 2008. “유럽의 사회정의와 사회정책”. 『사회복지정책』. 34: 413-434.

이승협. 2009. “자본의 초국적화와 국제기준협약,” 『맑스주의 연구』, 경상대 사회과학연구원, 6권 4호, pp. 98-124.

이장원 외. 2008. 기업의 사회적 책임과 노동. 한국노동연구원.

이장원・노한균・고동・황상규. 2009. 『사회적 책임 정책 대응방안 연구』. 한국노동연구원.

이종서. 2008. "유럽연합의 신보호주의 및 도시 간 협력정책(CARPE)에 대한 고찰". 『한독사회과학논총』. 18(2): 55-86.

이종서. 2010. "유럽연합과 기업의 사회적 책임(CSR): 현황과 전망".『국제지역연구』. 14(1): 209-236.

이종서 외. 2012. 『유럽의 사회적 책임을 고려한 공공조달정책: 서울시의 시사점을 중심으로』. 서을특별시의회.

정승국 외. 2010. 노조의 사회적 책임(USR) 논의의 현황 및 발전전망. 한국노동연구원.

정경수. 2010. "인권경영이란 무엇인가?" 『2010년 기업과 인권포럼 보고서: 인권경영의 이해』. 국가인권위원회. pp. 7-19.

조효제. 2008. "인권경영의 모색: 쟁점과 비판". 『아세아연구』. 51(3): 128-161.

존 제러드 러기. 2014. 『기업과 인권』, 필맥.

한국인권재단. 2010, 『기업은 어떻게 인권침해를 예방할 수 있는가?』, 한국인권재단

홍성수. 2011. "기업과 인권에 대한 UN의 대응: '보호, 존중, 구제 -프레임워크'와 '이행 지침'". 『기업과 인권에 관한 국제적 최신동향과 국내적 함의』. 한국인권재단.

한국정책학회. 2012. 『유럽의 사회적 책임을 고려한 공공조달정책』, 한국정책학회 보고서

허갑수. 2006. "기업윤리와 경영자의 사회적 책임". 『인적자원관리연구』, 13(1): 199-213.

황필규. 2006a. "다국적기업과 국제인권기준 개관" 『자료집: 다국적 기업 관련 국제인권기준』. 인권과 평화를 위한 국제민주연대. pp. 3-24.

황필규. 2006b. "다국적기업과 주제별 국제인권기준" 『자료집: 다국적 기업 관련 국제인권기준』. 인권과 평화를 위한 국제민주연대. pp.

25-59.
황필규. 2008. "인권과 기업에 관한 유엔특별대표의 2008년 보고서." 『세상을 두드리는 사람』. 35호.

Amnesty International. 2004. The UN Human Rights Norms for Business: Towards Legal Accountability.
Antal, Ariane Berthoin and André Sobczak. 2007. "Corporate Social Responsibility in France. A mix of national traditions and International Influences." Business and Society, 46(1): 9-32.
Baab, Mike & Margaret Jungk. 2007. The Arc of Human Rights Priorities: A New Model for Managing Business Risk. Danish Institute for Human Rights: Copenhagen.
Bertelsmann Stiftung. 2007. The CSR Navigator: Public Policies in Africa, the Americas, Asia and Europe. Gütersloh.
Bell, David. 2002. The Role of Government in Advancing Corporate Sustainability. York University: Vancouver.
Bichta, Constantina. 2003. Corporate Social Responsibility: A Role in Government Policy and Regulation? Research Report No. 16. CRI.
Bowen, Howard R. 1958. Social Responsibilities of the Businessman. N.Y.
Brown, Dana & Jette Steen Knudsen. 2012. Visible Hands: Government Policies on Corporate Social Responsibility in Denmark and the UK. Paper presented to the CES Conference 23. March 2012.
Burckhardt, Gisela. 2011. Mythos CSR Unternehmensverantwortung und Regulierungslücken. Bonn.
Bundesministrerium für Arbeit und Soziales. 2010a. Empfehlungsbericht des nationalen CSR-Forums an die Bundesregierung. Berlin.

Bundesministrerium für Arbeit und Soziales. 2010b. Nationale Strategie zur gesellschaftlichen Verantwortung von Unternehmen: Aktionsplan CSR der Bundesregierung. Berlin.

Bundesministrerium für Wirtschaft und Technologie. 2011. Allianz für eine nachhaltige Beschaffung. Berlin.

Chartier de l'economie Sociale. 2005. Social Economy and Community Economic Development in Canada: Next Steps for Public Policy.

Clohesy, William. 2004. "Interrogating Human Rights: What Purpose? Whose Duty?". in Business and Society Review. 109(1): 43-65.

Chew, Rosalind & Chew Soon Beng. 2010. "Union Social Responsibility: A Necessary Public Good in a Globalised World", a paper presented at the Sixth Annual APEA Conference(Hong Kong 2010), July 8~9, 2010.

Danish Institute for Human Rights. 2005. *Corporate Codes of Conduct in Denmark*. Copenhagen.

Davis. Gerald F. et al. 2008. "The Responsibility Paradox", *Stanford Social Innovation Review*. Winter. pp. 31~37.

Dawkins. Cedric. 2009. "Beyond Wages and Working Conditions: A Conceptualization of Labor Union Social Responsibility", *Journal of Business Ethics*, Published online: 19 December 2009.

EFfILWC. 2006a. EWC case studies: Volkswagen AG. Dublin.

EFfILWC. 2006b. EWC case studies: The DaimlerChrysler Group AG. Dublin.

EFfILWC. 2007. Foundation research on European works councils 1994-2006. Dublin.

Euroepan Commission. 2007. Corporate Social Responsibility: National Public Policies in the European Union. Luxemburg: Euroepan Communities.

Euroepan Commission. 2011. Corporate Social Responsibility: National

Public Policies in the European Union. Luxemburg: Euroepan Communities.

Fairbrass, Jenny. 2008. EU, UK and French CSR Policy: What is the Evidence for Policy Transfer and Convergence?. Working Paper No. 08/20. Bradford University School of Management.

Feeney, Patricia. 2009. "Business and Human Rights: The Struggle for Accountability in the UN and the Future Direction of the Advocacy Agenda". in SUR: International Journal on Human Rights. 6(11): 161-174.

Filho, Walter Leal & Paulina S. Pawlak. 2009. "Federal Republic of Germany". Idowu, Samuel & Walter Leal Filho(eds.). *Global Practices of Corporate Social Responsibility*. Berlin.

Fox, Tom, Halina Ward, Bruce Howard. 2002. Public Sector Roles in Strengthening Corporate Social Responsibility. The World Bank Group.

Graham, Ian & Andrew Bibby. 2002. "Global Labour Agreements: A Framework for Rights." *World of Work*, No 45.

Greer, Ian & Marco Hauptmeier. 2008. Political Entrepreneurs and Co-Managers: Labour Transnationalism at Four Multinational Auto Companies. British Journal of Industrial Relations. 46(1): 76-97.

Gibb, Heahter et al. 2008. *Human Rights and Private Sector Development*. The North-South Institute: Ottawa.

Global Compact Network Netherlands. 2010. *How to do Business with Respect for Human Rights: A Guidance Tool for Companies.*

Habisch, André & Martina Wegner. 2004. "Germany: Overcoming the Heritage of Corporatism". André Habisch et al.(eds.). Corporate Social Responsibility Across Europe. Berlin.

Harribey, Laurence Eberhard. 2009. "France". Idowu, Samuel &

Walter Leal Filho(eds.). *Global Practices of Corporate Social Responsibility*. Berlin.

Heidbrink, Ludger. 2008. "Wie moralisch sind Unternehmen?" in *Aus Politik und Zeitgeschichte*. 2008(31): 3-6.

Herbst, Krzysztof. 2012. "Recommendations for Socially Responsible Public Procurement and Public Social Partnership in the Context of Social Economy Development" Warsaw: The Network for Better Future of Social Economy.

Herod, Andrew. 2001. Labor Internationalism and the Contradictions of Globalization: Or, Why the Local is Sometimes Still Important in a Global Economy. Antipod. 33(3): 407-426.

Holdcroft, Jenny. 2006. International Framework Agreement: A Progress Report, IMF Special Report. Metal World 18, No. 3.

House of Lords, House of Commons Joint Committeee on Human Rights. 2010. *Any of our Business? Human Rights and the UK Private Sector: Government Response to the Committee's First Report of Session 2009-10*. London.

Idowu, Samuel. 2009. "The United Kindom of Great Britain and Northern Ireland". Idowu, Samuel & Walter Leal Filho(eds.). *Global Practices of Corporate Social Responsibility*. Berlin.

ILO. 2000. *Tripartite Declaration of Principles concerning Multinational Enterprises and Social Policy*.

ILO. 2006. InFocus Initiative on CorporateSocial Responsibility (CSR). GB.295/MNE/2/1.

ILO. 2012. International Instruments and Corporate Social Responsibility. Geneva.

International Council on Human Rights Policy. 2002. *Beyond Voluntarism: human rights and the developing international legal obligations of companies*. Versoix.

ISO. 2010. *ISO26000: Guidance on Social Responsibility*. ISO: Geneva.

Klug, Heinz. 2005. "Transnational Human Rights: Exploring the Persistence and Globalization of Human Rights". Annual Review of Law and Social Science. 1: 85–103.

Kocher, Eva. 2011. Freiwillig, aber nicht beliebig. Gisela Burckhardt (ed.). *Mythos CSR: Unternehmensverantwortung und Regulierungslücken*. Bonn. 32-36.

Linnik, Marianna & Sune Skadegaard Thorsen. 2008. "ILO and CSR - minimum human rights standards for corporation." International Institute for Labour Studies and ILO (ed.) Governance, International Law & Corporate Social Responsibility. Geneva.

Marginson, Paul, et al.. 2003. The Impact of European Works Councils on Management Decision-Making in UK and US-based Multinationals. British Journal of Industrial Relations. 42(2): 209-233.

Midttun, Atle. 2008. "Global Governance and the Interface with Business: New Institutions, Processes and Partnerships." Corporate Governance, 8(4): 406-418.

Miller, Doug. 2004. Negotiating International Framework Agreements in the Global Textile, Garment and Footwear Sector, *Global Social Policy*. 4(2): 215-239.

Moberg, David. 2006. Stopping the union, at any price. Metal World, 1: 18-22.

Moody, Kim. 1997. Workers in a lean world: unions in the international economy. London.

Moon, Jeremy. 2004a. Government as Driver of Corporate Social Responsibility: The UK in Comparative Perspective, International Centre for Corporate Social Responsibility Research Paper Series,

University of Nottingham, No.20-2004.

Moon, Jeremy. 2004b. "United Kingdom: An Explicit Model of Business-Society Relations". André Habisch et al.(eds.). Corporate Social Responsibility Across Europe. Berlin.

Morsing, Mette. 2004. "Denmark: Inclusive Labour Market Strategies". André Habisch et al.(eds.). Corporate Social Responsibility Across Europe. Berlin.

Newman, J. 2001. Modernising Governance: New Labour, Policy and Society. London: Sage Publications.

OECD. 2018. *OECD Due Diligence Guideline for Responsible Business Conduct*. OECD: Paris.

OECD. 2010. *OECD Guideline for Multinational Enterprises: Report by the Chair of the 2010 Meeting of the National Contact Points*. OECD: Paris.

OHCHR. 2003. "OHCHR Briefing Paper on The Global Compact and Human Rights: Understanding Sphere of Influence and Complicity". in United Nations Global Compact (ed.). *Embedding Human Rights into Business Practice*. p. 14-26

Petkoski, Djordjija & Nigel Twose (eds). 2003. P*ublic Policy for Corporate Social Responsibility*. World Bank Institue.

Porter, Michael & Kramer. 2006. "Strategy and Society: The Link between Competitive Advantage and Corporate Social Responsibility." Harvard Business Review. No. 12.

Porter, Michael & Kramer. 2011. "Creating Shared Value: How to reinvent capitalism—unleash a wave of innovation and growth." Harvard Business Review. No. 1.

Rabet, Delphine. 2009. "Human Rights and Globalization: The Myth of Corporate Social Responsibility?". in *Journal of Alternative Perspectives in the Social Sciences*. 1(2): 463-475.

Ramsay, Harvie. 1997. "Fool's gold? European works councils and workplace democracy." Industrial Relations Journal. 28(4): 314-322.

Rothstein, Jeffrey. 2004. Globalization and the Politics of Production: General Motors' "Global Manufacturing System" in Mexico and Wisconsin, Paper presented at the annual meeting of the American Sociological Association, San Francisco.

Rudikoff, Lisa P. 2005. International Framework Agreements: A Collaborative Paradigm for Labor Relations. Symposium—'Transnational Corporations and Human Rights'. Global Law Working Paper 01/05. NYU School of Law.

Ruggie, John. 2007. "Business and Human Rights: The Evolving International Agenda." *Corporate Social Responsibility Initiative, Working Paper* No. 31. Cambridge, MA: John F. Kennedy School of Government, Harvard University.

Ruggie, John. 2008. *Promotion and Protecion of All Human Rights, Civil, Political, Economic, Social and Cultural Rights, including the Right to Development. Protect, Respect and Remedy: A Framework for Business and Human Rights.* Report of Special Representative of the Secretary-General on the Issue of Human Rights and Transnational Corporations and other Business enterprises. UN Doc. A/HRC/8/5.

Ruggie, John. 2011. *UN Guiding Principles for Business & Human Rights: Report of the Special Representative of the Secretary-General on the Issue of Human Rights and Transnational Corporations and Other Business Enterprises.* Special Representative of the United Nations Secretary-General for Business & Human Rights.

Savitz, Andrew W. and Karl Weber. 2008. 『지속가능경영의 3대축』, 삼일회계법인 SBS팀 역. 서울: 거름; Triple Bottom Line. Jossey-

Bass, 2006.

Singh, Ajit and Zammit, Ann. 2000. The Global Labour Standard Controversy: Critical Issues for Developing Countries. South Centre.

Skelcher, Chris, Navdeep Mathur, and Mike Smith. 2005. "The Public Governance of Collaborative Spaces: Discourse, Design and Democracy." Public Administration, 83(3): 573-596.

Slapper, Gary. 2011. "Violent corporate crime, corporate social responsibility and human rights". in Aurora Voculescu & Helen Yanacopulos (eds.). The *Business of Human Rights: An Evolving Agenda for Corporate Responsibility*. London.

Stevis, Dimitris & Terry Boswell. 2007. "International Framework Agreements: Opportunities and Challenges for Global Unionism." in. Kate Bronfenbrenner (ed.). Global Unions: Challenging Transnational Capital through Cross-Border Campaigns. Ithaca.

Strohscheidt, Elisabeht. 2011. Die UN Leitprinzipien zur menschenrechtlichen Verantwortung von Unternehmen. Gisela Burckhardt (ed.). *Mythos CSR: Unternehmensverantworung und Regulierungslücken*. Bonn. 37-42.

Steurer, Reinhard. 2009. The Role of Governments in Corporate Social Responsibility: Characterising Public Policies on CSR in Europe. Policy Sciences.

Steurer, Reinhard et al. 2007. Sustainable Public Procurement in EU Member States. European Commission.

The Danish Institute for Human Rights. 2008. *Report from the Roundtable of National Human Rights Institutions on the Issue of Business and Human Rights*. Copenhagen.

The World Bank Group. 2002. *Public Sector Roles in Strengthening Corporate Social Responsibility*.

The World Bank Group. 2003. Strengthening Implementation of Corporate Social Responsibility in Global Supply Chains.

UN. 2003. *Norms on the Responsibilities of Transnational Corporations and Other Business Enterprise with Regard to Human Rights.* U.N. Doc. E/CN.4/Sub.2/2003/12/Rev.2.

UN. 2011. *Applications of the U.N. "Protect, Respect and Remedy Framework.* Geneva.

UN Global Compact. 2010. *UN Global Compact and International Standard ISO26000 Guidance on Social Responsibility.*

Voiculescu, Aurora. 2011. "Human rights and the normative ordering of global capitalism". in Aurora Voculescu & Helen Yanacopulos (eds.). *The Business of Human Rights: An Evolving Agenda for Corporate Responsibility.* London.

Waddell, Steve. 2000. "New Institutions for the Practice of Corporate Citizenship: Historical, Intersectoral, and Developmental Perspectives." in *Business and Society Review.* 105(1): 107-126.

Waddington, Jeremy. 2003. "What do Representatives Think of the Practices of European Works Councils? Views from Six Countires." European Journal of Industiral Relations. 9(3): 303-325.

Witte, Jan Martin · Wolfgang Reinicke. 2005. *Business UNusual: Facilitating United Nations Reform through Partnerships.* Global Public Policy Institue: Berlin.

Wötzel, Uwe. 2011. Geschichte der Unternehmensverantwortung-Primat des Kapitals über die Politik. Gisela Burckhardt (ed.). *Mythos CSR: Unternehmensverantworung und Regulierungslücken.* Bonn. 25-31.

| 찾아보기 |

아산재단연구총서

001 전환기의 중국경제
김윤환 외 | 단국대 경제학과

002 폴란드 경제의 변천 개혁과 그 전망
김광수 | 숭실대 경제학과

003 재소한인
이광규 외 | 서울대 인류학과

004 소련산림과 임업
홍성천 외 | 경북대 임학과

005 아세안의 정치경제
김국진 외 | 외교안보연구원

006 태국의 사회변동과 경제발전
최석만 외 | 전남대 사회학과

007 중국의 사회경제 통계분석
신한풍 외 | 고려대 통계학과

008 중국의 정치와 경제
박두복 외 | 외교안보연구원

009 동유럽의 개혁과 시장경제의 도입
허만 외 | 부산대 사범대학

010 동유럽의 개혁운동
박영신 | 연세대 사회학과

011 현대 러시아 연구
기연수 외 | 한국외대 노어과

012 전략적 선택과 기업의 국제경쟁력
이장호 | 서강대 경영대학

013 협동사회의 정착과 정부의 역할
이종범 외 | 고려대 행정학과

014 한국 제조기업 생산성의 동적 분석
노부호 외 | 중앙대 경영대학

015 분배의 정의
변형윤 외 | 서울대 경제학과

016 도덕적 행동의 강화
이훈구 외 | 연세대 심리학과

017 관료부패와 통제
김해동 외 | 서울대 행정대학원

018 한국경제의 내실 있는 성장
정창영 외 | 연세대 경제학과

019 한국국민정신운동의 역사와 발전방향
박수명 외 | 부산대 사범대학

020 한국대학생의 가치성향과 상담효과
이영희 외 | 숙명여대 교육학과

021 가출청소년과 학교관리체제
안창규 외 | 부산대 교육학과

022 동북아 정세변화와 한 · 일관계
한승조 외 | 고려대 정치외교학과

023 언론과 부정부패
정대철 외 | 한양대 신문방송학과

024 한국의 고등학교 교육
이원호 외 | 부산대 교육학과

025 가족과 방송
김학수 외 | 서강대 신문방송학과

026 재정개혁의 전망과 재산세제의 개편과제
오연천 | 서울대 행정대학원

027 청소년을 위한 전자게임 프로그램의 규제 및 평가체계 개발
박혜원 외 | 울산대 가정관리학과

028 정신장애자 가족의 사회심리적 특성
이근후 외 | 이화여대 의과대학

029 가족의 관계역동성과 문제인식
이광규 외 | 서울대 인류학과

030 현대인과 한국전통음식
승정자 | 숙명여대 식품영양학과

031 기업의 초고속정보통신망활용
안중호 | 서울대 경영학과

032 지역발전을 위한 교육자치제의 개선방안
김남순 | 조선대 사범대학

033 전환기의 공무원 가치관
조경호 | 울산대 행정학과

034 지방자치와 사회복지의 과제
김영모 | 중앙대 사회복지학과

035 WTO체제하의 지방중소기업 지원정책
최명주 외 | 계명대 통상학부

036 현대한국의 시민운동
이효선 | 중앙대 사회학과

037 기업 세계화의 단계 및 정도의 측정
허영도 외 | 울산대 경영학과

038 가족복지를 위한 가족주치의 시범사업의 효과
이혜리 외 | 연세대 가정의학교실

039 한국대학생의 삶의 만족도
김재은 외 | 이화여대 교육심리학과

040 지역경제와 지역산업구조의 개편방향
정기화 외 | 전남대 경제학부

041 중국기업의 소유형태별 경영특성
노철화 외 | 부산대 무역학과

042 남북한의 인성 · 사상교육
한승조 외 | 고려대 정치외교학과

043 연계적 뇌기능 조언을 위한 의료용 멀티미디어 시스템의 설계
유선국 | 연세대 의용공학교실

044 다민족국가의 민족문제와 한인사회
최협 외 | 전남대 인류학과

045 저소득층지역 청소년 여가문화와 소집단 활성화
박문수 외 | 서강대 사회학과

046 삶의 질의 국제비교와 지역간 비교분석
이재기 외 | 울산대 경제학과

047 21세기 지역주민의 삶의 질
양종회 외 | 성균관대 사회학과

048 삶의 질에 대한 국가간 비교
조명한 외 | 서울대 심리학과

049 외국인 노동자의 노사관계와 사회적 적응
석현호 외 | 성균관대 사회학과

050 한국의 사법제도와 발전 모델
정종섭 | 건국대 법학과

051 고령화사회와 중상층 노인의 사회활동
조성남 외 | 이화여대 사회학과

052 한국의 서비스 시장 개방정책
한홍렬 | 한양대 경제학부

053 한국과 AFTA간의 교역증진 및 경제 협력방안
손일태 외 | 경희대 경제통상학부

054 물류비 절감을 위한 무역업체의 정보화전략
이영수 외 | 경북대 경제통상학부

055 사회주의 체제전환과 사회정책
오정수 외 | 충남대 사회복지학과

056 남북통일 이후 농업생산체계 개편
홍성규 외 | 건국대 농업경제학과

057 국제화와 세계화
하영선 외 | 서울대 외교학과

058 IMF 개혁정책의 평가와 한국경제의 신(新) 패러다임
조동근 | 명지대 경제학과

059 구조개혁과 실업대책
박동운 | 단국대 경제무역학부

060 21세기 신노사관계
심윤종 외 | 성균관대 사회학과

061 학교에서의 집단 따돌림
이춘재 외 | 가톨릭대 심리학과

062 한국노인의 정신건강실태와 건강증진
조맹제 외 | 서울대 의과대학

063 혁명과 개혁 속의 중국 농민
김광억 | 서울대 인류학과

064 중국의 경제환경과 한국기업의 진출 전략
지용희 외 | 서강대 경영학과

065 김대중 대통령의 시스템 사고
김동환 | 중앙대 공공정책학부

066 실업과 가족해체
최일섭 외 | 서울대 사회복지학과

067 합리적 부채비율 조정방안
오상근 | 동아대 경제학과

068 한국 중산층의 생활문화
문숙재 외 | 이화여대 소비자 · 인간발달학과

069 계층간 갈등상태에서 최적소득세
김진욱 | 건국대 경상학부

070 글로벌 경쟁력 제고를 위한 기업전략과 조직구축
이만우 외 | 고려대 경영학과

071 의료보험과 국민연금의 관리효율화를 위한 통합방안
사공진 외 | 한양대 경제학부

072 정부개혁의 과제와 전략
박우서 외 | 연세대 행정학과

073 책임운영기관 제도에 관한 비교분석
김근세 | 가톨릭대 행정학과

074 새로운 패러다임하에서의 한국기업의 바람직한 지배구조
최운열 외 | 서강대 경영학과

075 현대 한국사회의 계층구조
양춘 외 | 고려대 사회학과

076 한국의 산업정책과 산업구조조정
강인수 | 숙명여대 경제학부

077 기업구조조정
김석진 | 경북대 경영학부

078 지식경영을 위한 인적자원 개발 및 관리체계
장영철 | 경희대 경영학부

079 뉴 비즈니스 모델
전성현 | 국민대 정보관리학부

080 중산층의 정체성과 소비문화
함인희 외 | 이화여대 사회학과

081 외국관광객 유치를 위한 마케팅 전략
박상규 | 강원대 경영학과

082 한국인의 세대별 문학의식
이동순 | 영남대 국문과

083 공공부문의 효율성 평가와 측정
김재홍 외 | 울산대 사회과학부

084 한국 청소년의 정치의식과 형성요인
김광웅 외 | 숙명여대 아동복지학과

085 한국 대학생의 정치의식
배한동 | 경북대 윤리교육과

086 산업의 정보화와 산업발전
이기동 | 계명대 통상학부

087 한국 제조업의 고용조정 분석
이종원 외 | 성균관대 경제학부

088 지식자산에 대한 경영전략적 평가모형 개발
배재학 외 | 울산대 컴퓨터 · 정보통신공학부

089 관광사업을 위한 한국적 이미지의 휴식복 개발
채금석 | 숙명여대 의류학과

090 한국 정치제도의 개혁
신정현 | 경희대 사회과학부

091 e비즈니스와 아웃소싱 전략
정승화 외 | 연세대 경영학과

092 집단 따돌림의 진단 및 치료방안
홍준표 | 중앙대 인간생활환경학과

093 16대 총선과 낙선운동
조기숙 | 이화여대 국제대학원

094 부동층 유권자 행태 분석
진영재 | 연세대 정치외교학과

095 사이버 공동체의 성공요인
이재관 | 숭실대 경영학부

096 온라인 소비자 행동의 이론과 실증
윤성준 | 경기대 경영학부

097 글로벌 시대 정약용 세계관의 가능성과 한계
차성환 | 한일장신대 역사사회학과

098 러시아의 체제전환 과정에서 나타난 국가의 역할과 그 전망
이상민 외 | 부산대 정치외교학과

099 남북한의 경제발전 수준과 산업구조 비교, 그리고 경제교류 협력방향
주성환 | 건국대 경제학과

100 집단따돌림과 교육해체
한준상 | 연세대 교육학과

101 공적연금제도의 효율성과 개선방안
유금록 | 군산대 행정복지학부

102 벤처기업-대기업의 성공적인 협력 모델
나중덕 | 경산대 경영학과

103 북한의 재외동포정책
조정남 외 | 고려대 정치외교학과

104 사이버 공동체 형성의 역동적 모형
장용호 | 서강대 신문방송학과

105 기업이론과 기업의 소유지배구조
김일태 외 | 전남대 경제학부

106 가축분뇨 자원화를 위한 공동이용 조직에 대한 농가선호도 분석
유덕기 | 동국대 생명자원경제학과

107 개혁정책과 전문가 집단
이경원 외 | 제주대 행정학과

108 현대 한국사회의 이중가치체계
신수진 외 | 이화여대 가정관리학과

109 한국의 산업구조 변화와 기업집단 다각화 전략
김용학 외 | 연세대 사회학과

110 지식정보사회의 경제적 모형 설정 및 사례 연구
김범환 | 배재대 경영정보학부

111 변호사징계제도
오종근 | 한림대 법학부

112 인터넷 특허법
김순석 | 광주대 법학과

113 e-비즈니스 시대의 금융 및 재정정책의 새로운 패러다임
이종욱 | 서울여대 경제학과

114 청소년의 하위문화와 정체성
조성남 | 이화여대 사회학과

115 디지털금융시대의 금융구조변화와 정부규제 및 정책
이충열 | 고려대 경제학부

116 지식경영을 위한 기업의 조직설계방안
김경수 외 | 전남대 경영학과

117 전자금융의 발달과 경제정책의 새로운 패러다임
이명훈 | 명지대 경제학과

118 동아시아의 안보와 유엔체제
강성학 편저 | 고려대 정치외교학과

119 유료 치매노인 그룹홈의 개발과 관련 정책
최정신 외 | 가톨릭대 소비자 · 주거학과

120 소비자 지향적 문화산업 정책
홍영준 | 호남대 광고홍보학과

121 국제 · 국가 · 지방 환경규제의 연계
정준금 외 | 울산대 행정학과

122 현행 회사 합병 · 분할제도의 평가와 개선방안
옥무석 외 | 이화여대 법학과

123 배려지향적 도덕성과 정의지향적 도덕성
정옥분 외 | 고려대 사범대학

124 기업구조조정에 대한 채권금융기관 및 금융감독기관의 역할과 책임
이중기 | 한림대 법학과

125 실업대책으로서 한국의 법정기준근로 시간 단축
박영범 | 한성대 경제학과

126 프랑스어의 비분리성 소유개념 표현
노윤채 | 연세대 언어정보연구원

127 지방채의 효율적 관리방안
강태구 | 호원대 법행정학부

128 21세기 산업구조 변화와 과학기술정책
임채성 외 | 그리스도신학대 경영정보학부

129 인터넷 쇼핑몰 이용자의 불평행동
예종석 | 한양대 경영학부

130 한국기업의 성과급제도 현황, 효과 및 개선방안
김성수 | 서울대 경영학과

131 전자상거래와 소비자보호
서민교 외 | 경일대 인터넷국제통상학과

132 평생학습 사회에서의 인적자원개발을 위한 사회적 파트너십 구축
김영화 | 홍익대 교육학과

133 한국 공교육의 새로운 구상과 전략
권대봉 외 | 고려대 교육학과

134 한국의 정부개혁
김태룡 | 상지대 행정학과

135 지방정부 생산성 측정의 이론과 실제
이은국 외 | 연세대 행정학과

136 불가 시문학론
배규범 | 경희대 학술연구 교수

137 남북경제교류의 법적 문제
제성호 | 중앙대 법학과

138 경제위기와 청소년 발달
구인회 | 서울대 사회복지학과

139 생명과학기술의 응용과 기본권보호적 한계
정상기 외 | 한남대 법학과

140 경제발전과 정치환경의 한 · 일 비교분석
정갑영 외 | 연세대 동서문제연구원

141 한국 공교육의 진단
윤정일 외 | 서울대 교육학과

142 우리나라 지방자치 발전을 위한 자치단체장의 역할
정성호 외 | 경기대 사회과학부

143 의료보험제도의 개혁방안
권순원 | 덕성여대 경제학과

144 중등 도덕교육의 현실과 문제
손동현 외 | 성균관대 철학과

145 사이버공동체 발전론
이명식 | 상명대 경영학과

146 남북경협 확대에 대비한 북한 담보제도의 정비방안
박원일 | 경희대 법과대학

147 한국 공무원 인사제도 개혁
김판석 | 연세대 행정학과

148 교사화법 교육
임칠성 외 | 전남대 국어교육과

149 세계화의 문화정치학
임혁백 외 | 고려대 정치외교학과

150 효과적인 e-SCM을 위한 의사결정조정 시스템 모형
이원준 | 성균관대 경영학부

151 환경거버넌스
김종순 외 | 건국대 행정학과

152 자동차산업의 인적자원관리
이덕로 | 서원대 경영학부

153 한국과 영국 간 지식기반산업 비교
이명호 | 한국외대 경영학과

154 한국 벤처기업의 기술네트워킹 및 기술마케팅 전략
장영일 | 인제대 경영학부

155 회사변호사의 윤리
오승종 | 성균관대 법과대학

156 미디어교육론
이정춘 | 중앙대 신문방송학과

157 조선시대 서원과 양반
윤희면 | 전남대 역사교육과

158 환경문제와 철학
박찬국 | 서울대 철학과

159 노인보건복지 이론과 실제
김명 외 | 이화여대 보건교육학과

160 북한의 법체계
권재열 외 | 숭실대 법학과

161 생명공학기술의 안전성 확보에 관한 법적 고찰
이재협 | 경희대 법학부

162 청소년복지학
김성이 외 | 이화여대 사회복지학과

163 변화하는 세계, 변화하는 복지국가
조영훈 | 동의대 사회복지학과

164 의리의 윤리와 한국의 유교문화
김낙진 | 진주교대 도덕교육과

165 미국의 통상정책과 통상법
윤충원 | 전북대 무역학과

166 사회복지 프로그램 평가
김학주 | 경상대 사회복지학과

167 환경주의와 지속가능한 발전
정대연 | 제주대 사회학과

168 무역과 환경
김기홍 외 | 경기대 경제학부

169 산업계 유해폐기물의 위험과 관리
김금수 | 호서대 경상학부

170 백범 김구의 지적 계발과정 탐색
문용린 | 서울대 교육학과

171 태평양전쟁 발발 이후 일제의 인적 지배와 그리스도교계의 대응
윤선자 | 전남대 사학과

172 거버넌스 상황에서 갈등관리를 위한 대체적 분쟁해결제도
서순복 | 광주대 법정학부

173 시장경제의 유형과 민주주의
최배근 | 건국대 경상학부

174 일본고전소설 총론
김현정 | 국립한국전통문화학교

175 국어 교육을 위한 국어 문법론
이관규 | 홍익대 국어교육과

176 율곡의 군주론
전세영 | 부산교대 윤리교육과

177 동북아시아 환경협력
정서용 | 명지대 법학과

178 기후변화협약과 기후정책
신의순 외 | 연세대 경제학과

179 인터넷과 국제 학술정보 네트워크-하이퍼링크 분석
박한우 | 영남대 언론정보학과

180 국내 기업복지의 활성화 방안
최수찬 | 연세대 사회복지대학원

181 세계화와 인간안보
김우상 외 | 연세대 정치외교학과

182 세계문화유산 종묘 이야기
지두환 | 국민대 국사학과

183 한국 평생교육의 사회철학적 과제
곽삼근 | 이화여대 교육학과

184 강점모델
정순둘 | 이화여대 사회복지학과

185 글로벌시대의 계약법
박영복 | 한국외대 법과대학

186 배심제와 시민의 사법참여
안경환 | 서울대 법학과

187 동북아공동체
김재한 | 한림대 정치외교학과

188 정치 참여와 탈물질주의
김욱 | 배재대 정치외교학과

189 퍼지전문가회로망을 이용한 금융기관의 사이버 기업여신결정 지원시스템의 개발
권혁대 | 목원대 경영학과

190 환경정책과 환경법
송인성 | 전남대 지역개발학과

191 포스트모던 시대의 평생교육학
한숭희 | 서울대 교육학과

192 현대 한국인의 세대경험과 문화
박길성 외 | 고려대 사회학과

193 서구의 근로연계복지
김종일 | 건국대 사회복지학과

194 사회복지운동론
현외성 | 경남대 사회복지학과

195 외국의 역모기지 사례
유선종 | 건국대 부동산학과

196 옛이야기와 어린이문학
이지호 | 진주교대 국어교육학과

197 노인사회복지관광의 정책과제와 방안
김창수 | 경기대 관광학부

198 복지서비스의 민간위탁 시스템 분석
김순양 | 영남대 행정학부

199 새로운 빈곤층의 대두와 정부의 정책과제
김진욱 | 건국대 경제학과

200 문화행정론
김정수 | 한양대 행정학과

201 스칸디나비아 노인용 코하우징의 계획과 적용
최정신 외 | 가톨릭대 생활과학부

202 북한의 자연생태계
공우석 | 경희대 지리학과

203 통계로 이해하는 러시아
전홍찬 | 부산대 정치외교학과

204 사회복지법인의 경영과 회계
이동규 | 충남대 회계학과

205 의약분업 정책과정
차흥봉 | 한림대 사회복지학과

206 지역공동체와 평생교육
오혁진 | 동의대 평생교육학부

207 아동보호서비스의 실제
한미현 | 백석대 사회복지학부

208 그린마케팅
박재기 | 충남대 경영학부

209 아동권리와 아동복지
이혜원 | 성공회대 사회복지학과

210 국제 이주와 인도인 디아스포라
김경학 | 전남대 인류학과

211 질병과 의료의 사회학
조병희 | 서울대 보건대학원

212 북한이탈주민의 사회통합을 위한 지역복지실천의 모색
이기영 | 부산대 사회복지학과

213 치매노인케어론
조유향 | 초당대 간호학과

214 노인상담입문
서혜경 외 | 한림대 대학원 사회복지학과

215 '통일 이후 통일과정'으로서의 독일 통일영화
이준서 | 이화여대 독어독문학과

216 중국의 사회보장
오정수 | 충남대 사회복지학과

217 환경자원의 경제적 가치와 환경오염의 사회적 비용
김재홍 | 울산대 사회과학부

218 사회복지프로그램의 경제적 평가방법
박창제 외 | 상주대 사회복지학과

219 자유의지와 결정론
안건훈 | 강원대 철학과

220 심리학자들이 쓴 행복한 결혼의 심리학
채규만 외 | 성신여대 심리학과

221 현대 해석학 강의
양해림 | 충남대 철학과

222 한국인의 주거 빈곤과 공공주택
하성규 | 중앙대 도시및지역계획학과

223 IMF 경제위기와 한국 출산력의 변화
김두섭 | 한양대 사회학과

224 동아시아의 영토분쟁과 국제법
이석우 | 인하대 법학부

225 독일 복지국가와 사회복지서비스
정재훈 | 서울여대 사회사업학과

226 사회복지사를 위한 실용 비모수통계
엄명용 | 성균관대 사회복지학과

227 피해자학 연구
이윤호 | 동국대 경찰행정학과

228 광고언어창작론
박영준 외 | 부경대 국어국문학과

229 환경규제 패러다임의 전환
한철 | 한남대 법학과

230 고령사회의 노동환경변화와 고용 시스템의 문제점 및 법적 대응
고준기 | 국립군산대 법학과

231 세계화와 소득불평등
이성균 외 | 울산대 사회과학부

232 유비쿼터스 사회의 이해
안중호 외 | 서울대 경영학과

233 국제환경책임법론
박병도 | 건국대 법학과

234 한국의 선거와 민주주의
윤종빈 | 명지대 정치외교학과

235 한국 시민운동의 구조와 동학
조대엽 외 | 고려대 사회학과

236 또래관계
송영혜 | 대구대 재활심리학과

237 해외 한국기업과 현지인 노동자
석현호 외 | 에스코이아학술문화재단

238 독일 국가복지에서 민간복지단체의 역할과 의미
차성환 외 | 한일장신대 사회복지학부

239 청정공학
조정호 | 동양대 생명화학공학과

240 한국전통연희론
심상교 | 부산교육대 국어교육학과

241 정신장애와 가족
서미경 | 경상대 사회복지학부

242 빈곤통계의 작성과 활용
김주환 | 동국대 정보통계학과

243 인터넷과 한국정치
강원택 | 숭실대 정치외교학과

244 북한의 시장경제이행
정영화 외 | 서경대 법학과

245 시스템사고로 본 지속가능한 도시
문태훈 | 중앙대 도시및지역계획학과

246 실버산업과 유비쿼터스 컴퓨팅
고일상 | 전남대 경영학부

247 재활상담과 사례관리
나운환 | 대구대 직업재활학과

248 영유아교육기관에서의 장애 이해 교육
유수옥 | 우석대 유아특수교육과

249 장애의 사회적 의미와 사회통합
박수경 | 대진대 사회복지학과

250 경제분석의 수리적 기초
조인성 | 공주대 경제통상학부

251 비영리부문의 비교연구
김승현 | 서울산업대 행정학과

252 고등교육경제학
반상진 | 전북대 교육학과

253 과학윤리교육의 이론과 방법
조희형 | 강원대 과학교육학부

254 결혼이민자가족의 이해
김오남 | 대불대 사회복지학과

255 동아시아 국가의 공공부조
신동면 | 경희대 사회과학부

256 특수아동 진단 및 평가
이나미 | 대불대 특수교육과

257 계약형 사회복지와 권리옹호시스템
이명현 | 경북대 상주캠퍼스 사회복지학과

258 실내공기질 및 위해성 관리
양원호 | 대구가톨릭대 산업보건학과

259 충남 방언 문법
한영목 | 충남대 국어국문학과

260 교육권론
노기호 | 군산대 법학과

261 도시경관계획론
임승빈 | 서울대 조경 · 지역시스템공학부

262 교통의 새로운 패러다임
김형철 | 경원대 도시계획 · 조경학부

263 노인의 삶의 질 향상을 위한 주거환경 디자인
천진희 | 상명대 디자인대학 실내디자인전공

264 사회복지와 문화
박병현 | 부산대 사회복지학과

265 장애인복지의 이론과 실제
이선우 | 인제대 사회복지학과

266 창의성 개발을 위한 디자인교육 콘텐츠
김선영 | 인천가톨릭대 조형예술대학 환경디자인학과

267 구성주의 사회복지 실천 기술론
고미영 | 서울신학대 사회복지학과

268 장애아교육학
김기흥 | 부산교육대 유아교육과

269 지역사회복지와 자원부문
한상진 외 | 울산대 사회학과

270 환경관리회계
육근효 | 부산외국어대 회계학부

271 인권 관점에서 보는 장애인복지
유동철 | 동의대 사회복지학과

272 정신증상
송지영 | 경희대 의과대학병원 신경정신과

273 사이버공간의 사회심리학
이성식 외 | 숭실대 정보사회학과

274 노인에 대한 사회적 돌봄과 돌봄서비스의 질 보장
최희경 | 신라대 가족노인복지학과

275 아동 심리치료의 실제
신현균 | 전남대 심리학과

276 사회복지와 위험관리
노충래 | 이화여대 사회복지전문대학원

277 국제 탄소시장의 이해
양승룡 | 고려대 식품자원경제학과

278 타자의 초상
신문수 | 서울대 영어교육과

279 한국정치와 환경정치
나정원 | 강원대 정치외교학과

280 북한이주민
윤인진 | 고려대 사회학과

281 음주의 사회경제적 비용
정우진 외 | 연세대 보건대학원

282 지방정치와 동북아 도시거버넌스
박재욱 | 신라대 행정학과

283 노숙인 복지론
남기철 | 동덕여대 사회복지학과

284 유럽통합과정과 지역협력
이규영 | 서강대 국제대학원

285 사회복지재정 연구
지은구 | 계명대 사회과학대학 사회복지학과

286 지역사회 교육개혁을 위한 시민사회 조직의 참여
김영화 | 홍익대 교육학과

287 복지사회를 대비한 국민연금의 구조개혁
박영석 외 | 서강대 경영학부

288 한미 FTA 지재권 협상에 따른 의약품 분야 사회후생 변화
오근엽 | 충남대 무역학과

289 산업입지, 환경 그리고 지역경제
이기동 외 | 계명대 국제통상학과

290 감성지능 개발을 통한 삶의 질 향상
김경수 외 | 전남대 경영학부

291 교육복지론
이용교 외 | 광주대 사회복지학부

292 인간과 행복에 대한 철학적 성찰
박찬국 | 서울대 철학과

293 유럽연합의 사회통합 사례와 교훈
이무성 | 명지대 정치외교학과

294 민영화와 사회후생
이상호 | 전남대 경제학부

295 북한의 교육학 체계 연구
최영표 외 | 동신대 교육대학원

296 한국 지속가능발전의 구조와 변동
정대연 | 제주대 사회학과

297 우리나라의 공익 연계 마케팅에 관한 연구
임승희 | 전주대 경영학부

298 시각장애인복지론
김영일 | 조선대 특수교육과

299 그린에너지와 환경촉매
정석진 | 경희대 화학공학과

300 취약학교 초등학생을 위한 온라인 보건교육 프로그램
박경옥 | 이화여대 보건관리학과

301 신탁제도를 통한 고령자의 보호와 지원
최수정 | 서강대 법학전문대학원

302 사회적 약자계층에 대한 실태분석 및 정책방안
이은우 외 | 울산대 경제학과

303 한류 문화와 동북아 공동체
최혜실 | 경희대 국어국문학과

304 노동유연화와 해고보호법
권혁 | 부산대 법학전문대학원

305 사회복지 위험관리의 이해
박미은 | 한남대 사회복지학과

306 의료기관의 회계와 세무
노준화 | 충남대 경영학부

307 여성인적자원의 전문성 확보를 위한 경력개발
백지연 | 이화여대 국제사무학과

308 정신병리
강선경 | 서강대 신학대학원

309 바다의 반란 적조
윤양호 | 전남대 해양기술학부

310 한국 장애인 복지 발달사
이성규 | 서울시립대 사회복지학과

311 서양예술 속의 동양 탐색
진상범 | 전북대 독어독문학과

312 한국인의 도덕성 발달 진단
문용린 | 서울대 교육학과

313 영국정치와 국가복지
고세훈 | 고려대 공공행정학부

314 인간학적 사유를 여는 중도 · 중복장애 교육학
이숙정 | 단국대 특수교육과

315 개별화 교육과정
이소현 | 이화여대 특수교육과

316 인간의 긍정적 성품
권석만 | 서울대 심리학과

317 지방자치와 지역여성의 전망
이혜숙 | 경상대 사회학과

318 한국 현대 노년소설 연구
전흥남 | 한려대 교양학부

319 정보격차 해소를 위한 창의적 정보교육 프로그램
이영준 외 | 한국교원대 컴퓨터교육과

320 한국 가족과 젠더
손승영 | 동덕여대 교양학부

321 한국의 복지혼합
김진욱 | 서강대 신학대학원

322 사회자본과 자원봉사
김태룡 외 | 상지대 행정학과

323 농촌교육복지연구
박삼철 | 단국대 교양학부

324 사회정체성 평가 차원에 대한 국제비교조사
이명진 | 고려대 사회학과

325 캐나다 복지국가 연구
조영훈 | 동의대 사회복지학과

326 한국의 소수자운동과 인권정책
전영평 외 | 서울대 행정대학원

327 한국과 미국의 보육서비스 전달체계와 품질 비교분석
김근세 외 | 성균관대 국정관리대학원

328 한국사회의 소득불평등과 국민 의료이용
이용재 | 호서대 사회복지학과

329 정보시대의 인간안보
조화순 | 연세대 정치외교학과

330 가족의 사회경제적 특성과 아동발달
김광혁 | 전주대 사회복지학과

331 초 · 중 · 고등학생의 학업소진 진행과정 및 경로분석
이상민 | 고려대 교육학과

332 다문화사회의 사법통역
이지은 | 이화여대 통역번역대학원

333 동아시아 지역주의
유현석 | 경희대 정치외교학과

334 환경친화적 공공시설관리와 지역공동체의 삶의 질
이소영 | 중앙대 실내디자인 · 주거환경학과

335 의료보험의 법정책
김나경 | 성신여대 법과대학

336 양극화 시대 가족해체와 청소년의 적응에 관한 한국과 미국의 비교 연구
오승환 외 | 울산대 사회복지학과

337 기업의 사회적 책임과 지역경제사회 발전 연구
허영도 외 | 울산대 경영학부

338 노인의 삶의 질 향상을 위한 온라인 소셜 네트워크 구축 방안
김진우 | 연세대 경영학과

339 청소년 생활역량
윤명희 외 | 동의대 평생교육학과

340 외국인 배우자의 다양성과 국제결혼의 안정성
김두섭 | 한양대 사회학과

341 정보인권의 규범구체화
이민영 | 가톨릭대 법학과

342 한국 사회복지실천의 고유성
최성재 외 | 서울대 사회복지학과

343 스웨덴의 환경책임 실천모형
최희경 | 경북대 행정학부

344 자율운동과 주거공동체
윤수종 | 전남대 사회학과

345 한국인의 공공봉사동기
김상묵 | 서울과학기술대 행정학과

346 한국 이혼가정 아동의 성장
김혜숙 | 경인교육대 교육학과

347 동양 사상과 노인 복지
홍승표 외 | 계명대 사회학과

348 노동과 사회보장의 연계
오문완 | 울산대 법학과

349 학습장애 위험군 아동의 조기선별을 위한 읽기검사 표준화 연구
김애화 외 | 단국대 특수교육학과

350 신 · 재생에너지에 기초한 녹색성장과 사회통합
김인호 | 이화여대 법학전문대학원

351 문화교류역량과 다문화 경영이 기업 경영성과에 미치는 영향
임병학 외 | 부산외대 경영학부

352 빈곤영유아의 발달과 적응
정익중 외 | 이화여대 사회복지학과

353 민사법질서와 인권
양천수 | 영남대 법학전문대학원

354 성년후견제도와 사회복지제도의 연계
신권철 | 서울시립대 법학전문대학원

355 한국 다문화사회의 이방인
김순양 | 영남대 행정학과

356 현대 시민사회와 소비자계약법
이병준 | 한국외대 법학전문대학원

357 개인의 사회적 정보보호를 위한 공공 정보서비스 개선 연구
장항배 | 상명대 경영학과

358 여성교육투자에 대한 교육경제학적 탐색
백일우 외 | 연세대 교육학부

359 사회적 기업과 지속가능한 지역발전
임업 외 | 연세대 도시공학과

360 다문화가정 구성원에 대한 투트랙 한국어 교육방안 연구
박시균 | 군산대 국어국문학과

361 아시아의 빈곤과 한국기업의 역할
한인수 | 충남대 경영학부

362 유치원 · 초등학교 연계 환경교육
박희숙 | 공주대 유아교육학과

363 비정규 고용과 사회정책
구인회 외 | 서울대 사회복지학과

364 사생활의 자유에 관한 비교법적 연구
이창현 | 서강대 법학전문대학원

365 다중융합 환경 기반의 미디어스킨을 활용한 문화콘텐츠 디자인 적용방안에 관한 연구
오문석 외 | 광운대 미디어영상학부

366 북한이탈주민 여성의 성인식 관련 기초 조사
한인영 외 | 이화여대 사회복지학과

367 노인주택 파노라마
유선종 | 건국대 부동산학과

368 시설보호 청년의 적응
정선욱 | 덕성여대 사회복지학과

369 다수 집단과 소수 집단의 심리
김혜숙 | 아주대 심리학과

370 바이오 휴머니티
권택영 | 경희대 영어학부

371 프랑스 다문화교육의 이해
이경수 | 상명대 불어교육과

372 한 · 중 서비스산업의 비교분석과 교역 확대 방안
김상호 | 리츠메이칸 아시아태평양대 국제경영학부

373 현대의학에 있어서 생명의 시간과 인간의 존엄
김학태 | 한국외대 법학전문대학원

374 0~3세 영유아의 영상물 과몰입 실태조사 및 정신건강증진 프로그램 개발과 적용
이경숙 | 한신대 재활학과

375 복지국가의 조세와 정치
양재진 외 | 연세대 행정학과

376 청소년기 자살행위 실태와 관련 요인
박선희 | 경희대 간호과학대학

377 기술혁신에 따른 지역 간 정보격차
최정혜 외 | 연세대 경영대학

378 한국 사회의 이중구조와 생애주기적 불평등
안상훈 편 | 서울대 사회복지학과

379 소비자의 친환경행동에 영향을 미치는 사회적 · 경제적 가치에 대한 고찰
송재기 | 텍사스테크대 경영학과

380 어머니 양육행동 관련 변인들과 유아 사회정서행동 간의 구조모형 분석
심숙영 | 숙명여대 원격대학원

381 조선족 여성, 동남아시아 여성 그리고 새터민의 적응 유형 분석 및 삶의 질 향상 방안 모색
정태연 | 중앙대 심리학과

382 세계의 연금, 한국의 연금
허만형 | 중앙대 공공인재학부

383 노인요양원과 문화 변화
최재성 | 연세대 사회복지학과

384 시민사회와 국제개발협력
손혁상 | 경희대 공공대학원

385 복지국가의 변화와 빈곤정책
김윤태 | 고려대 사회학과

386 다문화가정의 미디어 이용과 사회적 자본의 관계
진창현 | 경기대 경영학과

387 사회진출 대졸 초년생의 탄력성 변화 양상
이상민 | 고려대 교육학과

388 사회자본과 경제발전 그리고 정부의 질
도수관 | 대구가톨릭대 행정학과

389 망명과 귀환이주
서장원 | 고려대 독일문화학과

390 근거기반실천과 사회복지
김유진 | 경북대 사회복지학부

391 인터넷상 정보 유통에 대한 새로운 저작권 규율 방향 모색
박준석 | 서울대 법학전문대학원

392 한국 사회의 인종차별적 담화구조
이창수 | 한국외대 통역번역대학원

393 사회복지사의 사회복지 가치 지향
김용석 | 가톨릭대 사회복지학과

394 개인정보의 국제적 유통에 따른 법적 문제와 대책
박훤일 | 경희대 법학전문대학원

395 정신장애인의 인권
서미경 | 경상대 사회복지학과

396 취약계층 비만청소년들의 체중관리를 위한 건강증진 프로그램의 효과
김영호 | 서울과학기술대 스포츠과학과

397 한국 전통의 돈의 문학사, 나눔의 문화사
서신혜 | 한양대 창의 · 융합교육원

398 와이파이 공간과 모바일 정보 격차
이건학 | 서울대 사회과학대학

399 도시정비사업의 법적 쟁점과 해설
성중탁 | 경북대 법학전문대학원

400 사회서비스 제공기관의 조직요인과 성과
신창환 | 경북대 사회복지학부

401 도시 사운드스케이프 디자인
전진용 외 | 한양대 건축공학부

402 지방의회 의원윤리연구
김택 | 중원대 경찰행정학과

403 발달장애인 자립생활 증진을 위한 역량탐색 및 주거로서의 해결과제
김라경 | 광주교육대 교육학과

404 외국인고용제도개선과 인권
김상호 외 | 경상대 법과대학

405 사회복지연구에서 질적방법과 분석
김인숙 | 가톨릭대 사회복지학과

406 현대미술에서의 예술적 성장과 창의적 인재양성
백경미 | 울산과학기술원 기초과정부

407 현대인의 삶과 문화예술교육
곽삼근 | 이화여대 교육학과

408 문화적 배경과 체화된 인지
민동원 | 단국대 경영학부

409 아동 섭식행동평가 척도 표준화 및 섭식문제 현황 조사
정경미 | 연세대 심리학과

410 잊혀질 권리: 이상과 실현
문재완 | 한국외대 법학전문대학원

411 인권의 지역화: 일상생활의 인권 증진을 위하여
김중섭 | 경상대 사회학과

412 다문화 시대 이주민의 한국어 의사소통
민병곤 외 | 서울대 국어교육과

413 다문화 시대의 문화교육 커리큘럼
윤여탁 외 | 서울대 국어교육과

414 다문화 시대의 통일교육
박성춘 외 | 서울대 윤리교육과

415 다문화 시대 사회 통합을 위한 시민 교육
이진석 외 | 부산대 일반사회교육과

416 다문화 관련 법률 및 제도
박성혁 외 | 서울대 사회교육과

417 생태복원의 인문학적 상상력
김성도 외 | 고려대 언어학과

418 다국내 출생 다문화가정 청소년의 아픔과 분투: 사회적 차별로부터의 회복과 성장
서영석 | 연세대 교육학과

419 종교심리학의 이해: 죽음인식의 논의를 중심으로
김재영 | 서강대 종교학과

420 글로벌 시대의 사회통합: 세계적 추세와 한국의 위상
장용석 외 | 연세대 행정학과

421 소규모 사회적기업과 소셜미디어 마케팅
박철 | 고려대 글로벌비즈니스대학

422 동아시아 가면극의 역사와 전승양상
전경욱 | 고려대 국어교육과

423 무엇이 우리를 행복하게 하는가?
구교준 외 | 고려대 행정학과

424 디지털 중독의 이해와 대응 방안
오원석 외 | KAIST 경영대학

425 지속가능발전목표(SDG) 시대 한국의 복지와 행복지표 측정
한준 외 | 연세대 사회학과

426 지방정부 간 사회복지 불균형과 시민 행복
장용석 외 | 연세대 행정학과

427 일 · 여가의 변화와 행복 복지
유홍준 외 | 성균관대 사회학과

428 가족시간과 삶의 질
이윤석 외 | 서울시립대 도시사회학과

429 사회복지사의 유데모니아: 사회복지의 가치와 보람, 그리고 행복
송인한 외 | 연세대 사회복지대학원

430 행복을 위한 움직임
안문경 | 국민대 교양대학

431 읽기 장애 조기 선별검사의 측정학적 적합성 연구
여승수 | 부산교육대 유아교육학과

432 문화적 다양성과 창의성: 심리학적 관점
장재윤 | 서강대 심리학과

433 내일의 종언(終焉)? 가족자유주의와 사회재생산 위기
장경섭 | 서울대 사회학과

434 산림공유자원관리로서 금송계 연구
배수호 외 | 성균관대 행정학과

435 한국 경제발전의 문화적 기원: 추격성장, 발전국가 그리고 문화적 혼종성
김명수 | 한양대 정보사회학과

436 4차 산업혁명의 일자리 진화
이민화 | KAIST 미래전략대학원

437 금융 분야에 있어서 4차 산업혁명 시대와 일자리 대책
고동원 | 성균관대 법학전문대학원

438 노동의 디지털화와 산업노동의 미래: 독일 산업 4.0을 중심으로
임운택 | 계명대 사회학과

439 4차 산업혁명과 고등교육 개혁
김민희 외 | 대구대 교직부

440 4차 산업혁명과 일자리 정책의 미래
권혁 외 | 부산대 법학전문대학원

441 복지공급론: 보건복지의 수단과 체계
강창현 | 단국대 공공관리학과

442 생각 중심 교육
박주용 | 서울대 심리학과

443 청소년 독자의 정체성과 문식 활동
이순영 | 고려대 국어교육과

444 인간의 심리를 조작하는 사회공학기술
김석수 | 한남대 멀티미디어학부

445 한국사회 이타적 행동에 대한 이해
강철희 외 | 연세대 사회복지대학원

446 이주민의 사회적 배제: 세대 간 전이와 민족 계급화를 중심으로
최혜지 | 서울여대 사회복지학과

447 사회복지, 업의 변화와 마케팅
이원준 | 청주대 경영학과

448 충남 민속의 이해
이필영 | 한남대 역사교육과

449 한국 청소년들의 공동체지향목표
신종호 외 | 서울대 교육학과

451 지방 인구구조의 변화와 지역 사회복지 전달체계
기정훈 | 명지대 행정학과

452 고령 친화적 도시재생뉴딜: 일본의 고령 친화 주거지재생 정책 사례 연구
김현주 | 서울연구원 초빙 부연구위원

454 남자가 출산휴가를 간다면?: 아빠노동자 형성을 위한 남성 육아휴직 사례 연구
최새은 외 | 한국교원대 가정교육학과

455 한국 다문화 사회의 교육과 복지 실천
김영순 외 | 인하대 사회교육과

456 뉴미디어와 이주민: 소셜미디어시대 서울 지역 중국동포들의 미디어 이용과 적응
김용찬 | 연세대 언론홍보영상학부

457 제1기 헌법재판소: 헌법재판의 황무지에 단단한 초석을 놓다
임지봉 | 서강대 법학전문대학원

458 저소득층 초등학생을 위한 식생활교육 프로그램 개발: 심리 · 사회적, 영양학적 요인을 중심으로
김경원 외 | 서울여대 자연과학대학 식품영양학전공

459 지역공동체 참여의 이론과 현실: 지속가능하고 포용적인 공동체를 위한 대안의 모색
한상일 | 연세대 글로벌행정학과

460 한국가정과 다문화가정 내 배우자 폭력의 유형 및 특성 비교 연구
그레이스 정 | 서울대 아동가족학과

461 한국 유교 圖像의 역사
유권종 | 중앙대 철학과

462 기업과 노동의 사회 책임: CSR에서 ISO26000을 넘어 기업 인권으로
이승협 | 대구대 사회학과

아산재단연구보고서

001 한국인의 도덕성 연구
배해수 | 고려대 국문학과

002 산업화와 청소년 진로
이원호 | 울산대 교육학과

003 공동체의식과 시민운동
김영섭 | 한양대 행정학과

004 한국청년의 삶의 의미 충족도와 만족적 태도
안정수 | 경희대 철학과

005 중국조선족의 사회발전과 한 · 중관계의 위상
손장권 | 고려대 사회학과

006 해송림 "솔껍질깍지벌레"의 천적 및 주요 종의 생태
김규진 | 전남대 농생물학과

007 사회정의와 실천윤리
박종대 | 서강대 철학과

008 동구개혁의 영향
김달중 | 연세대 정치외교학과

009 한국청소년의 의식세계
김문조 | 고려대 사회학과

010 고강도 철근 콘크리트 구조의 실용화
정헌수 | 중앙대 건축학과

011 신기술의 연관형태 및 출현예측의 구조모형
권철신 | 성균관대 산업공학과

012 민간기업의 연구개발을 위한 조세정책
권영훈 | 한양대 경제학부

013 기술개발 활성화방안
송승구 | 울산대 화학공학부

014 부패의 현상과 진단
이문조 | 영남대 정치외교학부

015 연구투자의 지역적 편중화와 부산지역의 기초과학연구 활성화방안
윤웅찬 | 부산대 화학과

016 GATT의 신구 덤핑방지협정과 그 대응 방안
전창원 | 동국대 무역학과

017 한국사회의 도덕성 제고를 위한 진단과 처방
황경식 | 서울대 철학과

018 새로운 노사관계 방향
이진규 외 | 고려대 경영학과

019 21세기 동북아 정세예측과 한국의 전략적 대응방안
최평길 외 | 연세대 행정학과

020 소련의 한국에 대한 정책목표분석
신승권 | 한양대 정치외교학과

021 메모리 커패시터용 $Pb(Zr_xTi_{1-x})O_3$ 강유전체 박막의 제작과 특성
장지근 외 | 단국대 전자공학과

022 러시아 국제법학의 전통
김용구 | 서울대 외교학과

023 유럽연합의 현황과 전망
김동현 외 | 성균관대 행정학과

024 중국의 정치동원
송영우 외 | 건국대 정치외교학과

025 산업적 활용을 위한 이동로보트 시스템의 개발
박민용 외 | 연세대 전자공학과

026 중국조선족의 정치사회화과정과 동화적 국민통합의 방향
전인영 외 | 이화여대 사회생활학과

027 공적부조의 이론과 실제
최일섭 외 | 서울대 사회복지학과

028 대외통상환경의 변화와 법제개편
서헌제 | 중앙대 법학과

029 기업금융의 국제화
최생림 | 한양대 경영학부

030 자동차부품공업의 노사관계
김호진 외 | 고려대 행정학과

031 산업화 과정에서의 한국가족의 실태와 전망
정창수 외 | 성균관대 사회학과

032 공무원 가치관 실태와 정립방안
배병룡 외 | 경상대 행정학과

033 해외귀국청소년의 국내적응연구
이장영 | 국민대 사회학과

034 초고속정보통신망에서 LAN서비스 제공방안
이재용 | 연세대 전자공학과

035 WTO체제의 정책적 대응
김병진 외 | 경희대 행정학과

036 유럽의 통합정치
최수경 외 | 충남대 정치외교학과

037 유기질폐기물을 이용한 고단백사료원인 조류의 생산공정
최정우 외 | 서강대 화학공학과

038 초고속정보통신망의 수용성과 정책방향
박영상 외 | 한양대 신문방송학과

039 중국의 강남사회와 한중교섭
조영록 외 | 동국대 사학과

040 세계화시대의 사회 · 문화의식
신행철 외 | 제주대 사회학과

041 국내 외국인 노동자의 문제와 대책
성규탁 외 | 연세대 사회복지학과

042 노인인력 활용정책과 프로그램
김정후 외 | 강원대 법과대학

043 한일간 학술교류 현황과 활성화방안
정홍익 외 | 서울대 행정대학원

044 계량모형에 의한 한일 경제관계의 이해
김명직 외 | 한양대 경제학부

045 직장인의 음주행태와 삶의 질
진기남 외 | 연세대 보건행정학과

046 유통정보 시스템의 구조와 설계
정용길 | 충남대 경영학과

047 남북통일 이후 사회통합을 위한 교육의 역할
안기성 외 | 고려대 교육학과

048 대중음악에 심취한 청소년들의 심리적 특성
김인경 외 | 연세대 인간행동연구소

049 멀티미디어 시스템을 활용한 교육환경의 개선방안
김한일 | 제주대 컴퓨터교육학과

050 탈냉전기 한일관계의 쟁점
최상룡 | 고려대 정치외교학과

051 자치시대 새로운 '삶의 질' 지표의 모색
김형기 외 | 경북대 경제통상학부

052 유럽통합의 역내외 협력과 갈등
이호재 외 | 고려대 정치외교학과

053 21세기를 대비한 신노사관계
김재원 | 한양대 경제학부

054 대학의 시간제학생 등록제
안규철 외 | 전남대 교육학과

055 21세기에 대비한 방송통신정책
한진만 외 | 강원대 신문방송학과

056 주민참여를 통한 혐오시설 관리운영방안
박균성 외 | 경희대 법학부

057 여성의 정치적 권리인식과 정치참여
전경옥 외 | 숙명여대 정치외교학과

058 한국인 위장질환과 식생활 · 환경요인 및 *H. pylori* 감염과의 관계
이양자 외 | 연세대 식품영양학과

059 학생과 시민의 자원봉사활동
윤정일 외 | 서울대 교육학과

060 동북아 환경문제와 지역환경협력의 모색
신연재 외 | 울산대 정치외교학과

061 노인 자원봉사활동을 통한 사회통합 프로그램 개발
김동배 | 연세대 사회복지학과

062 물류정보 시스템
김태현 | 연세대 경영학과

063 전자식 문서교환을 이용한 항공화물 운송체계
민재형 | 서강대 경영학과

064 청소년과 성
이근후 | 이화여대 의과대학

065 민족통합과 무궁화호 위성의 남북한 공동활용방안
방정배 | 성균관대 신문방송학과

066 채식주의가 20대 여성의 영양상태와 에스트로겐 대사에 미치는 영향
성미경 | 숙명여대 식품영양학과

067 가상정보공간을 통한 지역개발 활성화 전략
유재천 외 | 한림대 언론정보학부

068 조산아 관리현황 및 정책수립 방안
박상기 외 | 조선대 의과대학

069 남북한관의 의식조사와 통일교육 개선 방안
김동규 외 | 고려대 북한학과

070 동양 전통 자연사상 탐구
장동순 | 충남대 환경공학과

071 초고속정보망의 시뮬레이터 구현
한기준 | 경북대 컴퓨터공학과

072 유통원가 시스템의 유효성
정다미 | 명지대 경영학과

073 국악과 문화관광의 만남
정익준 외 | 동아대 국제관광통상학부

074 기업의 지식경영 활용사례
김창은 | 명지대 산업공학과

075 선진국과 한국의 직업교육 · 훈련제도의 특성과 한계
정주연 | 고려대 경제학과

076 제주지역 성인 여성의 자원봉사활동
이상철 외 | 제주대 사회학과

077 M&A와 문화충돌 관리
박원우 | 서울대 경영학과

078 폐금속광산 인근 주민들의 중금속 오염실태
정종학 외 | 영남대 의학과

079 북한 농촌 · 농업실태와 인력자원개발 시스템을 통한 북한 농민의 구호방안
박성열 | 건국대 교육공학과

080 중소 소매점의 경쟁력과 소매성과
채명수 외 | 한국외대 무역학과

081 고령자를 위한 쾌적한 실내온도와 착의량의 설정
정운선 | 안동대 의류학과

082 지역문화 이벤트 PR
박종민 | 경희대 언론정보학부

083 인터넷 지역정보화의 실태와 전략
유평준 외 | 연세대 행정학과

084 여성 삶의 질 향상을 위한 사회교육 활성화 방안
김양희 | 중앙대 가족복지학과

085 벤처기업과 벤처금융
강대석 외 | 충남대 무역학과

086 구조조정기에 있어서 실업대책과 사회 안전망 구축
박천익 | 대구대 경제학과

087 한국 유아의 조기교육
이명조 외 | 한국외대 교육대학원

088 남북한 경제공동체 형성전략
이상만 | 중앙대 경제학과

089 지방자치회계의 투명성과 주민의 알 권리
권찬태 외 | 경북대 경영학부

090 정치지도자의 정책리더십
이해영 | 경일대 행정학과

091 경제위기와 한국인의 복지의식
신광영 외 | 중앙대 사회학과

092 북한의 노동
김강식 | 한국항공대 경영학과

093 우리나라 중소기업의 정보기술 활용 현황과 경쟁력 강화를 위한 제안
정승호 | 부산외대 정보시스템학과

094 인간배아복제의 법적 · 윤리적 문제점과 그 해결방안
최병규 | 한경대 법학부

095 가치변화에 따른 투표행태
조찬래 외 | 충남대 정치외교학과

096 인터넷 경매에서의 계약체결과 소비자 보호
이기수 외 | 고려대 법과대학

097 세계화시대 남북한 통합의 방향과 과제
윤민재 | 서울대 사회발전연구소

098 글로벌 시대 지방정부의 문화마케팅 전략
박흥식 | 중앙대 행정학과

099 대졸여성실업의 실태분석 및 대학-노동시장 간 효율적 연계방안
이은우 외 | 울산대 사회과학부

100 그린 투어리즘의 분석
이응진 | 대구대 관광학부

101 지방자치단체장의 부정부패
오일환 | 한양대 아태지역연구센터

102 산업화가 유교체제하 중국여성의 지위에 미친 영향
천성림 | 배재대 사회과학연구소

103 움직이는 말하기
유혜숙 외 | 나사렛대 교양학부

104 장애학생을 위한 특수교육공학의 활용
김용욱 | 대구대 중등특수교육과

105 지식기반사회의 평생교육 이해와 평생교육 프로그램 개발
박성열 | 건국대 교육공학과

106 N세대의 미술교육
김동철 | 대구교육대 미술교육학과

107 노후계획과 투자
권택호 | 여수대 국제통상학과

108 영화산업
양영철 | 경성대 연극영화학부

109 동유럽의 변혁과 언론의 역활
정대수 | 경남대 정치언론학부

110 환율, 임금, 물가가 국제경쟁력 및 수출입산업에 미치는 영향
하인봉 | 경북대 경제통상학부

111 일본기업의 기술혁신 전략
위정현 | 중앙대 상경학부

112 노후보장정책과 역저당연금제도
조덕호 외 | 대구대 행정학과

113 유비쿼터스 라이프와 미래 사회
김석수 | 한남대 멀티미디어공학과

114 죽음과 관련된 생명윤리적 문제들
구인회 | 가톨릭의과대 인문사회과학교실

115 경제적 세계화와 빈곤문제, 그리고 국가
김준현 | 한일장신대 인문사회과학부

116 한국의 세계불교유산
김종명 | 한국학중앙연구원 한국학대학원

117 복지레저서비스론
고태규 | 한림대 국제학부

118 자생적 철학체계로서 인간중심철학
선우현 | 청주교대 윤리교육과

119 전략적 통합과 한반도 평화체제
김승채 | 고려대 정책대학원

120 환경사법론
전경운 | 경희대 법학부

121 인터넷 자료를 통해 본 한국의 이혼문화와 사회복지
성정현 외 | 협성대 사회복지학과

122 유럽연합의 사회정책에 관한 연구
문진영 | 서강대 신학대학원 사회복지학과

123 여성건강의 통합적 관점
김혜원 | 관동대 간호학과

124 복잡계 네트워크 과학
강병남 | 서울대 물리천문학부

125 경제적인 3세대 전원주택 개발
박근준 | 호서대 건축공학과

126 사회복지와 인적자원개발
이상일 | 인제대 국제경상학부